"树人育心"系列

大学生创新创业教育

边 舫 ◎ 著

DAXUESHENG
CHUANGXIN CHUANGYE
JIAOYU

中山大学出版社
SUN YAT-SEN UNIVERSITY PRESS
·广州·

版权所有　翻印必究

图书在版编目（CIP）数据

大学生创新创业教育/边舫著． --广州：中山大学出版社，2025.3．
（"树人育心"系列）． -- ISBN 978-7-306-08320-3

I. G647.38
中国国家版本馆CIP数据核字第20241C4T19号

DAXUESHENG CHUANGXIN CHUANGYE JIAOYU

出 版 人：	王天琪
策划编辑：	张　蕊
责任编辑：	张　蕊　孔颖琪
封面设计：	曾　斌
责任校对：	赵悦妍
责任技编：	靳晓虹
出版发行：	中山大学出版社
电　　话：	编辑部　020-84111997，84111996，84110283，84113349
	发行部　020-84111998，84111981，84111160
地　　址：	广州市新港西路135号
邮　　编：	510275　　　　　　　传　真：020-84036565
网　　址：	http://www.zsup.com.cn　E-mail：zdcbs@mail.sysu.edu.cn
印 刷 者：	广东虎彩云印刷有限公司
规　　格：	787mm×1092mm　1/16　14.25印张　271千字
版次印次：	2025年3月第1版　2025年3月第1次印刷
定　　价：	50.00元

如发现本书因印装质量影响阅读，请与出版社发行部联系调换

前言

20世纪80年代以来,社会经济结构的转型及新技术的快速发展,特别是互联网的普及应用,直接引发了新一轮的创业热潮。创业活动日趋活跃,创新创业精神正在成为经济发展和社会进步的重要推动力量。正如彼得·德鲁克所言,人类历史已走到一个重要的转折点——创业型社会。客观地说,当今世界已进入一个崭新的创业竞争时代,国与国之间的竞争聚焦在创新创业水平上。创业是否活跃,已经成为衡量区域经济是否发达的一个重要参考标准。

创新是民族进步的灵魂,是一个国家兴旺发达的不竭源泉,也是中华民族最深沉的民族禀赋。关于创新的一个基本定义是,凡是能改变已有资源创造财富的潜力的行为就是创新行为。中华文明所积淀的许多发明、创造乃至理念、创意,都有可能为全球创新发展做出新贡献。推动中华传统智慧转化成为当今及未来时代的价值和财富,是创新发展的一项重要任务[1]。

李克强在第十三届夏季达沃斯论坛开幕式致辞中呼吁:让每个有创业愿望的人都拥有自主创业的空间,让创新创造的血液在全社会自由流动,让自主发展的精神在全体人民中蔚然成风[2]。借改革创新的"东风",在960万平方千米土地上掀起"大众创业""草根创业"的新浪潮,中国人民勤劳智慧的"自然禀赋"就能充分发挥,中国经济持续发展的"发动机"就能更新换代升级。2015年,国务院出台了《国务院关于大力推进大众创业万众创新若干政策措施的意见》,激发了社会的创新活力和创业热情。

大学生创业是当今社会一个备受关注的话题。随着经济的发展和就业压力的增大,越来越多的大学生开始寻求自主创业的机会。然而,创业并非易事,需要有一定的基础知识和技能。因此,本书旨在为大学生提供创业基础知识,帮助他们在创业的道路上少走弯路,更加理性地进行创业决策。

本书具有以下特点:

一是突出"立德树人"教育根本。党的十九大报告明确提出,要全面贯彻党的教育方针,落实立德树人根本任务,发展素质教育,推进教育公平,

---

[1] 余建斌:《坚定不移走中国特色自主创新道路》,见求是网2021年11月17日(http://www.qstheory.cn/qshyjx/2021-11/17/c_1128072042.htm)。

[2] 陈艺:《上海政府创业扶持政策对青年创业的影响研究》(硕士学位论文),上海交通大学,2016年。

培养德智体美劳全面发展的社会主义建设者和接班人。大学生创新创业教育是"立德树人"教育的重要组成部分。立德树人是指在教育过程中，不仅要注重培养学生的专业知识和技能，更要注重培养学生的道德品质、社会责任感和创新创业精神。在大学生创新创业教育中，立德树人的理念起着至关重要的作用。在创新创业过程中，学生需要树立正确的价值观和社会责任感，注重社会效益和可持续发展，遵守职业道德和社会规范，这是立德树人理念的具体体现。大学生创新创业教育旨在激发学生的创新意识和创业能力，培养学生的创新思维和实践能力，通过培养学生的创新创业精神，使他们在未来的职业生涯中能够具备创新能力和创业精神，为社会和经济发展做出贡献。立德树人与大学生创新创业教育是密切相关的。立德树人理念为大学生创新创业教育提供了价值观和人格素养上的引领，同时也为学生的创新创业实践提供了坚实的道德和精神支撑，有助于培养具有创新创业精神和社会责任感的高素质创新创业人才。

二是突出"育人育心"教育初心。习近平总书记在2020年9月教师节寄语中强调，"希望广大教师不忘立德树人初心，牢记为党育人、为国育才使命，积极探索新时代教育教学方法，不断提升教书育人本领，为培养德智体美劳全面发展的社会主义建设者和接班人作出新的更大贡献"。本书严格依照国家和教育部的要求，并根据实际需要和创业学理论的发展进行内容优化，涵盖大学生创业教育的需求，内容包括创业，创业精神与人生发展，创业者与创业团队，创业机会，初创企业商业模式设计，创业资源，创业计划，管理新创企业，管理企业成长。本书既包括最新的创业学研究成果，又突出新时代特色，专门为大学生量身定制，助力大学生创新创业。

三是突出"实践育人"教育理念。高校在立德树人实践上进行了全面、深入的探索，积累了丰富的做法和经验，为培养新时代中国特色社会主义建设者、中国式现代化建设者做出了贡献。高校"三全育人"体系构建是以思政课程为主渠道、践行现代化素质育人的发展战略，教学安排要遵循理论与实践相结合的基本原则，发挥实践类育人课程的教育成效。本书每个章节都安排了"课堂活动""牛刀小试"环节，注重"做中学""学中做"，将书中内容与学生的学习生活进行整合，让书"活起来"，达到树人育心、助推大学生创新创业教育的目的。

由于笔者水平有限，加之时间仓促，书中难免有疏漏之处。希望广大读者多多提出宝贵意见，以便笔者不断改进和完善。

边舫
2024年5月1日

目 录

第一章 创业、创业精神与人生发展 /2

第一节 创业与创业精神 /2
一、创业的定义与功能 /2
二、创业的要素与类型 /4
三、创业的过程与阶段 /9
四、创业精神 /10

第二节 创业与人生发展 /11
一、创业与职业规划 /11
二、创业与个人成长 /12
三、创业与未来发展 /13
四、创业与社会责任 /14

第三节 创业精神的历史与文化背景 /15
一、创业精神的历史演变 /15
二、不同文化背景下的创业精神 /16
三、创业精神与社会发展 /17
四、创业文化与价值观的传承 /18

第四节 创业成功与失败的故事 /19
一、成功创业者的经验分享 /19
二、创业失败的原因与教训 /21
三、创业者的心路历程与成长经历 /22
四、创业者的自我认知与发展规划 /24

本章小结 /26

第二章　创业者与创业团队　　　　　　　　　　　/ 31

第一节　创业者和创业团队概述　　　　　　　　　　/ 31
一、创业者概述　　　　　　　　　　　　　　　/ 31
二、创业团队概述　　　　　　　　　　　　　　/ 32

第二节　创业者素质与领导力　　　　　　　　　　　/ 34
一、创业者的特质与素质　　　　　　　　　　　/ 34
二、创业心态与抗压能力　　　　　　　　　　　/ 36
三、创业者的领导力与团队激励　　　　　　　　/ 37
四、创业者的自我管理与时间管理　　　　　　　/ 39

第三节　团队建设与协作　　　　　　　　　　　　　/ 41
一、团队建设与角色分工　　　　　　　　　　　/ 41
二、团队沟通与冲突解决　　　　　　　　　　　/ 43
三、团队文化与价值观塑造　　　　　　　　　　/ 46
四、团队协作　　　　　　　　　　　　　　　　/ 48

第四节　创业团队的管理与运营　　　　　　　　　　/ 50
一、创业团队的规划与执行　　　　　　　　　　/ 50
二、创业团队的绩效管理　　　　　　　　　　　/ 51
三、创业团队的资源分配与协调　　　　　　　　/ 53
四、创业团队的风险管理与危机处理　　　　　　/ 54

第五节　创业团队的市场营销与推广　　　　　　　　/ 55
一、品牌建设与推广策略　　　　　　　　　　　/ 56
二、销售技巧与客户关系管理　　　　　　　　　/ 57
三、市场营销策略与推广渠道　　　　　　　　　/ 59
四、社交媒体营销与内容创作　　　　　　　　　/ 62

第六节　创业团队的成长与发展　　　　　　　　　　/ 64
一、创业团队的学习与反思　　　　　　　　　　/ 64

　　　　二、创业团队的创新与持续改进　　　　　　　　　　　　　　/ 65
　　　　三、创业者与创业团队的心灵成长　　　　　　　　　　　　/ 66
　本章小结　　　　　　　　　　　　　　　　　　　　　　　　　　/ 67

第三章　创业机会　　　　　　　　　　　　　　　　　　　　　　/ 69

　第一节　创业机会概述　　　　　　　　　　　　　　　　　　　　/ 69
　　　　一、机会　　　　　　　　　　　　　　　　　　　　　　　/ 69
　　　　二、创业机会　　　　　　　　　　　　　　　　　　　　　/ 70
　　　　三、创业和创业机会的关系　　　　　　　　　　　　　　　/ 71

　第二节　创业机会的识别与评估　　　　　　　　　　　　　　　　/ 71
　　　　一、创业机会的来源与发现　　　　　　　　　　　　　　　/ 72
　　　　二、创业机会的评估与筛选　　　　　　　　　　　　　　　/ 72
　　　　三、市场趋势与需求分析　　　　　　　　　　　　　　　　/ 73
　　　　四、行业分析与竞争对手研究　　　　　　　　　　　　　　/ 74

　第三节　创业机会的风险管理与创新　　　　　　　　　　　　　　/ 75
　　　　一、创业风险评估与管理　　　　　　　　　　　　　　　　/ 76
　　　　二、创业危机处理与应急预案　　　　　　　　　　　　　　/ 77
　　　　三、创业、创新与持续改进　　　　　　　　　　　　　　　/ 77

　本章小结　　　　　　　　　　　　　　　　　　　　　　　　　　/ 78

第四章　初创企业商业模式设计　　　　　　　　　　　　　　　　/ 80

　第一节　商业模式的定义与本质　　　　　　　　　　　　　　　　/ 80
　　　　一、商业模式的定义　　　　　　　　　　　　　　　　　　/ 80
　　　　二、商业模式的发展过程　　　　　　　　　　　　　　　　/ 81
　　　　三、商业模式的本质和核心　　　　　　　　　　　　　　　/ 82

第二节　商业模式和企业战略的关系　　　　　　　　　　　/ 83

　　一、企业战略概述　　　　　　　　　　　　　　　　/ 84

　　二、商业模式与企业战略的关系　　　　　　　　　　/ 85

　　三、商业模式的影响因素　　　　　　　　　　　　　/ 87

　　四、商业模式创新与企业战略调整　　　　　　　　　/ 89

第三节　商业模式因果关系链条的分解　　　　　　　　　/ 90

　　一、价值主张　　　　　　　　　　　　　　　　　　/ 90

　　二、客户细分　　　　　　　　　　　　　　　　　　/ 92

　　三、渠道　　　　　　　　　　　　　　　　　　　　/ 93

　　四、收入来源　　　　　　　　　　　　　　　　　　/ 95

　　五、成本结构　　　　　　　　　　　　　　　　　　/ 96

　　六、关键合作伙伴　　　　　　　　　　　　　　　　/ 98

　　七、主要业务活动　　　　　　　　　　　　　　　　/ 100

　　八、核心资源　　　　　　　　　　　　　　　　　　/ 101

第四节　商业模式的类型　　　　　　　　　　　　　　　/ 103

　　一、非绑定性商业模式　　　　　　　　　　　　　　/ 103

　　二、长尾商业模式　　　　　　　　　　　　　　　　/ 104

　　三、多边平台商业模式　　　　　　　　　　　　　　/ 105

　　四、免费商业模式　　　　　　　　　　　　　　　　/ 106

　　五、开放式商业模式　　　　　　　　　　　　　　　/ 107

第五节　商业模式的构成与设计方法　　　　　　　　　　/ 108

　　一、商业模式的构成　　　　　　　　　　　　　　　/ 109

　　二、商业模式创新　　　　　　　　　　　　　　　　/ 110

　　三、商业模式设计方法　　　　　　　　　　　　　　/ 111

本章小结　　　　　　　　　　　　　　　　　　　　　　/ 115

第五章　创业资源　/117

第一节　创业资源概述　/117
　　一、创业资源的内涵与种类　/118
　　二、创业资源与一般商业资源的异同　/119
　　三、社会资本、资金、技术及专业人才在创业中的作用　/120
　　四、影响创业资源获取的因素　/124
　　五、创业资源获取的途径与技能　/128

第二节　创业融资　/129
　　一、创业融资分析　/130
　　二、创业所需资金的测算　/132
　　三、创业融资渠道　/134

第三节　创业资源管理　/135
　　一、不同类型资源的开发　/135
　　二、有限创业资源的创造性利用　/137
　　三、创业资源开发的推进方法　/138
　　四、高校创业团队的资源整合方法　/139

本章小结　/140

第六章　创业计划　/143

第一节　创业计划的准备　/143
　　一、创业计划的作用　/143
　　二、创业计划的内容　/146
　　三、创业计划中的信息搜集　/147
　　四、市场调查的内容和方法　/149

第二节　创业计划书的撰写和展示技巧　/152
　　一、研讨创业构想　/153

二、分析创业可能遇到的问题和困难 / 154
三、提炼创业计划的执行概要 / 155
四、把创业构想变成书面计划 / 155
五、创业计划书的撰写和展示技巧 / 156
六、创业计划书常见问题及对策 / 157

本章小结 / 158

第七章 创办企业 / 160

第一节 成立新企业 / 160

一、企业法律形式选择 / 161
二、企业注册流程及相关法律文件 / 167
三、创办企业时必须考虑的法律问题 / 167
四、创办企业时应注意的伦理问题 / 168
五、新企业选址策略与技巧 / 169
六、新企业的社会认同 / 170

第二节 新企业生存管理 / 171

一、新企业管理的特殊性 / 171
二、企业生命周期及新企业成长的驱动因素 / 173
三、初创企业容易遇到的管理问题 / 175
四、新企业成长管理的技巧与策略 / 181
五、新企业的风险控制与化解 / 182

本章小结 / 183

第八章 管理企业成长 / 185

第一节 企业市场创新 / 185

一、市场创新概述 / 186
二、市场创新的策略与方法 / 187

　　　　三、市场创新的实施与管理　　　　　　　　　　　　/ 189
　　　　四、市场创新的风险与挑战　　　　　　　　　　　　/ 191
　　　　五、市场创新的未来趋势　　　　　　　　　　　　　/ 192

　　第二节　企业知识产权的问题　　　　　　　　　　　　　/ 193
　　　　一、知识产权概述　　　　　　　　　　　　　　　　/ 194
　　　　二、如何保护企业知识产权　　　　　　　　　　　　/ 195
　　　　三、知识产权保护的法律法规　　　　　　　　　　　/ 196
　　　　四、企业知识产权管理策略　　　　　　　　　　　　/ 197

　　第三节　评估企业成长挑战　　　　　　　　　　　　　　/ 198
　　　　一、企业成长挑战概述　　　　　　　　　　　　　　/ 199
　　　　二、市场竞争分析　　　　　　　　　　　　　　　　/ 200
　　　　三、经济环境和行业趋势分析　　　　　　　　　　　/ 200
　　　　四、内部资源和能力评估　　　　　　　　　　　　　/ 201
　　　　五、技术和创新能力评估　　　　　　　　　　　　　/ 202
　　　　六、财务状况和资金需求评估　　　　　　　　　　　/ 203
　　　　七、风险管理和可持续发展评估　　　　　　　　　　/ 204

　　第四节　企业成长战略　　　　　　　　　　　　　　　　/ 205
　　　　一、行业和市场分析　　　　　　　　　　　　　　　/ 206
　　　　二、目标客户群体分析　　　　　　　　　　　　　　/ 206
　　　　三、产品和服务开发策略　　　　　　　　　　　　　/ 207
　　　　四、技术创新和数字化转型策略　　　　　　　　　　/ 208
　　　　五、成长战略的绩效评估和监测　　　　　　　　　　/ 209
　　　　六、战略调整和灵活性　　　　　　　　　　　　　　/ 210

　　本章小结　　　　　　　　　　　　　　　　　　　　　　/ 211

参考文献　　　　　　　　　　　　　　　　　　　　　　　/ 213

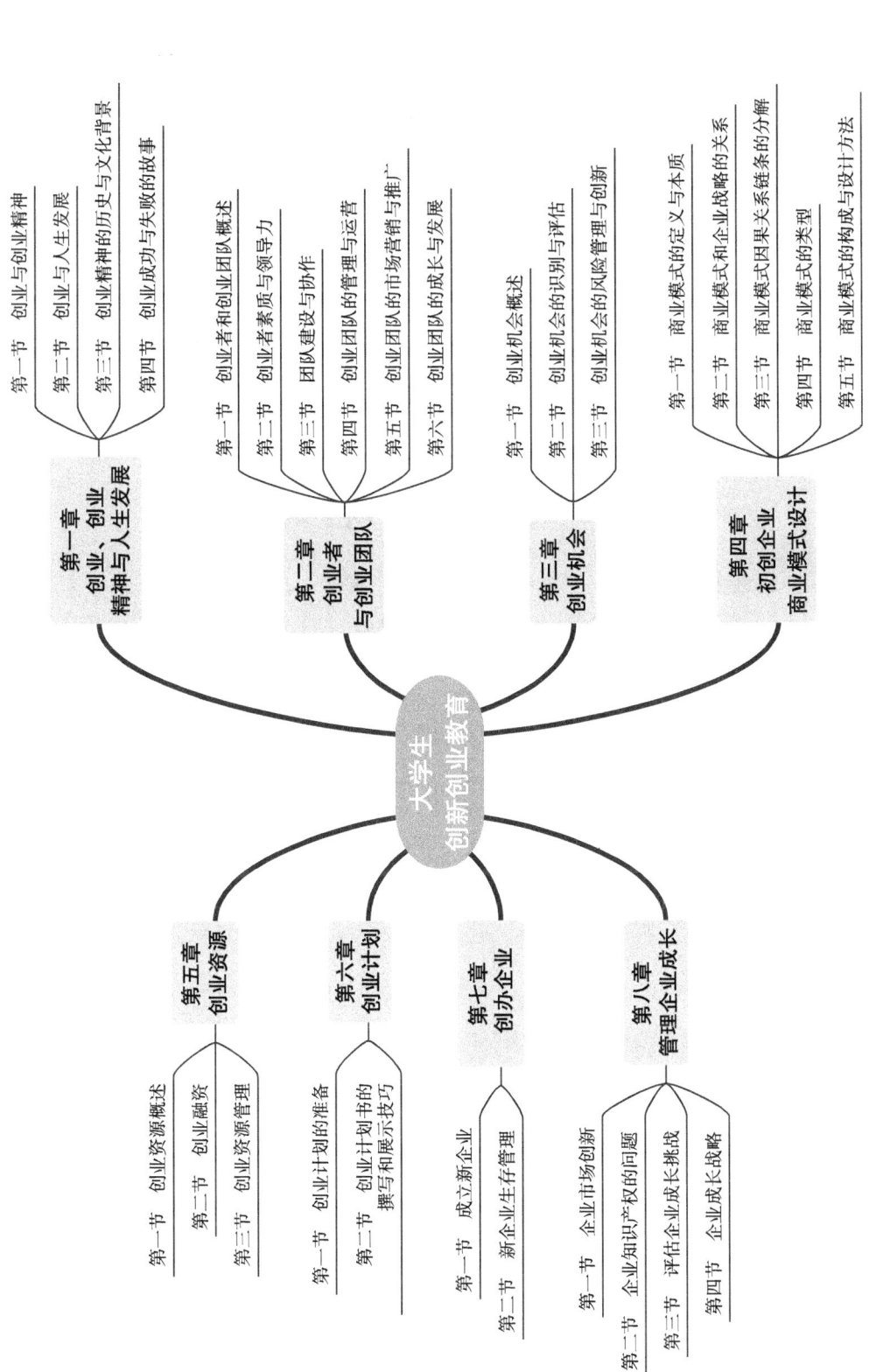

第一章 创业、创业精神与人生发展

本章提要

通过本章的学习,了解创业的概念、创业与创业精神的关系、创业与人生发展的关系,以及创业和创业精神在当今时代背景下的意义和价值,正确认识并理性对待创业。

第一节 创业与创业精神

学前思考

(1)你的创业理念是什么?你有什么样的创业想法?你的产品或服务解决了什么问题?你的创业理念是否符合市场需求?

(2)你的创业计划是什么?你有没有详细的商业计划书?你对市场、竞争对手、目标客户群有没有深入的研究和了解?

(3)你的团队是什么样的?你有没有合适的合作伙伴?你们之间的合作方式和分工是怎样的?

(4)你的资金和资源如何?你有没有足够的资金和资源支持你的创业计划?你有没有考虑到资金的风险和挑战?

(5)你的创业精神是什么?你有没有足够的毅力和决心去克服困难和挑战?你有没有足够的创新思维和创业精神?

一、创业的定义与功能

(一)创业的定义

创业是指个人或团队利用自己的资源、技能和创新的商业理念,创立新的企业或组织,以谋求经济利益或实现社会价值的行为。创业者通常会面临风险和不确定性,但他们也可能获得成功并创造出新的商业价值。创业的概念包括创新、风险承担、创造价值及资源整合四个关键要素。

创业通常涉及商业模式、产品或服务的创新,以满足市场或社会的需求。从创新的角度来看,创业可被定义为通过新颖独特的方式汇集资源,发现并寻求创造价值的机会的过程。这一定义强调了创造力、冒险精神和前瞻性思维在创业过程中的重要性，还强调了创新在推动创业中的作用，创业者不断寻求以新的理念和解决方案颠覆现有市场和行业。从这个角度看，创业不仅仅是创建新企业，更是通过新颖的方法和想法挑战现状，推动变革。创业的这一定义鼓励个人跳出固有思维，不断寻找新的增长和发展机会。

创业者通常需要承担经济、市场和管理方面的风险，包括资金、竞争、市场变化等。从承担风险的角度来看，创业可被定义为尽管存在固有的不确定性和挑战，但仍要发现和寻求有可能带来巨大经济和个人回报的机会的过程，包括经过深思熟虑后愿意承担风险、做出战略决策和投入资源，以创建和发展新的企业。选择冒险的创业者明白，失败是可能的，但他们愿意接受和解决相关风险，以实现自己的目标，他们渴望创新、创造价值和取得成功，愿意接受创业过程中固有的挑战和不确定性。创业就是拥抱不确定性，做出大胆的决定，采取积极主动的措施，在市场中创造和捕捉机遇。

创业的目的是创造商业价值或社会价值，包括盈利、创造就业机会、解决社会问题等。从创造价值的角度来看，创业可被定义为发现机会并承担经过深思熟虑的风险，以创造和提供满足客户需求和愿望的创新产品、服务或解决方案的过程。这涉及设想和追求新业务的能力，同时也涉及有效管理资源和应对挑战以创造经济和社会价值的能力。创业者在推动经济增长、创造就业岗位和革新技术方面发挥着至关重要的作用，因为他们在不断寻求改善和颠覆现有市场的方法，并解决社会中尚未满足的需求。从本质上讲，创业就是通过创建有影响力的新企业，为个人和社会带来价值。

创业者需要整合各种资源，包括资金、人才、技术、市场等，以支持企业的成长和发展。从资源整合的角度来看，创业可被定义为识别、组织和调动各种资源以创造价值和实现特定目标的过程，资源不仅包括金融资源，还包括人力资源、知识和技术。从这个角度看，创业不仅是创建新企业，而且是以创新的方式利用资源，满足市场需求，把握市场机遇。它涉及识别和获取资源的能力，以及有效组合资源以创建可持续发展的成功企业的技能。这一定义强调了创业的战略性和动态性，突出了资源整合在推动创新和经济增长方面的重要性。

总之，创业是一个多层面的概念，包括创建新企业、推动现有组织内部的创新，以及在竞争激烈、充满活力的商业环境中利用个人素质和心态取得成功。企业家在推动经济增长、创造就业机会以及塑造行业和社会的未来方面发挥着至关重要的作用。

（二）创业的功能

创业是创办新企业或实施创业项目的过程，创业的主要功能及其对经济的影响表现在五个方面。创业的第一个功能是发现和创造市场新机遇。创业者不断寻找市场中的空白和未满足的需求，并开发创新解决方案来应对这些挑战。这种发现机会和创造新产品或服务的过程不仅有利于创业者，也有助于经济的整体增长和发展。创业的第二个功能是创造就业机会。随着新企业的建立，它们需要劳动力来支持其运营，这就创造了就业机会，为个人提供了就业和创收的机会。创业者通常会雇用拥有专业技能的人员，这有助于提高劳动力的整体技能水平。创业的第三个功能是推动技术创新。许多创业者站在开发新技术和新工艺的最前沿，这些技术和工艺可以彻底改变行业并提高生产效率，这种创新会产生涟漪效应，从而提高各经济部门的生产率、产品质量和竞争力。创业的第四个功能是促进市场竞争，最终使消费者受益。随着新企业进入市场，它们会推出新的产品和服务，从而迫使现有企业改进产品，提高竞争力。这种竞争会带来更优质的产品、更低的价格和更多的消费选择。创业的第五个功能是增加经济的多样化。在不同行业创建新企业，有助于国家减少对单一行业或收入来源的依赖。这种多样化使经济更具弹性，让国家不易受到经济衰退的影响。

总之，创业是经济增长和发展的推动力，其功能包括发现和创造新机遇、创造就业、推动技术创新、促进竞争和经济多元化，通过了解创业的重要性并支持创业者的努力，我们可以使经济更有生机和活力。

二、创业的要素与类型

（一）创业的要素

创业是否成功通常取决于三个关键要素：机会、团队和资源。

创业机会包括市场需求、新产品或服务的创新、行业变革等。创业者需要对市场进行深入研究，找到有潜力的商机，并且能够抓住这些机会。创业企业茁壮成长并取得成功的机会数不胜数。数字营销和网络广告就是一个潜在的创业机会。随着人们越来越依赖数字平台进行交流和商务活动，企业越来越需要在网上有效地营销和推广自己的产品和服务。这就为那些对数字营销有深刻理解并善于策划引人入胜的在线广告活动的创业者提供了建立自己公司的绝佳机会。通过提供社交媒体管理、搜索引擎优化和点击付费广告等服务，创业者可以帮助企业接触目标受众并促进销售，同时还能在竞争激烈的数字营销行业中为自己开辟一个有利可图的利基市场。此外，人们对环境可持续发展的意识和关注日益增强，这为创业者提供了另一个大有可为的机会。随着消费者越来越意识到他们对环境的负面影响，他们日常生活中对可持续和生态友好型产品和服务的需求也在不断上升。这为创业者创造和销售创新型环保产品提供了机会，如生物降解包装、有机护肤品或节能家电。通过开发可持续商品，服务日益增长的市场，创业者不仅能满足消费者对环保产品的需求，还能为实现环境保护的更大目标做出贡献。总之，对于有远见、有创造力、有魄力，能够发现并利用新兴趋势和市场需求的人来说，创业的机会已经成熟。无论是在数字营销、可持续产品领域，还是在任何其他行业，有抱负的创业者都可以通过无数的途径来开辟自己的成功之路。只要有正确的想法、战略和执行力，创业成功的潜力就是无穷的。

一个强大的团队是创业成功的关键，创业者需要拥有一支具有多样技能和经验的团队，成员们能够共同合作，应对挑战，推动企业的发展。一个成功的企业需要一群人，他们不仅要在各自的专业领域有一技之长，还要有共同的愿景，并致力于实现共同的目标。为了建立一个有效的创业团队，创业者必须认真考虑每个潜在成员的长处和短处，以及他们的协作能力和有效沟通能力。此外，团队构成的多样性也是一笔宝贵的财富，因为它能带来不同的观点和想法。团队组建完毕后，关键是要为每个成员确定明确的角色和职责，以及制定决策和解决冲突的制度。归根结底，一个合作良好的创业团队是企业成功的基石，一开始就应给予认真的关注和考虑。

团队的凝聚力和执行力对于公司的成功至关重要。创业需要各种资源，包括资金、人力资源、技术支持等。创业者需要能够有效地管理和利用这些资源，以支持企业的发展和效益增长。从资金支持到导师指导和交流机会，这些资源对初创企业的发展发挥着重要作用。首先，对于创业者来说，最重要的资源之一就是资金，可通过传统的银行贷款、风险资本或天使投资人获得。其次，导师和顾问形式的强大支持系统可以提供宝贵的指导和专业知识。再次，网络活动和平台可以帮助创业者与潜在的合作伙伴、客户和投资者建立联系，从而增加商业机会。最后，教育资源，如讲习班、研讨会和在线课程，可为创业者提供必要的技能和知识，帮助他们应对创业和经营企业的挑战。总之，有抱负的创业者在创业过程中可以积极寻找和利用这些资源，以发挥自己的优势。

这三个要素相互作用，相辅相成。如果这些要素能够得到有效整合和利用，将有助于创业者实现自己的创业梦想。

（二）创业的类型

根据创业动机，创业可分为机会型创业、生存型创业、愿景型创业。

在当今充满活力和竞争的商业环境中，创业是许多人渴望抓住的机遇。机会型创业是指识别和利用市场空白、新兴趋势和未开发的利基市场，创造满足消费者需求的创新产品或服务。这种类型的创业需要有发现潜在机会的敏锐眼光、对市场动态的深刻理解以及计算和承担风险的能力，还需要利用个人的技能、专业知识和资源，开发出可行的商业模式，在瞬息万变的市场中茁壮成长。机会驱动型创业有可能带来丰厚的经济回报、个人成就感以及对社会产生积极影响。然而，它也伴随着一系列挑战，包括激烈的竞争、财务的不确定性以及不断适应市场变化的需要。总之，踏上机会驱动的创业之路需要有战略思维、应变能力以及处理变化和不确定性的能力。生存型创业指的是以维持创业者生计为主要目标而创办和经营企业的过程。这种类型的创业往往是出于无奈，如失业或经济困难，需要一套不同于传统就业的技能和策略。要成功成为生存型创业者，个人必须具备应变能力、机智和适应环境变化的意愿，还必须能够识别和利用机会，有效管理有限的资源，克服各种挑战和障碍。生存型创业往往具有较高的风险和不确定性，需要以创造性和创新性来寻找解决问题的办法。愿景型初创企业是一种以清晰而令人信服的未来愿景为指导的企业，它是一种不只着眼于盈利，而且着眼于对世界产生积极影响的企业类型。这类企业的驱动力是为社会创造更美好未来的愿望，通常植根于强烈的目标感和使命感。在愿景驱动型初创企业中，创始人和领导者对事业充满热情，愿意承担风险和牺牲，以实现他们的愿景。这种类型的初创企业往往具有强烈的创新和创造意识，因为创始人不断寻求新的、更好的方法来实现他们的愿景，愿景驱动型初创企业往往注重长期、可持续的变革，而不是追求短期收益。这类初创企业通常具有强烈的社会责任感，致力于对世界产生积极影响。

根据创业性质，创业可分为创新创业和复制创业。近年来，创新和创业在推动经济增长和发展方面变得越来越重要。随着科技的飞速发展，新技术不断涌现，为个人和企业创造了创业机会。例如，人工智能和机器学习的兴起带动了新软件应用程序和工具的开发，为各行各业带来了变革，创业者们正在利用这些技术进步创建新业务，颠覆传统市场。除了新技术，新产品和新服务的开发也在推动创新和创业。随着消费者偏好和需求的不断变化，对创新产品和服务的需求也在不断增长，企业家们正在利用这种需求，开发新的、独特的产品，以迎合特定的市场利基。例如，共享经济的兴起带动了共享汽车和共享房屋等新服务平台的发展。新商业模式和战略的出现也促进了创新和创业。随着全球经济的相互联系日益紧密，企业家们正在探索经营和接触客户的新方式。例如，直接面向消费者的模式近年来受到追捧，创业者可以绕过传统零售渠道，直接向消费者销售产品。这种商业模式的转变为个人创业和颠覆既有行业创造了新机遇。总之，基于新技术、新产品和新服务的创新和创业在推动经济增长和发展方面发挥着至关重要的作用。复制创业又称模仿创业，是个人或组织复制和模仿现有商业模式或产品的一种创业活动。这种形式的创业一直是商界关注和争论的话题，因为它引发了有关原创性和道德的质疑声，复制创业涉及复制或模仿已在市场上立足的成功商业模式或产品，这可能包括复制另一家公司的商业战略、营销策略，甚至整个产品或服务。复制型创业者的目标是利用现有企业的成功，向相同的目标市场提供类似的产品或服务。复制创业的主要特点之一是缺乏原创性和创新性，复制型创业者并不创造新颖独特的东西，而依赖于模仿已被证明成功的东西，这可以看作是通往成功的捷径，它为创业者和整个市场带来了诸多好处。其中一个好处是降低了创业的风险和不确定性。通过复制现有的商业模式或产品，创业者可以利用原版的成功经验，最大限度地降低失败的概率。同时复制型创业者也必须想方设法进行创新，将自己与原版区别开来，以确保持续成功。复制创业是一个复杂而有争议的话题，引出了市场中有关创新、原创和道德的重要问题。复制创业在带来降低风险、增加竞争等好处的同时，也带来了挑战和道德问题，创业者必须谨慎应对。

根据企业规模，创业可分为小型创业和中大型创业。小型创业者通常以有限的资源开始创业，经营范围较小，通常以服务利基市场或特定客户群为目标。小型创业的特点是以有限的资金、人力和市场影响力创办企业，这些企业通常在当地或区域市场内经营，满足特定客户群的特殊需求。小型创业者可根据业务性质和个人喜好，选择以独资、合伙或小型公司的形式创业，他们也可以选择在家或小型办公场所开展业务，以最大限度地降低成本和提高灵活性。小型创业者面临的主要挑战之一是可用资源有限，与大型企业不同，小型创业者往往面临金融资本、人力资源和技术能力方面的限制，这使他们难以与大公司竞争，也难以扩大经营规模。不过，小型创业者也有优势，那就是能够迅速适应不断变化的市场环境，并为客户提供个性化服务。除了挑战，小型创业也为有抱负的创业者带来了众多机遇。随着电子商务和数字营销的兴起，小型创业者现在可以用最少的投资接触到全球受众，如利用社交媒体和其他网络平台来推广自己的产品和服务，从而与大公司展开更公平的竞争。小型创业者还可以利用利基市场和独特的经营理念，从竞争对手中脱颖而出，获得忠实的客户群。要想在小型创业中取得成功，创业者必须采取一种战略方法，即考虑到其企业所面临的独特挑战和机遇，专注于特定的利基市场或目标市场，与客户建立牢固的关系，不断创新和适应不断变化的市场趋势。小规模创业者还必须足智多谋,创造性地寻找克服企业局限性的方法,如建立伙伴关系、寻求外部资金或外包某些职能。总之,虽然小型创业者面临着资源和市场覆盖面有限的挑战,但他们也有机会在市场中占据独特的地位,并为客户提供个性化服务。通过采取战略性和适应性强的方法,小型创业者可以克服挑战,建立成功的企业,为经济和社会做出贡献。

中大型创业特点是参与企业运营的员工人数众多,传统的小企业可能只有少数几个员工,而中大型创业企业则不同,它们往往雇用数百甚至数千人,这给创业者带来了一系列挑战,他们必须制定有效的战略来管理和领导庞大而多样化的员工队伍。除了员工人数众多外,中大型创业企业的组织结构也往往更为复杂,这种复杂性源于需要协调和整合更多员工的活动,以及需要管理更广泛的业务职能和运营。因此,参与中大型创业的创业者必须具备高度的组织和管理技能,才能有效驾驭复杂的业务。此外,建立中大型初创企业往往需要大量资金和资源,这可能涉及从投资者或金融机构融资,以及需要制订和实施全面的业务计划和战略。企业规模越大,失败的可能性就越大,风险也越高。尽管中大型初创企业面临着挑战和复杂性,但走这条路也能带来许多潜在的好处和机遇。例如,企业规模越大,创业者就越有机会实现更大的规模经济,从而降低成本,提高效率。此外,企业规模和业务范围的扩大也可能为企业在国内外的扩张和发展带来新的机遇。总之,中大型初创企业的兴起代表着商业世界的重大转变,因为创业者越来越多地寻求建立拥有更多员工和更复杂组织结构的企业。虽然这一趋势带来了一系列独特的挑战,但也有可能带来巨大的回报和机遇。对这些人来说,重要的是发展必要的技能和战略,以便在这个新的、充满活力的商业环境中取得成功。

根据创业领域,创业可分为技术创业和社会创业。以技术创新为驱动力的创业活动在软件开发和生物技术领域尤为明显,初创企业可利用尖端技术创造创新解决方案,颠覆传统行业,这些企业的成功往往归功于技术的飞速发展,技术降低了进入市场的门槛,使创业者能够更快、更高效地将他们的想法推向市场。在这种情况下,有抱负的创业者必须对所选领域的技术和商业方面有全面的了解,包括开发和部署产品所需的技术技能,驾驭行业复杂监管和市场环境的能力,对基础科学和技术的掌握,并具备将创新有效商业化的商业头脑。社会创业是商界日益增长的趋势,越来越多的个人和组织通过创新的商业模式专注于解决社会问题,无论是通过环境保护、促进社会公正的模式,还是通过解决贫困和不平等问题的模式,这些企业都希望给社会带来积极的变化,通过将创业原则与对社会产生影响的承诺相结合,能够以可持续和有效的方式应对紧迫的社会挑战。通过努力,他们不仅创造了经济价值，还为整个社会的进步做出了贡献。无论是创造环保产品、为服务不足的社区提供基本服务，还是开发新技术来解决社会问题，社会创业正在对世界产生重大影响。

三、创业的过程与阶段

（一）创业的过程

创业的过程可以分为以下几个主要步骤。

（1）明确创业意愿和目标。确定自己的创业意愿和目标，明确自己想要创办的企业是什么样的，以及想要实现的目标是什么。

（2）市场调研。进行市场调研，了解行业现状、竞争对手、目标客户群体等情况，评估市场需求和商业机会。

（3）制订商业计划和商业模式。制订详细的商业计划，包括企业定位、产品或服务定位、市场营销策略、财务规划等内容，并确定创业的商业模式。

（4）融资和资源准备。确定启动资金需求，寻找融资渠道，进行融资筹备，同时准备其他必要的资源，如人力资源、技术资源等。

（5）注册公司和法律手续。完成公司注册，办理相关营业执照、税务登记等法律手续，确保企业合法合规运营。

（6）产品研发和生产准备。如果是产品型创业，进行产品研发和生产准备工作；如果是服务型创业，准备好服务内容和运营流程。

（7）市场推广和销售。进行市场推广活动，建立品牌形象，开展销售工作，获取客户和市场份额。

（8）运营管理和团队建设。建立企业的运营管理体系，包括生产运营、财务管理、人力资源管理等方面，同时招募和培训团队成员。

（9）持续发展和扩张。不断寻求发展机会，拓展市场，扩大业务规模，开拓新的市场。

（10）稳定运营和持续优化。在企业稳步发展之后，关注企业的稳定性和可持续发展，持续优化运营流程和管理水平，加强品牌建设。

以上环节是创业过程中的一般性步骤，具体的创业环节可能会因行业、企业类型等因素而有所不同。

（二）创业的阶段

创业通常可以分为以下几个阶段。

（1）策划阶段。在这个阶段，创业者需要明确自己的创业愿景和目标，进行市场调研，分析商业机会，制订创业计划和商业模式，并且进行初步的资源准备。

（2）启动阶段。一旦创业者准备就绪，就可以启动企业创建。这个阶段通常包括注册公司、融资、招募团队、开展产品研发等活动。

（3）建立阶段。在这个阶段，创业者需要建立企业的运营体系，包括生产、销售、市场推广、人力资源管理等方面。同时也需要不断完善产品或服务，满足客户需求。

（4）发展阶段。企业一旦开始运营，创业者需要不断寻求发展机会，拓展市场，扩大业务规模。这可能包括开拓新的市场、引入新的产品线、寻求合作伙伴等。

（5）稳定阶段。在企业稳步发展之后，创业者需要开始关注企业的稳定性和可持续发展。这可能包括优化运营流程、提升管理水平、加强品牌建设等。

整个创业过程充满了不确定性和挑战，创业者需要不断学习和适应，灵活调整战略，同时保持对目标的执着追求，成功的创业者往往能够在不同阶段做出正确的决策，善于把握机遇，化挑战为机遇。

四、创业精神

创业精神是创建新企业、开发创新产品和服务的驱动力。创业精神的特点是敢于冒险、勇于挑战现状、不懈追求机遇，创业者的动力往往来自对自己想法的坚持，以及对自己能够给世界带来积极变化的坚定信念。创业精神之所以如此重要，重要原因之一是它在推动经济增长和创造就业机会方面的积极作用。企业家是创新和创造的引擎，他们在推动经济生产力和竞争力发展方面发挥着至关重要的作用。通过创办新企业、推出新产品和服务，创业者为经济扩张和创造新的就业机会做出了贡献。成功的创业者通常有一些与众不同的关键特征，这些特征包括强烈的自我激励意识、高度的应变能力和决心，以及创造性思维和适应不断变化的环境的能力。他们通常还非常善于发现和抓住机遇，并且不害怕在追求目标的过程中承担经过深思熟虑的风险。除了这些个人特征，成功的创业者还得益于建立一个支持性的生态系统，这个生态系统能为他们提供成功所需的资源和支持，包括资金和指导，能够为其提供指导和帮助的同行、顾问支持人际网络。政府和其他利益相关方也通过实施支持小企业发展和创新的政策，在营造有利于创业的环境方面发挥着至关重要的作用。总之，创业精神是推动经济增长、创新和创造就业的重要力量，成功的创业者拥有一些独特的个人特征，使他们能够发现和追求机遇，并建立为他们提供所需的资源和支持的支持性生态系统。随着世界的不断发展和变化，创业精神将继续在塑造经济和整个社会的未来方面发挥至关重要的作用。

头脑风暴

列出创业要素并进行排序，指出哪些是核心要素。

第二节　创业与人生发展

学前思考

（1）个人兴趣和激情：你对创业有多大的兴趣？你是否对特定领域或行业有着强烈的热情？创业是否能够满足你的个人成就感和价值观？

（2）个人能力和技能：你是否具备创业所需的技能和能力？你是否有管理、销售、市场营销等方面的经验和知识？如果没有，你是否愿意学习和提升自己的能力？

（3）个人价值观和目标：你的创业是否符合你的人生价值观和目标？创业是否能够让你实现自己的人生理想和追求？

（4）家庭和社会因素：你的家庭和社会环境是否支持你的创业决定？你的创业会对家庭和社会产生什么样的影响？

（5）健康和心理状态：你的身体和心理状态是否足够健康和稳定来应对创业中的压力和挑战？

一、创业与职业规划

当今就业市场瞬息万变、竞争激烈，大学生不仅要专注于学业，还要考虑未来的职业道路和潜在的创业机会，而后者正变得越来越重要。随着技术发展和全球化的兴起，传统的职业格局已经发生变化，学生在规划自己的职业生涯时面临着多种选择和挑战。

近年来最重要的趋势之一就是大学生对创业的兴趣日益浓厚，许多年轻人不再满足于为别人打工，而是希望通过创业，创造属于自己的机会。年轻创业者在各行各业取得巨大成功的故事，以及政府为有抱负的企业主提供越来越多的资源和支持，都推动了这种心态的转变。对于考虑走创业道路的大学生来说，了解创业和经营企业的各个方面非常重要，这包括制订商业计划、获得资金、了解法律法规要求以及建立导师和顾问网络，另外，学生还需要为创业带来的挑战和不确定性做好准备，如承担财务风险、长时间工作以及不断适应不断变化的市场环境。

而对于那些更倾向于追求传统职业道路的学生来说，制订职业规划至关重要。这包括确定自己的优势、兴趣和价值观，以及研究与这些因素相符的潜在行业和工作角色，建立专业网络，并通过实习、兼职和课外活动积累相关经验。在当今的就业市场上，大学生的适应性和对新机会的接受度变得越来越重要，职业的概念不再局限于单一的工作或行业，现在许多专业人士在其职业生涯中需要经历多次职业转换。因此，学生需要做好不断学习和提高技能的准备，并对自由职业、远程工作或其他非传统就业安排的可能性持开放态度。

总之，大学生创业与职业规划的交叉是一个复杂而多面的话题，大学生需要慎重考虑和提早谋划。无论是有兴趣自己创业还是从事传统职业，大学生都必须积极主动地规划自己的职业未来，寻找成长和学习的机会，并对未来的各种可能性持开放态度，这样才能在瞬息万变、充满活力的就业市场中取得成功。

二、创业与个人成长

在当今这个瞬息万变、竞争激烈的世界，大学生面临着无数的选择，而这些选择将最终决定他们的未来。在这些选择中，创业、继续深造或进入就业市场是最关键的决定之一，每条道路都有其挑战和机遇，学生在做出决定之前，仔细考虑自己的选择至关重要。

对于渴望掌握自己未来的大学生来说，创业是一个越来越受欢迎的选择。自己当老板、追求激情并有可能获得经济上的成功，这一切都极具诱惑力。然而，创业并非没有风险，它需要有巨大的奉献精神，以及辛勤工作和驾驭不确定性的能力。此外，许多创业者还面临着巨大的财务挑战和失败的可能性。尽管如此，对于那些具有强烈创业精神和清晰愿景的人来说，建立一个成功的企业所带来的回报是无法估量的。还有许多大学生选择继续深造，以此来提升自己的职业竞争力和扩大自己的知识面，这可能包括攻读所学领域的硕士或博士学位，或参加专业培训课程以掌握新技能。高等教育提供了深入研究特定兴趣领域、开展研究和获取宝贵专业知识的机会。然而，攻读高级学位往往要付出高昂的代价，而且可能需要投入大量的时间。此外,高学历人才的就业市场竞争激烈,毕业后无法保证立即就业或经济来源稳定。因此,也有许多大学生选择在完成本科学业后进入就业市场,这条路提供了获得实践经验、建立专业人际网络和赚取稳定收入的机会。然而,在当今竞争激烈的市场中找工作可能是一项艰巨的任务,尤其是对于经验有限的应届毕业生来说,许多初级职位的工资可能很低,晋升机会也很有限,有些则可能会发现自己从事的工作与自己长期职业目标并不相符。

总之,创业、继续深造或进入就业市场是一个复杂而影响深远的个人选择,每个大学生都必须根据自己的个人目标、价值观和具体情况做出决定。每条道路都有其挑战和机遇,学生必须仔细考虑自己的选择,并寻求导师、职业顾问和其他值得信赖的顾问的指导。无论选择哪条道路,其决定都应是带着目标感、决心和适应不断变化的职业世界的意愿来做出的。归根结底,大学期间所做的选择将在塑造每个人的未来方面发挥重要作用,重要的是要经过慎重的考虑,以长远的眼光来做出这些决定。

三、创业与未来发展

随着就业市场格局的不断变化以及对创新和创造力的日益重视,许多年轻人开始考虑将创业当作一种可行的职业选择。本节旨在为大学生全面介绍创业及其未来发展。

创业在推动经济增长和创新方面发挥着至关重要的作用,它能创造就业机会、推动竞争、鼓励开发新产品和服务。创业还为个人提供了追求理想、勇敢冒险并对社会产生积极影响的机会。对于大学生来说,创业提供了一个独特的途径,可以发挥他们的创造力,提升他们解决问题的技能和领导潜能。虽然创业的想法似乎很吸引人,但大学生在创业时往往面临各种挑战。这些挑战可能包括资金有限、缺乏经验以及害怕失败。然而,大学生也有独特的优势,如容易获得学术资源、有导师引导和支持性的同龄人社区,只要有正确的心态和决心,大学生就能克服这些挑战,将创业愿望变为现实。教育在塑造未来创业者的心态和技能方面起着至关重要的作用,许多高校都开设了专门的创业课程,为学生提供创办和发展企业所需的知识和工具,这些课程通常涵盖业务规划、营销、财务和领导力等主题。实习、合作项目和商业竞赛等体验式学习机会,可以让学生在实际环境中运用所学知识,获得宝贵的实践经验。未来的创业受各种趋势和发展的影响。一个显著的趋势是越来越多创业者选择创建对社会和环境有积极影响的企业。另一个趋势是技术在创业中的应用越来越多,人工智能、电子商务和数字营销等领域都取得了进步，"零工经济"和远程工作为创业企业提供了新的可能性，使个人可以按照自己的条件独立工作。

总之，创业为大学生提供了追求理想、产生积极影响和塑造自己未来的独特机会。尽管创业可能会带来挑战，但也为个人和职业发展提供了无数机会。通过利用现有的资源和支持，大学生可以满怀信心和决心踏上创业之路。随着创业领域的不断发展，大学生必须持续了解当前的趋势和发展，这样才能在瞬息万变的商业环境中茁壮成长。

四、创业与社会责任

随着对创新和创造力的日益重视，越来越多的年轻人将创业视为一种可行的职业选择，然而，在追求创业成功的过程中，大学生也必须考虑到创业所带来的社会责任。

大学生创业是一个不断上升的趋势，创造属于自己的东西、做自己的老板、改变世界的愿望是这一趋势背后的驱动力。许多学生正在利用校园内的资源，如企业孵化器、创业计划和导师指导，将自己的想法转化为可行的创业行动。这一趋势不仅有利于参与其中的个人，也有利于整体经济，因为它促进了创新，推动了就业机会的创造。然而，在追求创业成功的过程中，大学生也必须考虑到其创办企业的社会影响。当今世界，企业对社会和环境的责任越来越大，对于年轻的创业者来说尤其如此，因为他们往往被视为变革和创新的推动者。因此，大学生必须从一开始就将社会责任融入创业努力中。大学生履行创业者社会责任的方法之一，就是考虑企业对社会和环境的影响。这可以通过可持续的商业实践来实现，比如使用环保材料、减少浪费，以及通过开展企业社会责任活动回馈社区。通过这些努力，大学生可以创建不仅能创造利润，还能促进社会进步的企业。大学生创业者履行社会责任的另一个重要方面是正确对待员工和利益相关者。年轻的创业者必须创造一个积极、包容的工作环境，让员工受到尊重和公平对待。此外，与供应商和客户等利益相关者保持透明、合乎道德的关系，对于建立一个有信誉、有社会责任感的企业至关重要。最后，大学生还应考虑企业对社会的长期影响，这包括思考其产品或服务的潜在影响，以及如何利用它们来解决社会问题和改善人们的生活。通过将社会影响融入其商业模式，大学生创业者可以创建不仅能创造利润，还能给世界带来积极影响的企业。

总之，大学生创业的兴起为创新和经济增长带来了巨大机遇，但年轻的创业者也必须考虑到创业所带来的社会责任。通过将社会责任融入创业努力，大学生创建的企业不仅能创造利润，还能为改善社会做出贡献，这不仅有利于他们所在的区域，也有助于在未来建立一个更具社会责任意识和可持续发展的商业环境。

头脑风暴

阐述在知识经济时代，大学生创业意愿和创业准备的前景及现实，创业活动的价值。

第三节　创业精神的历史与文化背景

学前思考

（1）历史上的创业精神：在不同历史时期和不同文化背景下，创业精神是如何被定义和实践的？我们可以了解一些历史上的创业故事和成功案例，以及了解这些创业者是如何克服困难、创新和开拓市场的。

（2）不同文化对创业精神的影响：不同的文化对创业精神有着不同的理解，不同文化对创业者的期望和支持是怎样的？不同文化的价值观和传统如何影响创业者的行为和决策？

（3）创业精神的文化传承：在不同文化中，创业精神是如何被传承和弘扬的？有哪些文化传统和价值观能够激发和支持创业精神的发展？

（4）全球化对创业文化的影响：随着全球化的发展，不同文化之间的交流和融合对创业精神的发展有着怎样的影响？在全球化时代，创业者如何在不同文化背景下寻找共同点和发展机遇？

一、创业精神的历史演变

创业精神的概念源远流长，从美索不达米亚的古代商人到硅谷的科技大亨，创业精神在塑造我们今天生活的世界中发挥了至关重要的作用。在本节，我们将探讨创业精神的演变，追溯其在各个时代的起源和发展。

创业精神的根源可以在最早的人类社会中找到。在那时，个人寻求通过贸易和商业创造价值，例如，古代腓尼基人以其航海技术和在整个地中海地区建立利润丰厚的贸易网络的能力而闻名于世。这些早期的企业家为现代商业世界奠定了基础，展示了创新和企业在推动经济增长和繁荣方面的力量。

随着社会的发展和经济的复杂化,创业精神的作用不断扩大,工业革命尤其标志着创业史上的一个转折,因为新技术和制造工艺为创造财富提供了前所未有的机会,托马斯·爱迪生(Thomas Edison)和亨利·福特(Henry Ford)等有远见的人彻底改变了我们的生活和工作方式,他们利用创新的力量改变了整个行业。20世纪,随着全球经济日益相互关联,企业家精神呈现出新的形式,跨国公司的崛起和互联网的出现带来了一个新的创业时代,其特点是技术的快速进步和前所未有的竞争水平,史蒂夫·乔布斯(Steve Jobs)和比尔·盖茨(Bill Gates)等创新者成为家喻户晓的人物,他们的突破性创新重塑了我们与周围世界沟通、交易和互动的方式。今天,企业家精神继续蓬勃发展,个人和组织都在努力抓住新出现的机遇,应对瞬息万变的世界所带来的挑战。从社会创业的兴起,到初创企业和小型企业影响力的不断扩大,创业环境比以往任何时候都更加多样化和充满活力。在向全球化和数字化转型的时代,创造性思维、承担风险和适应新环境的能力从未像现在这样重要。

总之,创业史证明了人类智慧和决心的力量,从古代的商人到现代的创新者和颠覆者,企业家精神一直是经济进步和社会变革的推动力。展望未来,创业显然将继续在塑造世界格局、创造增长和发展新机遇方面发挥重要作用。通过了解创业精神的演变,我们可以更加充分地认识未来的挑战和机遇,并努力为子孙后代建设一个更加繁荣和具有创新性的世界。

二、不同文化背景下的创业精神

创业是一个超越文化界限的概念,是经济增长和创新的驱动力。创业精神普遍存在,但在不同的文化背景下表现各异。在本节,我们将探讨不同文化背景下的创业精神,研究文化价值观、传统和社会规范如何塑造创业格局。

在西方文化中,尤其是在美国,创业往往与冒险、个人主义和创新联系在一起。美国梦是一种根深蒂固的文化叙事,歌颂白手起家的创业者从贫穷到富有的成功故事。美国人的创业精神源于对任人唯贤和追求机会的坚定信念,而无论个人背景或社会地位如何,这种文化精神导致了初创企业的激增、风险投资以及科技行业的颠覆和创新文化的发展。

相比之下,中国和日本等亚洲国家的文化对创业有自己独特的态度,孝道、谦逊、和谐等儒家价值观在历史上塑造了这些国家的商业格局。中国的创业精神通常是由对家庭和社区纽带的高度重视,以及对长期关系和关系网的关注所推动的。在日本,"和"(wa)的概念和建立共识的价值观影响了商业文化，使创业变得更加谨慎和重视规避风险。在中东，创业与伊斯兰教的价值观和传统有着深刻的联系，"祝福"（barakah）的概念以及对社会责任和商业道德的强调，塑造了这一地区的创业心态，除了经济上的成功，创业精神往往还受到创造社会影响和促进社会进步的愿望的驱动。

在非洲，面对贫困和有限的正规工作机会，创业往往是一种生存和经济赋权的手段，"ubuntu"（"我在，因为我们在"）的概念以及强烈的社区和团结意识影响了许多非洲国家的创业格局，非洲的创业精神往往是由强烈的韧性、机智以及适应挑战和不可预测环境的能力所驱动的。

在拉丁美洲，丰富的文化遗产以及创造和创新精神为创业提供了动力，"美好生活"（buen vivir）的概念以及强烈的社区意识和相互联系影响了该地区的创业格局。拉丁美洲的创业精神往往是由保护和颂扬文化传统的愿望以及对社会和环境可持续发展的承诺所驱动的。

总之，创业精神是一种多层面的动态现象，受到无数文化的影响，虽然创业的基本原则可能是普遍的，但在不同的文化背景下，人们实践和理解创业的方式却大相径庭。理解和欣赏这些文化上的细微差别，对于培养更具包容性和多样性的全球创业生态系统至关重要。通过承认和弘扬世界各地丰富多样的创业传统和实践，我们可以创造一个更有活力和韧性的全球经济。

三、创业精神与社会发展

随着全球经济的不断发展和变化，创业精神在推动创新、创造就业和刺激经济增长方面的作用变得越来越重要。本节将概述创业精神及其对社会发展的影响，探讨创业如何促进社会进步。

首先，必须了解"创业精神"一词的含义，创业精神通常与承担风险的意愿、发现和追求机会的能力以及创造新事物和有价值事物的动力联系在一起，具有创业精神的人通常具有创造力、决心和面对挑战的韧性，他们愿意打破常规思维，挑战现状，满怀激情和执着追求自己的理想。创业精神并不局限于创办新企业，在现有组织中工作的人也能发挥创业精神，从内部推动创新和变革。从这个意义上说，创业不仅是创建新企业，也是在整个社会中培养创造、创新和增长的文化。其次，创业对社会发展的影响是多方面的，也是深远的，创业促进社会发展的最重要方式之一就是创造就业机会。随着新企业的建立和现有企业的发展，它们为社会的个人创造了就业机会，这不仅有助于减少失业和贫困，还能促进社会整体经济繁荣。除了创造就业机会，创业在推动创新和技术进步方面也发挥着至关重要的作用。创业者往往站在开发新产品、新服务和新技术的最前沿,这些产品、服务和技术有可能改变行业,提高个人的生活质量,这可以改善医疗保健、教育和其他基本服务,最终使整个社会受益。最后,创业还能在社区内培养创造力和赋权文化,从而促进社会发展。通过鼓励个人追求自己的想法和梦想,创业有助于释放各行各业人们的潜能,有助于创建多样化和有包容性的社会,使个人有能力为改善社会贡献自己的独特才能和观点。然而,必须认识到,创业并非没有挑战和局限性,并非所有的创业都能成功,许多创业者在创业的道路上面临着巨大的障碍,获得资金难、监管障碍多和市场竞争大只是创业者可能遇到的挑战中的一部分。因此,社会必须提供支持和资源,帮助创业者克服这些挑战,茁壮成长。

总之,创业精神在推动社会发展和进步方面发挥着至关重要的作用,通过培养创造、创新和赋权文化,创业精神可以创造就业机会,推动技术进步,促进社会的整体繁荣。然而,社会必须认识并应对创业者面临的挑战,以营造有助于创业成功的环境。通过这样做,我们可以利用创业的力量,为所有人创造一个更有生机、活力和包容性的社会。

四、创业文化与价值观的传承

随着人们对创新和创造力的日益重视,创业在塑造年轻人,尤其是大学生的文化和价值体系中的作用,也成了一个备受关注的话题。本节旨在全面概述创业文化与大学生价值观之间的关系,以及如何利用这种联系造福社会。

创业文化是指具有创业精神的个人和组织所特有的一系列信念、态度和行为,它包含创新精神、冒险精神和积极主动解决问题的能力。这种文化往往与追求机遇、创造价值和勇于接受挑战联系在一起,对大学生而言,弘扬创业文化会对他们的个人和职业发展产生深远影响。创业文化影响大学生价值观的一个重要途径是培养创业心态,这种思维方式鼓励个人进行批判性、创造性和独立的思考,它能培养人的应变能力、适应能力和拥抱变化的意愿,帮助大学生驾驭现代世界的复杂性,为迎接未来的挑战做好准备。此外,创业文化还能塑造大学生的伦理道德价值观。创业所固有的对诚信、责任和义务的强调,会影响年轻人对自己社会角色的看法,通过推广创业道德文化,高校可以向学生传播强烈的社会责任感,以及对世界产生积极影响的信心。除了个人价值观,创业文化还能影响大学生的职业抱负和选择,通过让学生了解创业的原则,高校可以激发学生追求以创新和创造的愿望为动力的职业。这样就能培养出新一代企业家,致力于应对我们这个时代的社会、经济和环境挑战。为了确保向大学生有效传播创业文化和价值观，高校必须采取综合方法，包括将创业教育融入课程，为学生提供亲身体验的机会，营造一个鼓励创造力和冒险精神的支持性培育环境，这样，高校就能让学生掌握创业所需的知识、技能和价值观。

总之，创业文化与大学生价值观之间的关系是复杂而多方面的，通过培养创业心态、塑造道德价值观和影响职业抱负，创业文化可对大学生的个人和职业发展产生深远影响。高校必须认识到创业在塑造学生价值观方面的重要性，并采取积极措施在校园中推广创业文化。通过这些做法，高校可以为培养新一代人才做出贡献，使他们具备对世界产生积极影响的能力。

第四节 创业成功与失败的故事

学前思考

（1）创业者的品质和素养：成功和失败的创业者有哪些不同的品质和素质？成功的创业者通常具备怎样的创业精神、领导能力和执行力？而失败的创业者又有哪些普遍的问题和缺陷？

（2）环境与机遇：成功和失败的创业故事中，环境和机遇扮演了什么角色？哪些因素对创业成功起到了关键作用？而哪些因素成为导致创业失败的绊脚石？

（3）策略和决策：成功和失败的创业者在战略规划、决策执行等方面有何不同？成功的创业者是如何制订和执行有效的策略的？而失败的创业者又是如何在决策和执行上犯下错误的？

（4）团队和合作：创业成功与失败的故事中，团队和合作起到了什么作用？成功的创业者是如何建立和管理团队的？而失败的创业者在团队建设和合作方面有哪些问题？

（5）持续学习与改进：成功和失败的创业者在持续学习和改进方面有何不同？成功的创业者是如何不断学习和改进自己的？而失败的创业者又是如何在学习和改进上出现了停滞和犹豫的？

一、成功创业者的经验分享

百度是中国领先的科技公司之一，其创始人兼首席执行官李彦宏多年来一直是中国科技行业的杰出人物。作为一名成功的企业家，李彦宏在商业和创新领域拥有丰富的知识和经验，他对创业历程的见解既有价值又鼓舞人心。

在一次访谈中，李彦宏分享了他对创业以及创业和发展过程中的挑战和机遇的看法，为有抱负的创业者和企业领导者提供了宝贵的经验。李彦宏在分享中强调的一个要点是毅力和韧性：通往成功的道路上往往充满障碍和挫折，创业者必须具备克服这些挑战的决心和韧劲。李彦宏本人在百度创业初期也曾面临激烈竞争和资金困难等重重挑战，但他坚持不懈，最终成功创建了一家蓬勃发展的公司。除了毅力，李彦宏还强调了创新和创造力在创业中的重要性。他强调，创业者需要不断创新，适应不断变化的市场环境，打破常规思维，才能在竞争中保持领先。李彦宏本人创业的成功证明了创新的力量，其公司始终走在技术进步的前沿，并在不断变化的科技领域持续发展和壮大。在李彦宏关于创业精神的讨论中，另一个关键主题是团队精神和协作的价值。他强调了建立一个强大而有凝聚力的团队，以及在组织内部培养协作和互助文化的重要性。李彦宏将百度的成功主要归功于他所组建的才华横溢、兢兢业业的团队，他还强调了与合适的人为伍对取得商业成功的重要性。除了这些关键主题外，李彦宏还谈到了战略规划、风险管理和适应变化的能力在创业过程中的重要性。他从自己的经历和职业生涯中的经验教训出发，就这些话题分享了宝贵的见解和实用的建议。

李彦宏关于创业精神的讨论为有抱负的企业家和商业领袖提供了宝贵的见解和经验。他对毅力、创新、团队合作和战略规划的强调，为那些希望踏上创业之路的人提供了宝贵的路线图。李彦宏本人创立百度的成功证明了这些原则的力量，他的话也激励着任何希望在商业和创新领域有所作为的人。

作为一名大学生，创业的想法可能既令人兴奋又令人生畏，许多学生梦想成为成功的企业家，但实现这一目标的道路可能充满挑战和不确定性。然而，许多成功的大学生创业者已经走过这条路，并建立了蓬勃发展的企业。在本节中，我们将探讨这些成功的大学生创业者的经验和见解，并揭示他们成功的关键经验和策略。在成功的大学生创业者中，最常见的心得之一就是认识到激情和毅力的重要性，他们中的许多人都是在大学期间开始创业的，常常要兼顾学业和创建公司，尽管他们面临重重困难，但对自己想法的热情和坚定不移的决心推动着他们不断前进，这种激情和毅力使他们能够克服挫折和失败，即使在困难重重的情况下也能继续前进。大学生创业者成功的另一个关键因素是他们能够接受风险和不确定性，创业本身就有风险，大学生创业者必须敢于冒险，走出舒适区，才能取得成功。无论是将自己的积蓄投资于企业，还是全职追求创业梦想，成功的大学生创业者都表现出了拥抱风险和不确定性的意愿，这也是创业历程的必要组成部分。除了激情、毅力和承担风险的意愿，成功的大学生创业者还强调了寻找导师和建立强大的人际支持网络的重要性，他们中的许多人都把自己的成功归功于已经走过创业历程的导师给予的指导和支持。这些导师提供了宝贵的建议、见解和人脉，帮助这些大学生创业者避免了常见的陷阱，加快了企业的发展。除了导师，建立一个由朋友、家人和创业同伴组成的强大人际支持网络，也有助于大学生创业者应对创业和发展过程中的挑战。此外，成功的大学生创业者还认识到不断学习和适应的重要性。商业环境在不断变化，大学生创业者必须愿意适应新技术、市场趋势和消费者偏好，才能保持竞争力。无论是通过正规教育、网络活动还是行业会议，只有通过不断学习和适应，成功的大学生创业者才能够保持领先地位，并为其企业的长期成功奠定基础。

总之，成功的大学生创业者的经验和见解为有抱负的大学生创业者提供了宝贵的经验和启发，大学生创业者可以通过激情和毅力、大胆冒险、寻找导师和人际支持网络、不断学习和调整，在竞争激烈的创业世界中取得成功。虽然通往成功的道路可能充满挑战，但这些成功的大学生创业者的故事告诉我们，奉献精神、努力工作和正确的心态是创业所必需的。

二、创业失败的原因与教训

近年来，创业已成为越来越多大学生的职业选择，自己当老板、创造创新产品或服务就有可能获得经济上的成功。然而，现实情况是，创业是一项充满挑战和风险的工作，失败是许多新企业的共同结局。在本节中，我们将分析大学生创业者失败的原因，以及从这些失败中可以吸取的教训。

大学生创业失败的主要原因之一是缺乏经验和知识。许多学生在没有充分了解经营企业的复杂性之前，就急于投身创业，他们可能有一个很好的想法或产品，但缺乏将其愿景转化为成功企业所需的实际技能和专业知识。此外，他们可能对市场调研、财务管理或创业的法律法规要求缺乏透彻了解，因此，会犯一些关键性错误，导致创业失败。另一个常见的失败原因是缺乏适当的规划和准备。许多大学生创业者很冲动，急于让自己的企业迅速起步，他们可能会在没有坚实的商业计划、对目标市场没有清晰了解、对竞争对手没有现实评估的情况下，就匆忙启动创业项目，没有适当的规划和准备，他们就没有能力应对创业初期不可避免的挑战和障碍。大学生创业者往往苦于缺乏资源和支持[①]，创业需要大量资金，而许多学生可能无法获得创业所需的资金。他们还可能缺乏导师、指导，而这些对于在商界取得成功至关重要。没有必要的资源和支持，大学生创业者可能会发现自己无法克服所面临的障碍，最终导致创业失败。除上述原因外，大学生创业者还可能因缺乏应变能力和适应能力而失败，成功创业需要毅力、从失败中吸取教训的能力以及适应不断变化的环境的意愿。虽然大学生创业者可能会面临挑战和失败，但我们可以从这些经历中汲取宝贵的经验。大学生在创业前必须积累实践经验和知识，这可能包括在他们感兴趣的行业寻找实习或兼职工作，学习商业课程，或向有经验的创业者寻求指导，通过获得扎实的技能和知识基础，大学生可以更好地为迎接创业挑战做好准备。

适当的规划和准备是创业成功的关键，大学生应花时间制订全面的商业计划，进行彻底的市场调研，并寻求行业专业人士的指导和建议。通过认真规划和准备创业，大学生可以增加成功的机会，避免关键性错误。大学生应积极寻求资源和支持，以帮助启动和发展自己的企业，这可能包括寻求融资机会、与行业专业人士建立联系以及向经验丰富的企业家寻求指导。通过建立强大的人际支持网络和获取必要的资源，大学生可以更好地为自己的创业做好准备。应变能力和适应能力是有抱负的创业者必备的素质，大学生应做好面对失败和挫折的准备，并从失败和挫折中吸取经验教训。他们还应愿意根据不断变化的市场条件和消费者偏好调整自己的经营策略，通过培养应变能力和适应能力，大学生可以更好地应对创业挑战，增加长期成功的机会。

总之，创业是一项充满挑战和风险的事业，许多大学生创业者会经历创业失败，然而，通过分析失败的原因并从中吸取经验教训，大学生可以更好地为将来的成功做好准备。通过积累实践经验和知识、全面规划和准备、寻求资源和支持、培养应变能力和适应能力，大学生创业者可以增加未来创业的成功机会。

三、创业者的心路历程与成长经历

华为董事长的创业历程和其企业成长经历是一个关于坚韧、创新和决心的故事。华为创始人兼董事长任正非带领公司经历了无数挑战和胜利，最终使华为成为世界领先的科技公司之一。

---

① 黄绮婷、孔增强、陈文丽：《数字经济背景下东莞大学生轻创业的现状及对策研究》，载《中文科技期刊数据库（全文版）社会科学》，2023年第3期，第102-104页。

任正非的创业之路始于1987年，他怀着打造世界一流电信公司的愿景创立了华为。那时，中国的电信业仍处于起步阶段，市场被外国公司垄断，任正非看到了发展一家在全球范围内有竞争力的中国电信公司的机会。华为成立初期，任正非和他的团队面临着重重困难，包括资源有限、缺乏经验以及来自老牌公司的激烈竞争。然而，任正非坚定不移的决心和战略眼光使华为克服了这些挑战，并在电信行业崭露头角。华为成功的关键因素之一是任正非对创新的重视，他意识到投资研发对于在竞争中保持领先地位的重要性。在他的领导下，华为形成了持续创新的文化，开发出了尖端技术和产品，这种对创新的坚持使华为始终走在电信行业的前沿，并保持其竞争优势。除了创新，任正非的领导风格也对华为的成长和成功起到了至关重要的作用，他允许员工承担风险和追求新理念，这种做法造就了一支积极进取、富有创造力的员工队伍，推动了华为的持续增长和扩张。任正非的创业之路并非没有挑战，近年来，华为面临着国际社会的严格审查和挑战，尤其是在5G技术和网络安全方面。尽管面临这些挑战，任正非仍坚定不移地带领华为渡过难关，确保公司持续成功。展望未来，任正非对华为的愿景侧重于持续创新和扩张，他希望华为成为全球技术的领导者，推动人工智能、云计算和5G等领域尖端解决方案的发展。任正非的领导使华为成为科技行业的强者，他将继续塑造公司成功的未来。

总之，任正非的创业历程和华为的成长证明了决心、创新和战略领导力的力量，任正非的远见卓识和追求卓越的承诺推动华为成为全球科技行业的领导者，他的创业历程也激励着全世界有抱负的企业家。

而大学生创业者的旅程通常始于一个想法或对某个行业或领域的热情，这种热情往往源于对改变现状、创造有价值的东西或追求毕生梦想的渴望。对许多年轻创业者来说，决定踏上创业之路并非轻而易举，需要极大的勇气、信心和承担风险的意愿。在创业过程中，大学生创业者会面临无数的挑战和障碍，从获得资金和资源，到制订可行的商业计划，再到驾驭复杂的市场，通往成功的道路充满了不确定性和挫折。然而，这些挑战往往是成长和个人发展的催化剂。大学生创业者在创业过程中最宝贵的一点，就是从经验中学习的机会，无论是某个创业项目的成功，还是另一个创业项目的失败，每一次经历都能为创业者提供宝贵的经验和启示，促进他们的成长和发展。此外，在创建和发展企业的过程中，大学生创业者往往需要培养领导力、决策能力，以及解决问题和适应环境的能力等多方面的技能。大学生创业者的创业历程往往以不断追求知识和成长为标志，无论是通过正规教育、导师指导，还是亲身实践，年轻创业者都在不断寻求拓展对行业、市场和自身能力的理解，这种学习和成长的决心是创业历程的一个基本方面，也往往是大学生创业者成功的关键因素。

总之，大学生创业者的创业历程需要决心、韧性，以及对知识和成长的不断追求。从最初的创意火花到最终的创业结果，虽然旅途中可能会充满不确定性和挫折，但这些经历往往是个人和职业成长的催化剂。归根结底，大学生创业者的征程始于激情、毅力和对成功的不懈追求。

四、创业者的自我认知与发展规划

自我认知是指个体对自己的认识和了解，包括个体对自己的性格特点、能力、情绪状态、价值观、兴趣爱好等方面的认知。自我认知能够帮助个体更好地理解自己，认识自己的优势和不足，从而有针对性地进行自我调整和提升。通过不断地提高自我认知，个体可以更好地适应环境变化，提高自我管理能力，更好地实现自己的个人目标和愿望①。

刘强东是中国最大的电子商务平台之一——京东的创始人，他的成功之路令人鼓舞，充满了决心、韧性和强烈的自我认知。

自我认知是个人和职业成长的一个重要方面，它包括了解自己的优势、劣势、价值观和动机。对刘强东来说，自我认知在塑造他的职业生涯和指导他的创业方向上发挥了关键作用。他始终认识到自己的优势，如商业敏锐度、战略思维和领导技能。此外，他还积极发现和改进自己的不足，不断寻求自我完善和发展。刘强东的自我认知也影响了他的创业方式，他对自己的愿景和目标有着清晰的认识，这使他能够做出明智的决定，并寻求符合自己价值观的机会。此外，他的自我认知还使他能够围绕自己建立一个强大的团队，利用他人的优势来补充自己的不足。在创业发展计划方面，刘强东表现出了战略性和前瞻性思维，他为京东制定了宏伟但可实现的目标，重点关注创新、客户满意度和可持续增长，他的计划包括扩大京东在国内外的影响力、丰富产品种类、采用新技术提升客户体验。刘强东的发展计划植根于对市场和消费者行为的深刻理解，他不断调整京东的业务模式，以满足消费者不断变化的需求，从而在竞争中保持领先地位，并保持稳固的市场地位。他对持续改进和创新的承诺是京东取得成功的推动力。

总之，刘强东作为商业领袖所取得的成就与他的自我认知和创业发展计

---

① 江波、刘景芝：《社会支持与农民工随迁子女生活满意度：自我认知的中介作用》，载《南京农业大学学报：社会科学版》，2016年第16卷第4期，第71-80页。

划密不可分。他了解自己，了解自己的优势，了解自己的目标，这使他有能力做出战略决策，建立一家成功的公司。随着他在瞬息万变的商业环境中不断摸索，他的自我认知无疑将继续成为他创业之路上的指导力量。

一名有志成为企业家的大学生，必须清楚地认识自己，并为个人和职业发展制订明确的计划，自我认知对任何个人的成功都起着至关重要的作用，尤其是对于那些涉足充满挑战的创业世界的人来说。下面探讨自我认知对大学生创业者的重要性，并概述促进个人和职业成长的发展计划。

自我认知是认识和理解自己的思想、情感和行为的能力，它涉及内省和对自身优点、缺点、价值观和目标的深刻理解。对于大学生创业者来说，自我认知尤为重要，因为它有助于识别自己的创业激情、技能和需要改进的地方，了解自己的长处，寻求与这些长处相匹配的机会，并认识到自己的短处，寻求改进或弥补这些短处的方法。自我认知在决策和解决问题方面也发挥着重要作用，有正确自我认知的大学生创业者更有能力做出明智的决策，应对创业过程中的各种挑战。他们能够评估自己的能力和局限性，从而为自己的企业制定切合实际的目标和有效的战略。此外，自我认知还有助于改善人际关系，因为它使个人能够理解和管理自己的情绪，并与他人产生共鸣。

为了促进自我认知和个人成长，大学生创业者可以从制订全面的发展计划中获益，该计划应涵盖个人和职业发展的各个方面，包括自我评估、设定目标和提高技能等。

（1）自我评估：发展计划的第一步是进行全面的自我评估。这包括确定自己的优势、劣势、价值观和兴趣。可以利用各种工具来进行评估，如个性测试和技能清单，以更深入地了解自己。这种自我评估可以作为设定个人和职业目标的基础。

（2）设定目标：在自我评估的基础上，大学生创业者应设定清晰、可实现的短期和长期目标。这些目标应具体（Specific）、可衡量（Measurable）、可实现（Attainable）、相关（Relevant）、有时限（Time-bound）（SMART原则）。通过设定目标，个人可以明确努力方向，并将重点放在需要改进或发展的领域。目标可以与学业成绩、技能学习、人际网络或创业里程碑有关。

（3）提高技能：大学生创业者应不断努力提高自己的技能，获取与创业相关的新知识。具体方法可以包括选修课程、参加研讨会、寻求导师指导或参加创业活动。沟通、领导、解决问题和财务管理等技能对创业成功至关重要，应在发展计划中优先考虑。

（4）持续学习：创业是一个充满挑战的过程，需要个人随时了解最新趋势、技术和市场发展。大学生创业者应抱有不断学习的心态，寻找机会扩展自己的知识和专业技能。这可以通过阅读行业出版物、参加会议以及与经验丰富的创业者交流来实现。

（5）建立人际网络和导师关系：建立一个强大的同行、导师和行业专业人士人际网络对大学生创业者的成长至关重要。人际网络提供了合作、反馈和支持的机会，而导师则提供来自有经验人士的宝贵指导和建议。大学生创业者应积极参加人际网络活动，加入创业社区，并与潜在的导师建立联系，以扩大支持系统。

总之，自我认知是大学生创业者个人和职业发展的一个基本方面，它能让个人了解自己的优势、劣势和价值观，使他们有能力做出明智的决定，追求自己的创业理想。通过制订包括自我评估、设定目标、提高技能、持续学习和建立人际网络和导师关系在内的全面发展计划，大学生创业者可以为他们的创业之路奠定坚实的基础，最大限度地发挥他们的潜能，充分利用自我认知并致力于不断成长，使创业变得充实而有影响力。

头脑风暴

列出你所知道的成功企业家，通过讲述他们成功创业的故事挖掘创业要素，总结创业者应具备的创业精神。

本章小结

在本章中，我们探讨了创业的重要性以及创业精神对人生发展的影响。创业不仅是一种经济活动，更是一种精神状态和生活态度。创业精神包括勇气、毅力、创新、承担风险和追求成功的精神品质。这些品质不仅可以帮助创业者在商业上取得成功，也能够影响他们的个人成长和人生发展。创业精神可以激发个人的潜能，培养自信和毅力，帮助人们克服困难，实现自己的梦想。在创业过程中，人们不断面对困难和挑战，需要不断学习和成长，这也促进了个人的成长和进步。因此，大学生创业者应该在创业过程中不断培养和弘扬创业精神，让它成为创业过程的一部分，引领自己走向更加充实、丰富和有意义的人生。

创业术语

创业　创业精神　创业要素　创业类型　创业过程　创业阶段　创新型

人才　创业能力　职业生涯发展

牛刀小试

看看你属于哪一类创业者[①]

1. 哪一种投资对你较有吸引力？
（a）定期存款中有10%的固定利润
（b）在一段时间内，高于10%的利润。因经济环境，如利率及股市变化而异

2. 哪一种工作对你较具吸引力？
（a）每周工作少于40小时，每年固定加薪6%
（b）每周工作超过50小时，第一年年底就加薪10%～15%

3. 你较喜欢哪一种商业形态？
（a）独资经营　（b）合伙组织　（c）合作组织

4. 有三个待遇、福利等都不错的工作供你选择时，你会接受：
（a）大企业，但是你的权限与职责都稍低
（b）中型公司，稍有名气，能拥有部分权限与责任
（c）小公司，但能被赋予相当大的权限与责任

5. 当你拥有一家公司时，对于公司的各种运营，包括内部行政管理、广告销售、薪资给付等，你希望参与到何种程度才会满意？
（a）将大部分的权力释放出去
（b）将一部分的权力释放出去
（c）将各部门的营运事项大权均掌握于手中

6. 推进工作计划时碰上了小的阻碍，你会：
（a）立即请求别人给予帮忙
（b）先经过一阵思考，选定几种可能的解决方法，然后请求上司
（c）自己努力寻求解决的办法，直到克服为止

7. 多年来你的公司一直沿用一套销售制度，使公司每年维持10%的增长率。这套制度还算成功。你在其他地方用了另一套制度，你发现每年会有10%～15%的增长率，且此套制度对你和公司双方都有利，但你的方法需要投资若干时间和资金。你会：
（a）为避免风险，仍沿用老方法
（b）私下就采用新方法，然后等着看结果

[①] 资料来源：http://training.icyen.com/201105/1333887.html。

（c）建议采用新方法，同时展示已有的好结果

8. 当你建议上司采用你的新方法，而他却说"不要自作主张"，你会：

（a）放弃你的方法

（b）过一阵子再向上司游说

（c）直接向公司总经理或董事长建议

（d）直接用自己的方法做了

9. 你是否参加新公司的开发计划？

（a）未曾　（b）偶尔　（c）经常

10. 你打算如何着手对员工进行培训？

（a）委托顾问人员，由专家设计课程内容，并亲自培训指导

（b）根据自己的经验和主意安排课程内容，并亲自培训指导

11. 以下哪一种情形对你而言最有成就感？

（a）你是公司的最高薪者

（b）在你的专业领域得到较高的荣誉

（c）成为公司的总裁

12. 以下哪两个部门的工作，最能吸引你？

（a）行销部门　（b）行政部门　（c）财务部门　（d）培训部门（e）管理部门　（f）顾客服务部　（g）征信及收款部

13. 担任业务工作，有三种薪资与佣金的选择机会时，你期望的薪资计算方式是：

（a）完全薪水制　（b）底薪加佣金制　（c）完全佣金制

14. 当你正准备要出门度假时，接到一位非常有希望成交的大客户，但是必须牺牲假期，你会做何抉择？

（a）请求这位客户再宽延一段时间

（b）取消或延后度假

15. 小时候，是否玩过较具危险性的游戏？

（a）否　（b）是

16. 你喜欢什么样的工作步调？

（a）一次做一件，直到完成为止　（b）一次同时做几件工作

17. 你希望你每周的工作时数是：

（a）35小时　（b）40小时　（c）45小时　（d）50小时　（e）60小时以上

18. 你现在每周的工作时数是：

（a）35小时　（b）40小时　（c）45小时　（d）50小时　（e）60小时

以上

19．你正准备去打一个推销电话，你现在的心境是：
（a）运气好的话，我可能会成功
（b）我有可能完成这项交易
（c）我觉得非常有希望完成这笔交易

20．当你在工作上遇到危机时，你会如何形容你目前的精神状态？
（a）以平常心看待，一切尽在掌握之中
（b）虽已掌握局面，但仍有些焦躁
（c）确实受到相当程度的影响

完成了以上20道题后，现在开始计算你的分数：

1．a=2　b=6
2．a=3　b=10
3．a=7　b=5　c=4
4．a=1　b=2　c=3
5．a=1　b=3　c=5
6．a=1　b=5　c=7
7．a=1　b=4　c=5
8．a=1　b=5　c=8　d=10
9．a=1　b=5　c=10
10．a=1　b=3
11．a=2　b=5　c=8
12．a=10　b=1　c=3　d=3　e=2　f=5　g=8
13．a=1　b=5　c=10
14．a=1　b=5
15．a=1　b=8
16．a=3　b=6
17．a=1　b=3　c=5　d=8　e=10
18．a=1　b=3　c=5　d=8　e=10
19．a=1　b=3　c=7
20．a=5　b=2　c=7

评价结果：上班就业者33～36分，加盟跟随者61～142分，自主创业者143～169分。

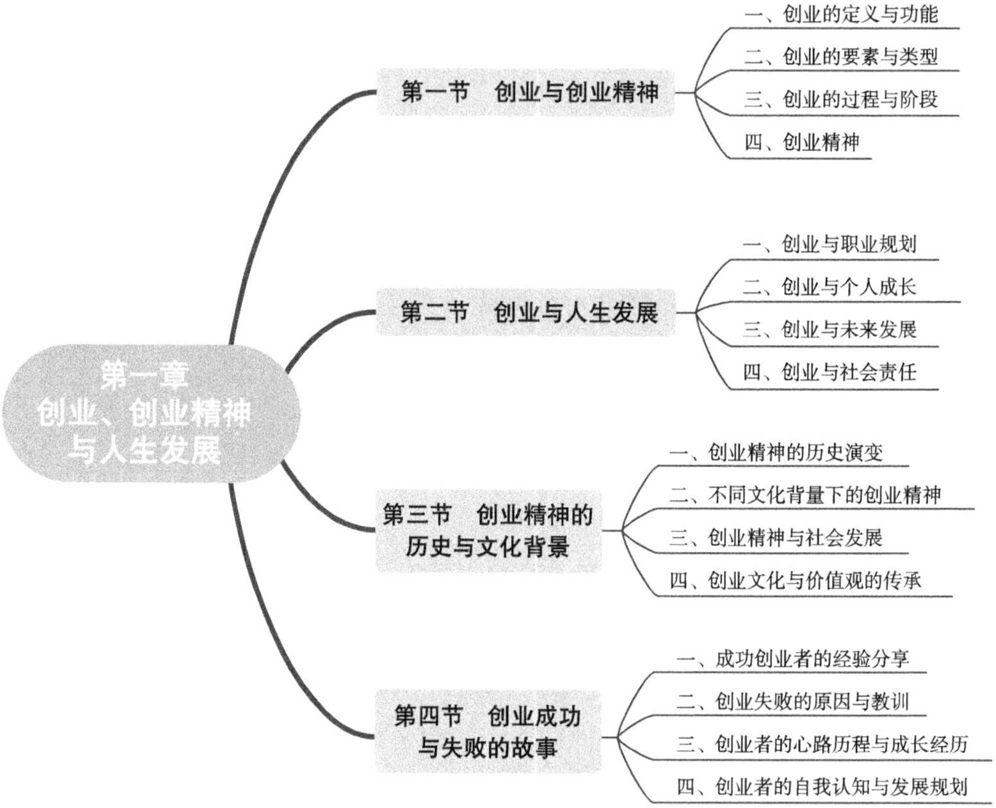

第一章 创业、创业精神与人生发展

第一节 创业与创业精神
- 一、创业的定义与功能
- 二、创业的要素与类型
- 三、创业的过程与阶段
- 四、创业精神

第二节 创业与人生发展
- 一、创业与职业规划
- 二、创业与个人成长
- 三、创业与未来发展
- 四、创业与社会责任

第三节 创业精神的历史与文化背景
- 一、创业精神的历史演变
- 二、不同文化背景下的创业精神
- 三、创业精神与社会发展
- 四、创业文化与价值观的传承

第四节 创业成功与失败的故事
- 一、成功创业者的经验分享
- 二、创业失败的原因与教训
- 三、创业者的心路历程与成长经历
- 四、创业者的自我认知与发展规划

第二章　创业者与创业团队

本章提要

通过本章的学习，让学生形成对创业者的理性认识，了解创业者应该具备什么样的能力，哪些能力具有先天属性，而哪些能力可以通过后天习得。同时，通过案例和讲授，让学生认识到创业团队对创业的重要性，了解组建创业团队的行为思路及其对创业活动的影响，掌握管理创业团队的技巧和策略，认识创业者在团队中的角色和作用。

第一节　创业者和创业团队概述

学前思考

（1）创业者的特质和素质：创业者需要具备怎样的特质和素质才能成功？例如，冒险精神、创新能力、领导力、坚韧不拔的毅力等。

（2）创业者的角色和责任：创业者在创业过程中扮演着怎样的角色？他们需要承担哪些责任和挑战？例如，需要具备领导团队、制定战略、管理资源等能力。

（3）创业团队的构建和管理：创业团队的构建对于创业成功至关重要，如何构建一个高效的创业团队？团队成员之间需要具备怎样的协作能力和专业素养？

（4）创业团队的文化和氛围：创业团队的文化和氛围对于团队的凝聚力和创新能力有着重要的影响，如何营造积极向上、包容创新的团队文化？

（5）创业者和团队的发展：创业者和团队在创业过程中会面临各种挑战和机遇，如何持续发展和成长？需要哪些支持和资源？

一、创业者概述

"创业者"的英文单词"entrepreneur"源自法语"entrepreneur"，最初

用于描述那些愿意承担风险、创造新企业并管理经营的人①。这个词最早出现在18世纪法国经济学家和哲学家理查德·坎蒂隆的著作中，用于描述那些从组织资源、承担风险的创业过程中获利的人。在经济学和商业领域，这个词随着时间的推移逐渐被引入到其他国家和语言中，并且逐渐扩展到包括所有愿意承担风险、创新和创造价值的人，而不仅仅是创立新企业的人。在现代社会，"创业者"一词已经成为描述具有创新精神、愿意承担风险并追求自主经营的个人的常用术语。创业者是指创立新企业或组织并在其运营过程中承担风险的个人。创业者具有创新意识和创造力，致力于发现新的商业机会，开发新产品或服务，并通过组织资源和管理能力将其转化为商业价值。创业者具有冒险精神和坚韧不拔的品质，他们愿意承担失败的风险，并不断努力克服困难，实现自己的创业梦想。创业者在经济发展中扮演着重要的角色，他们的创新活动和企业发展不仅能够创造就业机会，还能够推动经济增长和社会进步。

创业者可能来自不同的行业，有不同的背景和经验，但共同点是他们都具有创新意识和创业精神，愿意承担风险并追求自己的创业梦想，以下是一些常见的创业者背景。

（1）创业家族。一些创业者已有家族企业，他们在家族企业的基础上继续发展，也可能选择独立创业。

（2）大学生。大学生创业者通常是在大学期间或毕业后，利用自己的专业知识和创新意识，创立新的企业或组织。

（3）企业内部员工。一些创业者是在已有企业工作一段时间后，因为对行业或者产品有了更好的理解和判断，所以决定自己创业。

（4）行业专家。某些创业者可能在特定行业积累了丰富的经验和资源，基于自己的专业知识和人脉关系，选择创业。

（5）技术领域专家。一些创业者可能是技术领域的专家，他们利用自己的技术能力和创新意识，创立新的科技型企业。

（6）社会创新者。一些创业者可能是出于社会责任感，关注社会问题并希望通过创业解决这些问题，这类创业者通常从事社会创新领域。

二、创业团队概述

创业团队是由创始人和一群具有不同专业技能和经验的人组成的团队，

---

① 涂双龙：《失地农民聚居地区域创业研究：以成都失地农民聚居地R社区为例》（硕士学位论文），西南财经大学，2014年。

他们共同合作,致力于创立和发展新的企业。创业团队通常由创始人、联合创始人、技术专家、市场营销专家、财务专家等组成,他们各自承担不同的角色和职责,共同努力实现创业目标。创业团队的概念强调了合作和协作的重要性,因为一家成功的公司往往需要不同领域的专业知识和技能。创始人通常负责制订创业愿景和战略规划,联合创始人负责技术开发或市场营销,技术专家负责产品或服务的研发,市场营销专家负责市场推广,财务专家负责财务规划和管理等,团队每个成员都在自己的领域发挥作用,共同努力推动企业的发展。一个高效的创业团队通常具有良好的沟通和协作能力,团队成员之间能够相互信任、合作无间,共同应对挑战和问题。创业团队也需要具备创新意识和适应能力,能够迅速调整战略和方向,以适应市场的变化和竞争的挑战。成功的创业团队不仅能够推动企业的成长,还能够吸引更多的人才和资源,为企业的发展打下坚实的基础。

创业团队的要素包括但不限于以下几个方面。

(1)创始人和核心团队。创始人通常是公司的创办者和领导者,他们对公司的愿景和战略规划负有重要责任。团队核心成员通常是最早加入公司的员工,共同承担着创业过程中的各种挑战和任务。

(2)不同领域的专业技能。创业团队需要具备各种不同的专业技能,例如技术开发、市场营销、财务管理、运营等。这些专业技能可以帮助团队有能力应对各种挑战。

(3)创新意识。创业团队需要具备创新意识,能够不断寻找新的商业机会、解决方案和业务模式,以应对市场的变化和竞争。

(4)沟通和协作能力。团队成员之间需要良好的沟通和协作能力,能够有效地合作,共同推动企业的发展。

(5)适应能力。创业过程中会面临各种不确定性和变化,团队需要具备较强的适应能力,能够快速调整战略方向。

(6)创业精神和决心。创业团队需要具备创业精神和决心,愿意承担风险、克服困难,为实现共同的目标而努力奋斗。

以上要素有助于构建一个强大的创业团队,更好地应对市场挑战,推动企业的发展。

头脑风暴

学生分组讨论、分析:什么样的人适合创业,以及组建创业者团队应具备哪些要素。

第二节　创业者素质与领导力

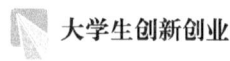

（1）创业者需要具备哪些素质？例如，创新能力、决策能力、沟通能力、团队合作能力、适应能力等。

（2）领导力在创业过程中的作用是什么？创业者需要具备怎样的领导力才能有效地引领团队并推动企业发展？

（3）创业者的领导风格：不同的创业者可能有不同的领导风格，例如，激励型领导、民主型领导、变革型领导等，我们可以思考不同领导风格对创业团队和企业的影响。

（4）如何培养创业者的领导力？创业者在创业过程中可能需要不断提升自己的领导力，我们可以思考如何通过培训、学习和实践来提升创业者的领导力。

（5）创业者领导力的发展和挑战：在创业过程中，创业者的领导力会面临各种挑战，例如，如何应对团队冲突、如何激励团队、如何应对市场变化等，我们可以思考如何帮助创业者应对这些挑战。

一、创业者的特质与素质

（一）创业者的特质

创业的世界充满挑战、风险和机遇，要在复杂的创业和经营环境中游刃有余、获得成功，创业者必须具备独特的个人特质。在本节，我们将探讨成功企业家的关键特征，并讨论这些特征如何帮助他们在竞争激烈的商业世界中茁壮成长。

成功企业家最重要的特质之一是有坚韧不拔的精神。通往成功的道路往往充满挫折、障碍和失败，在面临这些挑战时能迎难而上并继续向前，正是成功企业家的与众不同之处，他们不会因为失败而退缩，而是将失败当作经验，为今后提供动力。这种坚韧不拔的精神使创业者能够经受住创业风暴的考验，变得更加强大和坚定。成功企业家的另一个重要特质是创造力。为了在竞争激烈的市场中脱颖而出，创业者必须能够跳出固有的思维模式，提出创新的问题解决方案。这种创造力使他们能够开发出独特的产品或服务，吸引消费者的注意力，并在竞争中脱颖而出。具备这种特质的企业家能够从困难中看到机会，能够通过创造性思维将愿景变为现实。除了坚韧不拔的精神和创造力，成功的创业者还拥有坚定的决心。从零开始创建企业需要不懈的动力，当面对外部环境的不确定和旁观者的怀疑时，创业者必须拥有付出必要的艰苦努力和奉献精神的决心。这种决心使他们能够克服创业过程中不可避免的挑战，并始终专注于自己的长期目标。成功企业家要能够承担经过深思熟虑的风险，创业本身就有风险，创业者必须拥有冒险精神，才能取得成功。然而，成功的企业家不会盲目冒险，相反，他们会在采取行动前仔细评估该决策的潜在回报和后果。这种权衡利弊、做出明智决定的能力，使成功企业家有别于那些一味规避风险的人。成功的创业者还需要拥有强大的领导能力，建立和发展企业需要有鼓舞和激励他人的能力，以及在必要时做出艰难决定并对其负责的能力。创业者必须能够有效地向他人传达自己的目标，并围绕这一目标凝聚团队，适应不断变化的环境，带领企业渡过不确定和变革时期。

总之，成功企业家的特质是多方面的，坚韧不拔的精神、创造力、决心、冒险精神和领导力只是成功企业家的部分关键特征。这些特质使创业者能够应对创业过程中的各种挑战，并在竞争激烈的商业世界中取得胜利。虽然不是每个创业者都具备所有这些特质，但具备这些特质的人更有可能在创业中取得成功，有抱负的创业者应努力发展和培养这些特质，以增加创业取得成功的机会。

（二）大学生创业者应具备的素质

在当今竞争激烈的就业市场上，许多大学生正在考虑以创业为一条可行的职业道路，创业和成功经营企业需要具备独特的技能和素质。在本节中，我们将讨论大学生要成为成功的企业家应具备的基本素质。

创业大学生应具备强烈的职业道德。创业需要长时间的努力和奉献，创业者必须愿意为企业的成功付出必要的时间和精力，这意味着要能够独立工作，设定并实现目标，并专注于手头的工作。除了强烈的职业道德，创业大学生还应具备出色的解决问题的能力。经营企业需要做出艰难的决定，并为复杂的问题找到创造性的解决方案，创业者必须具备批判性思维、分析情况和提出创新想法的能力，才能在竞争激烈的商业世界中取得成功。有效的沟通技巧对任何企业家来说都至关重要。有志于创业的大学生必须能够与员工、客户、投资者和业务伙伴等各类人员进行清晰而有说服力的沟通，这包括积极倾听、有效传达想法和成功谈判。创业大学生的另一个重要素质是承担风险的能力，创业涉及巨大的不确定性和不可预测性，创业者必须愿意承担经过深思熟虑的风险，并能接受失败的可能性。这需要一定程度的自信、应变能力和从错误中学习的意愿。成功的企业家往往具有很强的领导能力，希望成为企业家的大学生应该能够鼓舞和激励他人，有效委派任务，并以身作则，这就要求他们能够建立和管理团队，做出艰难的决定并为其承担责任。创业大学生应具有强烈的创造力和创新意识，成功的企业往往建立在新的想法、独特的产品或服务以及解决现有问题的创新方案之上，创业者必须能够跳出固有的思维模式，提出创新的想法，并适应不断变化的市场趋势。

总之，立志成为成功企业家的大学生应具备各种素质和技能，这包括强烈的职业道德、解决问题的能力、有效的沟通技巧、承担风险的能力、强大的领导能力，以及创造力和创新意识。通过培养和磨炼这些品质，大学生可以增加创业成功的机会，并在竞争激烈的商业世界中茁壮成长。

二、创业心态与抗压能力

（一）创业心态

随着就业市场竞争日趋激烈，大学生对独立和自我实现的渴望与日俱增，开始将创业当作一条可行的职业道路。在本节，我们将全面概述大学生的创业心态，探讨他们创业的动机、挑战和机遇。

首先，了解大学生创业的动机非常重要。许多年轻人被创造属于自己的东西、掌握自己的命运并希望对世界产生积极影响的想法吸引，渴望经济独立和有机会追求自己的梦想，也是大学生创业心态背后的共同驱动力。其次，技术的飞速发展以及资源和信息的可获取性，使年轻人比以往任何时候都更容易创办自己的企业，这进一步提升了大学生的创业动力。然而，尽管创业充满诱惑，大学生在创业过程中还是面临着诸多挑战，缺乏经验、资金有限、害怕失败，这些都是年轻创业者最常遇到的障碍，在学业与经营企业之间取得平衡的压力也让许多大学生不堪重负，市场的竞争性和不确定性也给年轻创业者带来巨大挑战。虽然存在这些挑战，但拥有创业精神的大学生仍能获得广泛的机会，大学环境为有抱负的创业者提供了丰富的资源和支持，包括导师计划、网络活动和融资机会。大学越来越重视创业教育，使大学生掌握了在创业途中取得成功所需的知识和技能，初创企业孵化器和加速器在大学校园的兴起，也为年轻创业者开发创意和开展业务创造了有利环境。

总之，大学生的创业意愿呈现日益增长的趋势，它受到各种动机的驱动，伴随着众多挑战，也伴随着大量机遇。随着就业市场格局的不断变化，创业将继续成为大学生开辟自己道路的一个具有吸引力的选择。当获得有效的支持和资源，大学生就能利用自己的创业精神创建企业，为经济的增长和发展做出贡献。大学和整个社会必须继续培养和支持大学生的创业精神，因为他们是未来的领导者和创新者。

（二）大学生创业需具备的抗压能力

随着社会对创新和创造力的日益重视，越来越多的年轻人开始考虑创业。然而，创业之路并非没有挑战，要想在这个竞争激烈、充满活力的领域取得成功，大学生需要具备强大的抗压和逆境承受能力。在本节，我们将全面介绍大学生作为创业者茁壮成长所必需的抗压能力和压力管理技能。

首先，必须了解创业的本质以及随之而来的压力，创业的特点是不确定、具有风险以及需要不断适应不断变化的环境。因此，创业者在复杂的创业和管理过程中，往往会面临很大的压力，这可能包括财务压力、对失败的恐惧，以及需要同时兼顾多种责任的压力，如果没有应对这些压力的能力，大学生可能会发现创业很难坚持。其次，创业应变能力的关键要素之一是适应变化的能力，在当今快节奏、多变的商业环境中，当面对市场变化和意想不到的挑战，创业者必须能够迅速转向，调整战略，这需要高度的灵活性、开放的心态和应对变化的能力。再次，有效的压力管理对于踏上创业之路的大学生也至关重要。创业的要求可能令人难以承受，如果没有足够的应对能力，个人可能会陷入倦怠和精神疲惫，因此，大学生必须养成健康的生活习惯和作息规律，以便有效管理压力，这可能包括定期锻炼、正念练习以及寻求同伴和导师的社会支持。最后，失败是创业过程中不可避免的一部分，大学生必须学会将挫折视为学习机会，而不是不可逾越的障碍，这种心态的转变对于在逆境中保持动力和毅力至关重要。通过培养以成长为导向的态度，大学生可以培养克服挫折所需的韧性，并在创业之路继续前进。

总之，创业之路充满了挑战和不确定性，因此，对于希望在这一领域茁壮成长的大学生来说，通过培养适应变化、有效管理压力和从失败中反弹的能力，大学生可以建立起创业成功所需的韧性。通过培养这些技能，有抱负的创业者可以充满信心和决心，在复杂的商业世界中游刃有余。

三、创业者的领导力与团队激励

（一）大学生创业者应具备的领导力

在当今快节奏、竞争激烈的商业环境中，对有效领导力的需求比以往任何时候都更为重要，对于有志成为企业家并希望在商界大展拳脚的大学生来说，尤其如此，因此，这些年轻人必须具备必要的领导素质，才能够克服创业和经营成功企业的挑战和复杂性。在本节，我们将探讨大学生创业者要想在商界茁壮成长，应具备哪些关键的领导素质。

首先，大学生创业者需要有清晰的愿景，并有能力将这一愿景传达给他人。一个强有力的领导者能够以一种鼓舞和激励他人追随的方式阐明自己的目标和目的，这对于那些希望组建团队、吸引投资者的创业者来说尤为重要。通过有效传达自己的愿景，大学生创业者可以争取支持，为自己的企业打下坚实的基础。除了拥有清晰的愿景，大学生创业者还需要具备强大的决策能力。及时做出艰难决定的能力是一种关键的领导素质，它能决定一个企业的成败。无论是决定企业战略、做出财务决策，还是解决团队内部的冲突，有效的决策对于任何创业企业的成功都至关重要。大学生创业者需要权衡不同选择的利弊，收集他人的意见，最终做出明智、果断的选择。大学生创业者还应具备应变能力和适应变化的能力，创业和经营企业是一项具有挑战性的工作，挫折和障碍在所难免，一个强大的领导者能够在失败后重新出发，从错误中学习，适应不断变化的环境。这种在逆境中坚持不懈的能力，对于希望建立可持续发展的企业的大学生创业者来说至关重要。还有一个重要的领导素质是建立和培养人际关系的能力，无论是与客户、员工、投资者，还是与其他利益相关者，成功的领导者都能够建立并维护以信任和相互尊重为基础的牢固关系，通过培养支持者和盟友网络，大学生创业者可以为自己的企业争取宝贵的见解、资源和支持。大学生创业者还应具备较高的情商，这包括自我意识、同理心和有效管理情绪的能力。一个能对他人的情绪具有同理心的领导者，能够更好地处理冲突，建立强大的团队，并激励他人发挥出最佳能力水平。

总之，大学生创业者需要具备一系列领导素质，才能在创业中取得成功，从拥有清晰的愿景和强大的决策能力，到表现出应变能力、建立关系的能力和情商，有效的领导力对于应对创业挑战至关重要。通过培养和磨炼这些领导素质，大学生创业者可以为自己的成功定位，并在商业世界中产生有意义的影响。

（二）大学生创业者应具备的团队激励能力

在当今充满活力和竞争的世界中，团队合作能力是大学生创业者的一项重要技能，然而，仅仅具备团队合作能力是不够的，还必须具备激励和鼓舞团队成员的能力。在本节，我们将探讨团队激励的关键要素，以及大学生创业者在这方面取得优异成绩所需的技能。

首先，有效的沟通对于激励团队至关重要，大学生必须能够清晰地向团队成员传达自己的想法和目标，同时也要善于倾听和理解他人的观点，这种公开透明的沟通能促进团队内部的信任和协作，对于实现共同目标至关重要。除了沟通，大学生还必须具备很强的领导能力，以激励团队。优秀的领导者能够激励和引导团队成员实现共同的愿景，同时还能委派任务并提供建设性的反馈意见。领导力还包括树立积极的榜样，成为团队的楷模，这可以极大地提高团队成员的积极性和工作表现。大学生在团队激励方面必须具有适应性和灵活性，每个团队都是独一无二的，都有自己的动力来源和挑战，因此，大学生必须能够相应地调整自己的激励策略，这可能包括能够认识和利用团队成员个人的优势，以及能够识别和解决团队中可能出现的障碍或冲突。团队激励的另一个重要方面是培养积极、包容的团队文化的能力。大学生必须能够创造让所有团队成员都能感受到重视和尊重的环境，并鼓励思想和观点的多样性，这种归属感和友情可以大大提高团队的积极性和绩效。大学生还必须具备认可和庆祝团队成就的能力，肯定团队成员的辛勤工作和贡献可以提高士气和动力，同时还能增强团队的成就感和自豪感。

总之，激励和鼓舞团队的能力是大学生创业者需要培养的一项重要技能，有效的沟通、强有力的领导、适应能力、包容性和对成就的认可都是激励团队的关键要素。通过培养这些技能，大学生不仅可以在学业和职业追求方面取得优异成绩，还可以为团队和组织的成功做出贡献。

四、创业者的自我管理与时间管理

（一）创业者的自我管理

有效的自我管理能力是成功的关键，自我管理包含一系列技能和行为，包括时间管理、目标设定、决策制定和情绪调节。本节旨在全面概述大学生创业者的自我管理，探讨培养有效自我管理技能的关键要素和策略。

制订明确且可实现的目标对大学生创业者保持动力和专注至关重要，无论是初创企业、完成学业，还是掌握一门新技能，有了明确的目标，就有了方向感和使命感。大学生创业者应学会制订短期和长期目标，并定期根据需要进行调整，将较大的目标分解成较小的、可管理的任务，使目标更容易实现，不至于压得人喘不过气来。做出有效决策是大学生创业者自我管理的另一个重要方面，从制定企业战略到做出个人选择，大学生创业者经常要面对可能影响其成功的决策，决策过程包括收集相关信息、权衡利弊、考虑潜在结果并做出明智的选择，大学生创业者可以向导师寻求建议，进行深入研究，从成功和失败中吸取经验教训，从而提高自己的决策能力。情绪调节常常被忽视。大学生创业者在创业过程中充满了不确定性、挫折和压力，时常会情绪低落甚至崩溃，因此，大学生创业者必须有效管理自己的情绪，提高情商，练习正念，寻求朋友、家人或心理健康专业人士的支持，这可以帮助应对创业过程中的情绪挑战。通过学习识别和调节情绪，大学生创业者可以在逆境中保持积极的心态和韧性。

总之，自我管理是一项多方面的技能，对大学生创业者的成功至关重要。通过掌握时间管理、目标设定、决策制定和情绪调节，大学生创业者可以提高工作效率、应变能力和整体健康水平。培养有效的自我管理技能需要时间和努力，但它有助于大学生创业者在创业过程中迎接挑战和机遇，有抱负的创业者应将自我管理看作成功的基础技能。

（二）创业者的时间管理

时间管理是大学生的一项重要技能，尤其是那些既要完成学业要求，又要应对创业挑战的大学生。本节旨在探讨大学生创业者所面临的独特挑战，并针对他们的具体需求，对时间管理策略进行透彻分析。

大学生创业者会遇到无数挑战，要在学业责任与创业追求之间取得平衡，需要高度的组织性和纪律性，创业的不确定性往往意味着无法预测的工作量和截止日期，因此，学生必须有效地适应并确定优先次序。建立人际网络、寻求资金和制订商业计划的需要，进一步加剧了大学生创业者在时间管理方面的挑战。大学生创业者有效的时间管理涉及多方面的方法，包括各种策略和技巧，其中一个关键方法是确定任务的优先次序，这要求学生识别并专注于能产生最有利影响的活动。实施时间限制可以帮助创业者为不同的活动分配特定的时间段，从而提高工作效率，最大限度地减少分心。制订切实可行的目标和期限对于保持结构感和责任感也至关重要。在数字时代，大学生创业者可以使用大量的技术工具和应用程序来简化他们的时间管理工作，利用项目管理软件、日程安排应用程序和基于云的协作平台，可以促进创业团队内部高效的任务组织和沟通，时间跟踪工具还能对时间分配进行分析，使学生能够发现效率低下的问题，并相应地优化日程安排。在紧张的大学生活中兼顾创业，可能会导致压力和倦怠感加剧，有效的时间管理不仅要注重工作效率，还要保证工作与生活的平衡。大学生创业者必须优先考虑自我健康，合理安排放松时间，并寻求同伴和导师的支持。培养抗压能力和解决问题能力，以应对不可避免的挫折和挑战，对于长期投入创业至关重要。大学生创业者时间管理的一个宝贵经验是学习该领域成功人士的经验和见解，通过导师计划、交流活动和特定行业的研讨会与成功企业家接触，可以学习有效的时间管理策略，为创业过程中有效管理时间获得宝贵的经验和启发。

总之，掌握时间管理是大学生创业者成功的基本素质。通过了解自身面临的独特挑战并实施量身定制的时间管理策略，创业者可以有效地平衡学业和创业的需求。利用技术、优先考虑自我健康以及向经验丰富的创业者学习，都是有效管理时间的重要手段。归根结底，掌握时间管理技能不仅对创业事业的成功至关重要，而且对促进个人成长和面对挑战时的应变能力提升也至关重要。

头脑风暴

通过举例记录法列出创业者需具备的知识、技能和特质，从创业者视角谈谈自己的感受。

第三节 团队建设与协作

学前思考

（1）团队建设的重要性：为什么团队建设对于创业团队的成功至关重要？团队建设如何影响团队的凝聚力和工作效率？

（2）构建高效团队的关键因素：一个高效的创业团队需要具备什么特质？例如，信任、沟通、协作、责任心、目标共识等。

（3）如何促进团队协作？团队成员之间需要具备怎样的协作能力？如何营造良好的团队协作氛围？

（4）如何处理团队内部冲突？在团队建设过程中，可能会出现各种内部冲突，如何有效地处理这些冲突，以促进团队的和谐？

（5）如何激励团队成员？激励对于提高团队成员的工作积极性和创造力至关重要，如何通过激励机制来激发团队成员的潜力？

一、团队建设与角色分工

（一）大学生创业团队建设

团队建设是指通过沟通和协作来促进团队成员之间的关系，并提高团队整体工作效率的过程。团队建设旨在帮助团队成员更好地理解彼此，增进彼此之间的信任和合作，从而更好地达成共同的目标[①]。团队建设的方式，包括团队培训、团队活动、团队合作项目等。通过团队建设，团队成员可以更好地协调工作、减少冲突、提高工作效率，从而实现更高的团队工作效率。

---

① 何秀芳：《微时代新闻单位思想政治工作的创新》，载《女报》，2023年第7期，第181—183页。

高校逐步开始支持和培养学生的创业精神。在本节，我们将概述建立大学生创业团队的全面计划，为学生提供必要的技能教学、资源和支持，帮助他们成功创办和发展自己的企业。

在深入探讨具体内容之前，首先要了解大学生在创业方面的需求。许多学生有创新的想法和创业的强烈愿望，但他们往往缺乏将想法变为现实的知识、经验和支持网络，还可能面临如资金渠道有限、缺乏指导以及对创业过程缺乏了解的困境。因此，有必要营造一个支持创业的环境，以帮助其满足这些需求，增强学生追求创业理想的能力。建议高校为大学生创业团队提供以下支持。

1. 建立专门的创业中心

建立大学生创业团队的第一步是在校园内建立一个专门的创业中心，该中心将作为所有创业活动和资源的枢纽，为学生提供合作、学习和交流的物理空间，中心还需组建一支经验丰富的导师和顾问团队，为学生的创业之路提供指导和支持。

2. 开发综合课程

除了物理空间外，创业中心还将提供全面的课程，涵盖创业的各个方面，包括创意生成、业务规划、营销、财务和法律注意事项，课程的设计将注重实用性和实践性，使学生能够将所学知识应用到现实商业场景中。中心还将举办讲习班、研讨会以及由成功企业家和行业专家主讲的客座讲座，为学生提供宝贵的见解和观点。

3. 提供获得资金和资源的途径

大学生创业的最大障碍之一是资金问题，为应对这一挑战，创业中心将为学生讲解一系列融资渠道，包括赠款、奖学金和风险资本。中心还将提供各种资源，如联合办公空间、原型设计设施以及法律和金融服务，以帮助学生将自己的想法推向市场。

4. 培养一个支持性社区

建立大学生创业团队不仅要提供资源和培训，还要创建一个由志同道合者组成的支持性社区。创业中心将为交流活动、演讲比赛和导师计划提供便利，帮助学生相互联系，并与潜在的合作者、投资者和客户建立联系。这样的社区将为学生提供所需的鼓励和动力，使他们能够坚持不懈地应对创业挑战。

总之，建立高校创业团队是一项多方面的工作，需要将物质基础设施、课程开发、资金支持和社区建设结合起来。通过实施以上计划，高校可以让学生成为推动创新和经济增长的成功企业家。

(二)大学生创业团队角色分工

许多年轻人都渴望创办自己的企业,将自己的创新想法变为现实,然而,创业之路并不平坦,往往需要有一个具备不同技能和专业知识的专业团队。因此,了解大学生创业团队中的角色和责任对于团队的成功至关重要。

首先,一个成功的创业团队需要一个领导者,他要有很强的领导能力、远见卓识和有战略决策能力。领导者负责制定团队的总体方向,确定团队的目标和目的,并激励团队成员为实现共同愿景而努力,领导者还应能够有效地与团队成员、投资者和其他利益相关者沟通,并有能力应对领导团队所带来的压力和挑战。其次,除领导者外,大学生创业团队还应由具备不同技能的个人组成。例如,一个团队可能需要一位在技术和产品开发方面有深厚经验的联合创始人,他可以监督技术方面的业务;还需要具有营销和销售方面的专业知识,负责制定和实施营销战略以吸引客户并创造收入的成员;另外,还必须有一名具有财务敏锐度的成员,帮助管理公司财务、获得资金和做出合理的财务决策。最后,一个成功的创业团队还应包括那些对创业充满热情,并愿意付出艰苦努力和有奉献精神来实现创业想法的人,这些人可以在团队中担任研发、客服、运营和人力资源等不同角色,每个团队成员都应致力于实现企业的成功,并愿意为实现企业目标而不遗余力。有效的沟通与合作对大学生创业团队的成功至关重要,团队成员应能够和谐共事,分享想法和反馈,并以建设性的方式解决冲突,公开透明的沟通是建立信任和培养积极团队文化的关键,有利于企业的长期成功。

总之,大学生创业团队中的角色和职责多种多样,每个角色对团队的成功都至关重要。一个强有力的领导者、拥有不同技能的个人组成了一个充满激情和奉献精神的团队,有效的沟通与合作对于培养积极的团队文化和实现共同愿景也至关重要。大学生创业团队了解并合理安排这些角色,就能增加成功的机会,并在商业世界中产生有意义的影响。

二、团队沟通与冲突解决

(一)团队沟通

团队沟通是指团队成员之间交流信息、观点和想法的过程。良好的团队沟通有助于促进团队成员之间的理解和合作,从而提高团队绩效。团队沟通包括面对面的交流、书面沟通、电子邮件、电话会议等多种形式。团队成员应该在沟通中保持开放、坦诚和尊重的态度,以确保信息被准确传达和理解。良好的团队沟通还可以帮助团队成员更好地解决问题、协调工作、减少冲突，从而实现更高的团队工作效率①。

良好的沟通是任何企业获得成功的一个重要因素，对于大学生创业团队来说尤其如此，为了有效合作、实现共同目标，清晰高效的沟通至关重要。本节旨在为大学生创业团队提高沟通技巧并营造更富有成效、更有凝聚力的工作环境提供指导和见解。

首先，创业团队必须从一开始就建立畅通的沟通渠道，这意味着要创建一个平台，让团队成员可以自由表达他们的想法、担忧和反馈。无论是通过定期团队会议、群组消息应用程序还是电子邮件，有一个指定的沟通渠道可以确保每个人都在同一起跑线上，不会有重要信息被遗漏。其次，有效的沟通还包括积极倾听，每个团队成员都应有意识地倾听和考虑他人的观点，这不仅能促进团队内部的包容和尊重，还能更全面地了解当前的问题。通过积极参与讨论和重视他人的意见，团队成员可以共同做出更明智的决定和找到解决方案。团队成员在沟通时必须简洁明了，这意味着要能够以他人易于理解的方式表达思想和观点，避免使用过多专业术语，提供明确的指示、设定具体的目标和期望，有助于简化工作流程、减少混乱。再次，要有给予和接受建设性反馈的能力，建设性反馈对个人的职业成长至关重要，团队成员必须能够以尊重和建设性的方式提供和接收反馈，这包括提供具体和可操作的反馈，以及乐于接受他人的反馈。通过培养乐于给予和接受建设性反馈的文化，团队成员可以不断提高个人能力，并不断成长。最后，大学生创业团队在沟通方式上必须具有适应性和灵活性，随着企业的发展和遇到新的挑战，团队成员必须以开放的态度尝试不同的沟通策略，包括尝试不同的沟通工具、调整会议时间安排或重新评估团队的沟通规范。通过保持开放的心态和提高适应能力，团队可以有效地解决沟通障碍，实现更高效、更和谐的工作状态。

总之，有效沟通是大学生创业团队成功的基石，通过建立畅通的沟通渠道、积极倾听、简洁明了地沟通、给予和接受建设性反馈以及保持适应性，创业团队可以营造更高效、更有凝聚力的工作氛围。

（二）冲突解决

团队冲突是在团队内部出现意见分歧、价值观不同或者利益冲突等问题，导致团队成员之间产生紧张关系或者矛盾，可能是由于沟通不畅、角色

---

① 刘桂玲：《思政文化研究 论工作中团队凝聚力的重要性》，载《大众文摘》，2023年第34期，第105-107页；吴隆增、刘军、梁淑美等：《辱虐管理与团队绩效：团队沟通与集体效能的中介效应》，载《管理评论》，2013年第8期，第151-159页。

不清晰、目标不一致等原因引起的①。团队冲突并不一定是负面的，适当的冲突可以促进团队的创新和发展，但如果处理不当，就会对团队的合作和工作效率产生负面影响。因此，团队领导者需要采取适当的措施来处理团队冲突，例如鼓励开放的沟通、促进理解和尊重、制定清晰的目标和角色分工等，以解决冲突并促进团队的和谐发展。

冲突是团队工作中不可避免的，尤其是在大学生创业团队中，由于团队成员都很年轻，雄心勃勃，可能会因意见、工作方式和个人价值观的不同而产生冲突。因此，以建设性和相互尊重的方式解决这些冲突对团队的成功至关重要。本节将讨论大学生创业团队中常见的冲突来源，并提供有效解决这些冲突的策略。

大学生创业团队中最常见的冲突来源之一是意见和想法上的分歧，每个团队成员可能都有自己的创业愿景，对自己的想法充满热情，导致团队内部出现分歧和权力斗争。期待成功的压力和面对失败的恐惧也会导致冲突，团队成员可能会产生防御心态，不愿在自己的想法上妥协。大学生创业团队冲突的另一个来源是工作风格的差异，一些团队成员可能更有条理、更有组织性，而另一些则可能更自发、更灵活。这些差异可能导致在如何处理和完成任务方面发生冲突，造成团队内部的挫折感和紧张感。个人价值观和追求也可能导致冲突，因为团队成员可能对企业成功的重要性有不同的优先考虑和看法。为有效解决大学生创业团队内部的冲突，团队成员之间必须开诚布公地沟通，这意味着要积极倾听对方的观点，并适当妥协。同样重要的是，团队成员要以解决问题的心态而不是对抗的心态来处理冲突，这意味着要专注于找到有利于整个团队的解决方案，而不是试图证明谁对谁错。团队成员必须清楚地了解对方和自己的优缺点，这有助于避免因不切实际的期望而产生冲突，也有助于团队在分配任务中发挥各个成员的优势。团队成员对企业有共同的愿景和目标也很重要，因为这有助于协调合作，减少因优先事项和价值观不同而产生的冲突。

总之，冲突在大学生创业团队中不可避免，但可以通过坦诚沟通、形成解决问题的心态和实现共同的企业愿景来有效解决。通过认识和解决冲突的根源，并实施以上策略，大学生创业团队可以更加和谐、有效地合作，实现团队的目标。

---

① 林雪莹：《创业团队冲突对创业绩效影响研究》（硕士学位论文），中山大学管理学院，2008年。

三、团队文化与价值观塑造

团队文化是指在一个团队内部形成的共同的价值观、信念、行为准则和工作方式,它是由团队成员共同创造和维护的,反映了团队的身份认同和共同目标。团队文化可以包括团队成员之间的相互信任、合作精神、开放沟通、创新意识等方面,也可以体现在团队的工作方式、决策模式、对待失败和成功的态度等方面。良好的团队文化有助于促进团队成员之间的合作,提高团队的凝聚力和工作效率,团队领导者可以通过塑造和强调积极的团队文化,来促进团队成员的凝聚力和团队整体的成功①。

年轻人创业精神高涨是未来创新和经济发展的积极信号,然而,创业的成功在很大程度上取决于创业团队内部建立的文化和价值观。

首先,要为创业团队确立明确的愿景和使命。愿景应阐明团队的长期目标和愿望,而使命则应概述实现愿景的具体任务和战略,通过明确令人信服的愿景和使命,团队成员可以在努力方向上达成共识,为共同的目标而奋斗,从而在团队内部形成凝聚力。其次,强大的组织文化应强调团队精神和协作的重要性,在快节奏和充满活力的创业环境中,有效的团队合作能力可以鼓励坦诚交流、相互尊重以及提高相互支持和帮助的意愿,可以创造一种积极的、有凝聚力的团队氛围。这种协作文化不仅能提高团队的整体生产力和绩效,还能培养成员之间的友情和共享成功的意识。再次,还应在创业团队中培养创新和创造文化,任何初创企业想要取得成功,都必须具备打破常规、提出新颖想法和适应不断变化的市场趋势的能力,通过倡导重视实践、冒险和持续学习的文化,团队成员可以释放他们的创造潜能,推动创新,从而在竞争激烈的创业环境中保持领先地位。此外,强大的组织文化应将诚信、道德和责任放在首位,在创业团队应对各种挑战和机遇的过程中,团队成员必须坚持高道德标准,并对自己的行为负责,通过形成透明、诚实和道德的文化,团队可以与投资者、客户和合作伙伴等利益相关者建立信任。最后,坚韧不拔和适应性强的文化对于创业团队的长期可持续发展也至关重要,初创企业在发展过程中往往会面临无数挫折、失败和不确定性,团队成员必须抱有坚韧不拔、坚持不懈和适应性强的心态。建立一种重视从失败中学习、拥抱变化、在逆境中保持韧性的文化,可以增强团队克服困难的能力,变得更加强大、更有韧性。

---

① 刘桂玲:《思政文化研究:论工作中团队凝聚力的重要性》,载《大众文摘》,2023年第34期,第105-107页。

总之，建立一种强有力的组织文化，对大学生创业团队的长期成功至关重要。通过培养一种强调愿景、团队合作、创新、诚信和韧性的文化，大学生创业团队可以创造一个有利于成长、创造和成功的环境。

价值观是指个体或群体对周围的客观事物的意义、重要性的总评价和总看法。价值观塑造是指通过各种教育、文化传承等因素，对个人或团体的核心价值观进行塑造的过程，包括家庭教育、学校教育、建立宗教信仰、传承社会文化等多个方面。这会在个人或团体的成长过程中对其核心价值观产生影响，塑造其对道德、责任、公平、诚实等方面的看法和行为准则。价值观塑造对于个人和团体的行为和决策具有深远的影响，因为价值观是指导人们行为的基本准则。价值观塑造是一个复杂而重要的过程，也是影响社会和组织发展的重要因素。

创业环境在不断变化，指导创业者行动和决策的价值观和原则也会随之变化，对于踏上创业之路的大学生来说，价值观和信念的塑造对于创业的成功和企业可持续发展至关重要。本节将探讨塑造大学生创业团队价值观的重要性，并讨论实现这一目标的途径。

首先，必须了解价值观在创业中的意义，价值观是影响个人和团队行为、态度和决策的指导原则。在创业环境中，价值观在塑造组织文化、确定组织身份、决定组织的业务和创新方法方面有举足轻重的作用。因此，对于大学生创业团队来说，建立强大而有凝聚力的价值观，有助于营造积极而富有成效的工作环境，使团队成员朝着共同的目标和愿景前进。塑造价值观的一个重要原因在于它为有道德和负责任的商业行为奠定了基础。当今社会对企业诚信经营、企业透明度和社会责任感的要求越来越高。通过在团队中建立诚实、正直和负责任的价值观，大学生创业者可以确保企业建立在强有力的道德框架之上，从而赢得利益相关者和客户的信任和尊重。塑造价值观还有助于培养团队成员坚韧不拔、适应性强的心态，创业过程充满了挑战、不确定性和挫折，而团队的价值观和信念将最终决定他们是否有能力克服这些障碍，在逆境中坚持不懈。通过培养坚韧不拔、适应性强和成长型思维等价值观，大学生创业团队可以培养一种不断学习和改进的文化，使他们在复杂的商业世界中充满信心和决心，游刃有余。要塑造大学生创业团队的价值观，团队领导者必须以身作则，在组织内部积极宣传和强化所期望的价值观。要做到这一点，可以通过有效的沟通、榜样示范以及建立体现团队价值观的仪式和惯例来实现。团队领导者必须让团队成员参与价值观的塑造过程，鼓励他们提出意见和反馈，并支持他们在日常行动和决策中体现价值观。大学生创业团队还可以向经验丰富的企业家和企业领导者寻求指导和帮助，理解价值观在创业中的重要性。

总之，在大学生创业团队中塑造价值观是企业发展和成功的一个重要因素。通过塑造强大而有凝聚力的价值观，大学生创业者可以为有道德和负责任的商业行为奠定基础，培养团队成员坚韧不拔、适应性强的心态，并创造一种诚信、创新和协作的文化。通过有效的领导、指导和积极参与，大学生创业团队可以形成正确的价值观，实现创业目标，并在商业世界中产生积极影响。

四、团队协作

团队协作是指团队成员共同努力，相互支持和合作，以达成共同的目标和完成共同的任务。在团队协作中，团队成员之间需要互相沟通、协调工作、分享资源和信息，以确保团队整体的成功①。良好的团队协作可以带来多方面的好处，包括提高工作效率、促进创新、增强团队凝聚力、减少冲突等。团队协作还有助于激发团队成员的潜力，提高团队整体的绩效。团队协作需要在团队成员之间建立良好的沟通和信任，明确分工和角色，以及设立共同的目标。团队领导者在团队协作中扮演着重要的角色，需要提供指导和支持，激励团队成员，以促进团队协作。

对于创业的大学生来说团队协作非常重要，他们经常面临挑战和机遇，需要与同伴协作才能实现目标。在本节，我们将探讨团队协作对于大学生创业团队的重要性，并讨论一些有效促进团队协作的策略。

首先，团队协作能让个人发挥自身优势和专长，通过合作，团队成员可以汇集他们的知识、技能和资源来解决复杂的问题，并开发创新的解决方案。这种协作方式不仅能提高团队的工作成果质量，还能培养团队成员之间的友爱和互助意识，这在面对不可避免的挑战和挫折时保持动力和士气至关重要。其次，团队协作能促进思想和观点的多样性。在团队环境中，不同背景、经验和专业领域的个人可以带来独特的见解，可能会产生更有创意、更全面的解决方案。通过鼓励开放式沟通和思想交流，团队可以充分利用成员的不同才能和观点，取得更加创新的成果。再次，团队协作可以有效地分配资源和责任。根据团队成员的特长和兴趣来分配任务和责任，团队可以简化

---

① 郎涫：《创业团队中的领导模式研究》（硕士学位论文），重庆大学，2006年；贾蕊：《电视新闻节目策划的难点优化对策》，载《新闻文化建设》，2023年第18期，第154-156页。

工作流程，确保每个人都能做出最大贡献，这不仅能最大限度地提高生产效率，还能促进团队成员的主人翁意识和责任感，为团队成功做出个人贡献。要促进大学生创业团队的有效协作，团队领导者必须培养一种为团队提供支持和具有包容性的团队文化。要做到这一点，必须为团队制定明确的目标和期望，定期提供公开交流和反馈的机会，并认可和表彰团队成员的个人贡献，团队领导应鼓励团队成员之间的合作精神和相互尊重，并积极主动地解决团队内部出现的冲突或问题。

总之，团队协作对大学生创业团队的成功至关重要，因为它能让个人发挥自身优势和专长，促进思想和观点的多样化，并实现资源和责任的有效分配。通过形成支持性和包容性的团队文化，促进开放式交流与合作，创业团队可以最大限度地发挥创新的潜力。

协同工作能让大学生创业团队充分利用成员的不同技能和知识，在团队环境中，个人可以贡献自己独特的专长和观点，以解决复杂的问题并做出明智的决策，例如，技术能力强的团队成员可以为新产品开发原型，而拥有市场营销专业知识的成员则可以制定一个引人注目的品牌战略。通过合作，团队可以将各自的优势结合起来，取得比个人单打独斗更大的成果。协同工作还能激发大学生创业团队的创造力和创新力，当团队成员被鼓励分享他们的想法并在彼此贡献的基础上再接再厉时，他们就能针对商业挑战提出新的、突破性的解决方案，这种合作解决问题的方法可以开发出创新的产品、服务和商业模式，使团队在竞争中脱颖而出。在当今快节奏、充满活力的商业世界中，创新能力是成功的关键驱动力。因此，协同工作是大学生创业团队必不可少的要素。协同工作还有助于大学生创业团队在团队成员之间建立牢固的关系和信任，通过为一个共同目标而努力，团队成员可以培养友爱和相互尊重的意识，从而加强他们的沟通和决策过程，团队内部的这种信任和凝聚力可以提高工作效率。团队内部稳固的关系还能营造一个更加积极、愉快的工作环境，从而进一步激励团队成员全力以赴，为实现团队目标而奋斗。要加强大学生创业团队内部的协同工作，必须建立清晰的沟通渠道和规范，应鼓励团队成员坦诚分享自己的想法和担忧，并积极倾听和考虑他人的观点。定期的团队会议和头脑风暴会议可以为团队成员提供合作的机会，使他们的努力朝着共同的目标前进，使用协作工具和技术，如项目管理软件和通信平台，可以促进团队成员之间的信息和资源共享，无论他们身处何地。

总之，协同工作是大学生创业团队取得成功的关键因素。通过充分利用团队成员的不同技能和知识，培养创造力和创新能力，建立牢固的关系和信任，团队可以取得更大的成果，并在激烈的商业竞争中脱颖而出。通过建立清晰的沟通渠道和规范，大学生创业团队可以加强团队合作，实现创业目标。

头脑风暴

分组讨论如何组建创业团队，在组队的时候需要考虑哪些因素，团队内部应如何协作。

第四节　创业团队的管理与运营

学前思考

（1）创业团队的组建：如何选择合适的团队成员？团队成员的专业背景、技能和性格特点如何匹配创业项目的需求？

（2）制定清晰的团队目标和规划：在创业初期，团队需要有明确的目标和发展规划，包括产品研发、市场拓展、资金筹集等方面的规划。

（3）建立有效的沟通机制：良好的沟通对于团队的协作和运营至关重要，如何建立高效的沟通机制，确保信息畅通和团队成员之间协作顺畅？

（4）制定适当的管理制度和流程：创业团队需要建立一套适合自身发展阶段的管理制度和流程，以确保团队运营的有序性和高效性。

（5）如何激励团队成员：激励机制对于激发团队成员的工作积极性和创造力至关重要，如何制定激励政策，激励团队成员为创业目标不懈努力？

一、创业团队的规划与执行

许多年轻人渴望创业，在商界大展拳脚，要想在竞争激烈的创业环境中取得成功，组建有效的创业团队并制订全面的创业计划至关重要。本节旨在讨论规划和执行对大学生创业团队的重要性，并就大学生如何有效规划和执行自己的创业想法提出见解。

首先，大学生创业团队必须了解规划对创业的重要意义，包括制定明确的目标、识别潜在的挑战以及制定克服挑战的策略。有了深思熟虑的计划，创业团队就能有效地分配资源、管理风险，并始终专注于创业目标。完善的计划还可以作为团队的路线图，在各个阶段提供指导。如果没有适当的计划，大学生创业团队可能难以做出明智的决策，也难以实现创业目标。如何制订成功的计划？大学生创业团队首先应对行业进行全面的研究和分析，包括研究市场、了解客户需求和评估竞争格局。通过收集相关数据和见解，创业团队可以更好地了解未来的机遇和挑战，做出明智的决策，并制定符合目标市场需求的战略。其次，有效的规划还包括制定可行的目标，如收入目标、市场份额和客户获取目标，这些目标应该是具体的、可衡量的、可实现的、相关的和有时限的（SMART），使团队能够跟踪进展情况。并根据现实做出必要的调整。通过设定SMART目标，创业团队可以保持积极性，专注于为企业取得切实成果。规划阶段完成后，大学生创业团队的下一个关键步骤就是执行，执行就是将计划付诸行动，这需要创业团队成员之间的有效协调、沟通和团队合作。

要成功执行计划，大学生创业团队应关注如下两个关键要素。第一，优先分配资源和责任。应根据每个团队成员的技能和专长，为他们分配具体的任务和角色。通过发挥每个团队成员的优势，创业团队可以高效率、高效益地实现共同目标。团队还必须建立清晰的沟通渠道和决策流程，确保每个人都站在同一战线上，为同一目标而努力。第二，监测和衡量进展。大学生创业团队应根据计划中列出的目标和里程碑定期评估自己的表现，这包括收集和分析相关数据，如销售数字、客户反馈和运营指标。通过监测进展情况，创业团队可以找出需要改进的地方，并对战略进行必要的调整。

总之，规划和执行是大学生创业团队成功的关键要素。通过制订全面计划并有效执行，创业团队可以增加实现创业目标的机会，并在商界产生积极影响。通过深入研究、设定SMART目标和有效协调，大学生创业团队可以为成功的创业之旅铺平道路。有了正确的心态和方法，大学生就能将自己的创业想法变为现实，为社会做出有意义的贡献。

二、创业团队的绩效管理

绩效管理是指组织或企业通过设定目标、评估员工绩效、提供反馈和奖惩措施等手段，来管理和提升员工的工作表现和业绩的过程。绩效管理旨在确保员工的工作与组织的目标和期望一致，并激励员工持续提高工作表现[1]。

绩效管理通常包括以下几个步骤。

（1）设定目标和期望。确定员工的工作目标和期望，确保其与组织的战

---

[1] 原巍华：《企业与机关事业单位绩效管理的比较研究》，载《财讯》，2023年第10期，第68—70页。

略目标和业务需求保持一致。

（2）绩效评估。定期对员工的工作表现进行评估和测量，通常包括定期的绩效考核和评估。

（3）反馈和沟通。向员工提供关于其绩效的反馈，并进行必要的沟通和指导，以帮助其改进工作表现。

（4）采取奖惩措施。根据员工的绩效表现，采取相应的奖励或惩罚措施，以激励员工提高工作表现或纠正不足之处。

绩效管理是组织管理的重要组成部分，通过对员工绩效进行管理和激励，提高员工的工作表现、激励员工持续提升自身能力和业绩，从而促进组织整体的发展和成功。大学生创业团队通常由雄心勃勃、勇于创新的学生组成，他们渴望自己的想法能成为现实。虽然他们的热情和创造力毋庸置疑，但他们在有效管理绩效方面却常常面临挑战。绩效管理是企业运营的关键环节。为了实现目标并在激烈的市场竞争中取得成功，创业团队必须能够有效地衡量、监控和改进他们的绩效，并采用系统的绩效管理方法，包括制定明确的目标、定期提供反馈以及实施提高团队生产力和效率的策略。

第一，设定目标，制定明确且可实现的目标对于指导团队的工作并确保个人与企业的整体愿景和使命保持一致至关重要。通过制定具体、可衡量、可实现、相关和有时限（SMART）的目标，团队可以将精力和资源集中在优先事项上，并更有效地跟踪进展情况。第二，定期提供反馈，反馈是发现优缺点、肯定成绩、提升待改进之处的重要工具。通过营造开放式沟通和建设性反馈的文化氛围，团队成员可以从经验中学习，适应不断变化的环境，并不断提高绩效。第三，实施提高团队生产力和效率的战略，包括建立明确的角色和职责，促进协作和团队精神，以及利用技术和工具简化流程和工作流程。通过优化团队的资源和能力，大学生创业团队可以最大限度地提高绩效，更有效地实现业务目标。值得注意的是，大学生创业团队的绩效管理并非一蹴而就的，而是一个需要持续关注和努力的过程。随着商业环境的演变和团队面临的新挑战，他们必须调整绩效管理策略，以保持竞争力，实现可持续的发展。

总之，绩效管理对大学生创业团队能否实现目标、在激烈的市场竞争中取得成功起着关键作用。通过制定明确的目标、定期提供反馈以及实施提高团队生产力和工作效率的战略，创业团队可以有效地管理自己的绩效，并为长期成功做好准备。随着创业环境的不断变化，大学生创业团队必须将绩效管理放在首位，并积极主动地采取系统方法来实现业务目标。

三、创业团队的资源分配与协调

资源分配是指在有限的资源条件下，合理地分配和利用资源，以满足组织或个人的需求和目标。资源分配的要素包括以下几个方面。

（1）目标和需求。资源分配的首要要素是明确组织或个人的目标和需求，这些目标和需求可以是经济方面的，也可以是社会、环境或其他方面的，只有明确了目标和需求，才能有针对性地进行资源分配。

（2）资源种类。资源种类包括资金、人力、物资、技术、信息等，在资源分配过程中，需要考虑不同类型资源的特点和可用性，以及它们对于实现目标的贡献程度。

（3）资源量。资源量是可用资源的数量和规模，在资源分配中，需要考虑到不同资源的可利用数量，以及如何合理分配和利用这些资源。

（4）时间。时间是资源分配中一个重要考虑要素，有些资源可能是有时效性的，需要在特定时间内使用，此时需要考虑资源的时间限制和时效性。

（5）决策机制。资源分配还涉及决策机制，即如何做出决策来合理分配资源，这可能涉及组织内部的决策流程、决策者的权力和责任等方面。

综合考虑以上要素，可以帮助组织或个人更加科学、合理地进行资源分配，以实现最佳的效益和达成目标。年轻的创业者组建团队可以充分利用他们的各种技能和知识，同时会面临着有效分配资源和协调工作的挑战。本节将探讨资源分配和协调的重要性，并提供在这些方面取得成功的策略。

首先，资源分配是管理大学生创业团队的关键环节。在时间、资金和专业知识等资源有限的情况下，团队成员必须有效分配这些资源，以最大限度地发挥其作用。这就需要认真规划和决策，确保以最高效的方式充分利用每项资源。例如，团队成员可能需要对任务进行优先排序，将时间和精力分配给最重要、最紧急的活动，同时也要将资金分配给能够推动企业成功的关键举措。此外，协调对于大学生创业团队团结协作、实现目标至关重要，有效的协调包括团队成员之间清晰的沟通、协作和一致的努力，这需要明确成员角色和责任，设定目标和里程碑，确保每个人都朝着相同的目标努力。协调还包括管理冲突和解决意见或方法上的分歧。

为了成功实现有效的资源分配和协调，大学生创业团队可以实施几种策略。首先，团队成员必须清楚了解彼此的优势、劣势，这有助于将任务和责任分配给最合适的团队成员，将资源分配给那些能发挥最大效用的人。其次，定期沟通与合作对于有效协调至关重要，团队成员应定期举行会议，讨论进展情况，分享最新信息，并解决出现的问题或挑战。大学生创业团队还可以利用技术和数字工具来简化资源分配和协调,项目管理软件、通信平台和协作工具有助于组织任务、跟踪进度和促进团队成员之间的沟通。这些工具还有助于发现资源分配和协调中的瓶颈或低效之处,使团队能够做出必要的调整和改进。

总之,通过有效地分配资源和协调努力,创业团队可以最大限度地发挥影响力,实现其商业目标。通过精心策划、清晰沟通和使用技术,大学生创业团队可以克服资源分配和协调方面的挑战,为企业打下坚实的基础。

四、创业团队的风险管理与危机处理

风险管理是指识别、评估和应对可能影响组织目标实现的各种不确定性的过程。风险管理的要素包括以下几个方面。

(1)风险识别。这是风险管理的起点,团队需要识别可能对其目标产生负面影响的各种内部和外部风险因素,包括市场风险、操作风险、财务风险、法律风险、技术风险等。

(2)风险评估。一旦风险被识别,就需要进行评估,以确定其可能性和影响程度,包括定量评估和定性评估,以便为风险的处理提供基础信息。

(3)风险应对。在识别和评估风险之后,团队需要采取措施来应对风险,包括风险规避、风险转移、风险减轻和风险接受等。

(4)监控与审计。风险管理是一个持续的过程,团队需要建立监控机制,对风险应对的实施和效果进行跟踪和监控,审计风险管理过程,以确保其有效性和合规性。

(5)沟通与参与。风险管理需要广泛的沟通和参与,包括团队内部各个层级和部门之间的沟通,以及与外部利益相关者的沟通,以确保风险管理的有效性和透明度[①]。

通过有效的风险管理,团队可以更好地应对不确定性,保护自身利益,提高决策的有效性,以及提高整体绩效。随着青年创业者可获得的资源和支持越来越多,有越来越多的在校学生开始主动创业。然而,在创业带来兴奋和成功潜能的同时,也存在着固有的风险和挑战,大学生创业者必须小心应对,以确保初创企业的长期生存能力。下面我们将讨论风险管理和危机处理的重要性,并提供一些有效应对这些挑战的策略。

---

① 杨红根:《增强风险管理意识 提高公安工作能力》,载《公安理论与实践:上海公安高等专科学校学报》,2007年第3期,第15—20页。

大学生创业团队必须充分了解他们可能面临的潜在风险，包括财务和运营风险，也包括法律和声誉风险。通过尽早识别和分析这些风险，团队可以积极主动制定战略，减轻风险的影响，防止潜在危机的发生。这可能需要进行全面的风险评估，向经验丰富的导师或顾问寻求建议，并实施强有力的风险管理流程和控制措施。除了积极主动的风险管理，创业团队还需为可能出现的危机情况做好准备。危机有多种形式，如产品失败、财务挫折、法律纠纷或公共关系危机。面对危机，团队必须迅速、果断地反应，以尽量减少损失，保护企业和声誉。这可能涉及制订危机管理计划、建立清晰的沟通渠道，以及在与利益相关者打交道时保持诚实。大学生创业团队还应建立强大人际支持网络，包括与行业专家、投资者和其他创业者建立关系，在面临困难决策或不确定因素时，可以寻求指导和支持。团队还应积极学习法律、财务和公共关系等领域的专业知识，以确保有足够的能力应对潜在的风险和危机。

总之，风险管理和危机处理是大学生成功创业的关键要素。通过主动识别和降低潜在风险，并做好有效应对突发危机的准备，创业团队可以增加长期成功和可持续发展的机会。建立强大的人际支持网络和寻求专业建议也能进一步提高创业团队应对挑战和不确定性的能力。通过优先考虑风险管理和危机处理，大学生创业团队可以使企业的未来发展更安全、更有弹性。

头脑风暴

说出自己认为能够帮助创业者更好地规划和管理自己的创业团队的方法。

第五节　创业团队的市场营销与推广

学前思考

（1）目标市场和目标客户群体：创业团队需要明确自己的目标市场和目标客户群体是谁，他们的需求是什么，如何满足他们的需求？

（2）产品定位和竞争优势：团队需要对自己的产品或服务进行定位，明确自己的竞争优势是什么，如何与竞争对手区分开来？

（3）销售渠道和策略：团队需要考虑如何选择合适的销售渠道，以及制定针对不同渠道的销售策略。

（4）品牌建设和推广：团队需要思考如何进行品牌建设和推广，包括如何提升品牌知名度和美誉度。

（5）客户关系管理：团队需要建立有效的客户关系管理机制，与客户保持良好沟通和关系，提升客户忠诚度。

一、品牌建设与推广策略

品牌建设指通过一系列策略和活动来打造和提升品牌形象，增强品牌在消费者心目中的认知度、信任度和价值。品牌建设的要素包括以下几个方面。

（1）品牌定位。品牌定位是品牌建设的基础，它涉及明确品牌在目标市场中的位置和形象，包括品牌的核心竞争优势、目标受众、产品定位、品牌文化等[1]。

（2）品牌标识。品牌标识包括品牌名称、标志、标语等视觉和语言元素，是品牌的重要载体，能够传达品牌的个性、特色和价值观。

（3）品牌传播。品牌传播是通过各种渠道和媒介向目标受众传递品牌信息和形象，包括广告、公关活动、社交媒体营销、赞助活动等。

（4）品牌体验。品牌体验是指消费者在购买和使用品牌产品或服务时的整体感受，包括产品质量、服务质量、购物体验等，良好的品牌体验对于提高品牌认知和忠诚度至关重要。

（5）品牌管理。品牌管理包括对品牌形象、声誉和价值的全面管理，包括品牌战略规划、品牌监测、危机公关等[2]。

（6）品牌承诺。品牌承诺是品牌对消费者做出的一系列保证和承诺，包括产品质量、服务承诺、社会责任等，能够提升品牌信任度和忠诚度。

综合考虑以上要素，可以帮助企业建立有吸引力、有竞争力的品牌形象，提升市场地位，增强消费者忠诚度，实现持续的商业成功。随着市场竞争的日益激烈，创业团队想要在众多竞争对手中脱颖而出，就必须建立一个强大的品牌，并有效地推广自己的产品或服务。在本节，我们将讨论品牌建设和推广策略的重要性，并提供一些在这方面取得成功的有效方法。

首先，大学生创业团队必须了解品牌建设的意义，一个强大的品牌不

---

[1] 康治平：《企业品牌管理的理论基础与实践探究》，载《中文科技期刊数据库（全文版）经济管理》，2023年第7期，第64-67页。

[2] 《品牌传播设计中的语言元素有哪些？——MBA智库问答》；白艳霞：《商标形象设计在品牌传播中的作用》，载《美与时代（上）》，2012年第4期，第43-47页。

仅有助于为团队树立良好的形象和声誉,而且在吸引客户和投资者方面也起着关键作用。为了建立一个成功的品牌,创业团队应专注于定义独特的价值主张,了解目标受众,并创建与众不同的品牌形象,使自己从竞争对手中脱颖而出。这可以通过市场调研、创意设计和有效的沟通策略来实现。其次,制定全面的推广战略,以提高品牌知名度,吸引潜在客户,方法包括数字营销、社交媒体推广、内容创作、影响者伙伴关系和传统广告。创业团队必须仔细分析目标受众,选择最合适的渠道和策略进行推广,还必须持续监测推广战略的效果,以便做出必要的调整和改进。使用社交媒体平台是推广品牌的有效方法之一,随着社交媒体在年轻人中的广泛使用,它为创业团队提供了一个与目标受众建立联系、展示产品或服务并进行有意义互动的宝贵机会。通过创作高质量内容、利用视觉故事和社交媒体广告,创业团队可以有效提高品牌知名度并吸引忠实粉丝。除了数字营销,创业团队还可以考虑传统广告方式,如印刷媒体、广播和电视,虽然数字营销越来越受欢迎,但传统广告在触及特定人群方面仍有价值,可以成为全面推广战略的重要补充。创业团队还可以与有影响力的人士或行业领袖建立伙伴关系,从而向更广泛的受众推广自己的品牌。通过与在行业中有强大影响力和公信力的个人或组织合作,创业团队可以接触到更大的潜在客户网络,提高品牌声誉。

总之,通过专注于创建强大的品牌形象和实施有效的推广策略,创业团队可以提高品牌知名度,吸引客户,并最终在激烈的市场竞争中取得成功。创业团队必须不断评估和调整战略,以便在瞬息万变的商业环境中保持竞争力。有正确的方法和奉献精神,大学生创业团队可以建立强大的品牌,实现创业目标。

二、销售技巧与客户关系管理

销售技巧是销售人员在与客户沟通和交流中使用的一系列技巧和方法,旨在提高销售效果和客户满意度。销售技巧的要素包括以下几个方面。

(1)沟通技巧。包括倾听、提问、表达等沟通技巧,销售人员需要善于倾听客户需求,有针对性地提出问题,清晰、有条理地表达产品或服务的优势和特点。

(2)情绪管理。销售人员需要具备情绪管理的能力,能够在面对客户负面情绪和反馈时保持冷静、耐心,以积极的态度对待客户的抱怨和疑虑。

(3)产品知识。销售人员需要深入了解其销售的产品或服务,包括功能、优势、特点、使用方法等,以便对客户提出的问题进行解答,并有效地展示产品的价值和优势。

（4）解决问题的能力。销售人员需要具备解决客户问题的能力，能够理解客户的需求和痛点，提供针对性的解决方案，并在客户提出异议时进行有效的解释。

（5）关系建立。建立良好的人际关系是销售成功的关键，销售人员需要善于与客户建立良好的信任关系，通过真诚、耐心的交流，赢得客户的信赖。

（6）谈判技巧。销售人员需要具备一定的谈判技巧，能够灵活运用不同的谈判策略，达成使双方满意的交易。

（7）时间管理。销售人员需要合理安排时间，高效地处理各种销售活动和客户沟通。

综合运用以上要素，销售人员可以更好地与客户沟通交流，提高销售效果和客户满意度，实现个人和团队的销售目标。

客户关系管理（customer relationship management, CRM）是指企业或组织通过建立和维护与客户之间的良好关系，实现长期的合作和共赢。CRM强调将客户置于企业经营的核心位置，通过有效的沟通、个性化的服务和持续的关怀，提升客户满意度和忠诚度，从而实现持续增长和盈利。CRM的概念包括以下几个要点。

（1）客户导向。CRM强调以客户为中心，通过了解客户需求、倾听客户反馈、提供个性化的产品和服务，满足客户的需求，建立长期、稳定的合作关系。

（2）数据驱动。CRM通过对客户信息进行收集、整理和分析，实现对客户的深入了解，从而更好地满足客户需求，提供更有针对性的服务。

（3）沟通和互动。CRM注重与客户的有效沟通和互动，包括通过各种渠道与客户保持联系，了解客户的动态和需求，及时回应客户的问题和反馈[1]。

（4）客户忠诚度。CRM致力于提升客户忠诚度，通过不断改善客户体验、提高服务质量，使客户更愿意选择并信赖企业的产品和服务。

（5）效率和效益。CRM通过优化客户关系管理流程，提高销售效率、降低成本，实现企业的效益增长。

综合来看，CRM是一种以客户为中心的管理理念和策略，旨在通过建立良好的客户关系，实现企业的长期发展和成功。通过CRM，企业能够更好地

---

[1] 谭紫馨：《基于价值创造的城际高铁客运CRM模型及CRM系统规划》（硕士学位论文），成都理工大学，2013年。

了解客户需求，提供更好的产品和服务，增强客户忠诚度，从而实现持续的商业成功[①]。

有效销售产品或服务，以及管理客户关系的能力，对于创业的成功至关重要，对于希望创业的大学生来说，尤其如此。下面我们将讨论一些基本的销售技能和客户关系管理策略。

首先，大学生创业团队必须培养强大的销售技能。销售不仅仅是说服别人购买产品或服务，而且是要建立关系，了解客户需求，提供能为客户生活增值的解决方案。要有效地做到这一点，大学生应着重培养自己的沟通技巧、同理心以及积极倾听客户心声的能力。通过了解目标受众的需求和痛点，大学生创业团队可以量身定制销售方案和产品，以更好地满足潜在客户的需求。其次，有效的客户关系管理对大学生创业团队的成功也至关重要，有助于与客户建立并保持稳固的关系，增加回头客和转介绍。大学生创业者应努力提供卓越的客户服务，对客户的询问和关切做出回应，确保客户满意。通过这样做，大学生创业团队可以建立一个忠实的客户群，获得长期支持。再次，大学生创业团队还应利用技术来加强销售和客户关系管理工作，随着CRM软件和销售自动化工具的普及，大学生可以简化销售流程、加强客户互动、分析数据，从而做出更明智的商业决策。通过有效利用这些工具，大学生创业团队可以提高工作效率、生产力和整体销售业绩。最后，大学生创业团队还应注重打造强大的个人品牌，使自己成为行业专家。通过创作有价值的内容、参与行业活动以及与其他专业人士建立联系，大学生可以使自己成为各自领域值得信赖的权威，帮助吸引更多客户，建立信誉，并从竞争对手中脱颖而出。

总之，发展强大的销售技能和有效的客户关系管理策略对大学生创业团队的成功至关重要。通过注重沟通、换位思考、了解客户需求、利用技术和建立强大的个人品牌，可以提高创业团队的销售业绩，并与客户建立长久的关系，有了这些技能和策略，大学生创业团队更能为自己的商业事业成功做好准备。

三、市场营销策略与推广渠道

市场营销策略是指企业或组织为实现市场目标而制定的一系列计划和行

[①] 高文君：《YN移动公司客户忠诚度提升策略研究》（硕士学位论文），云南大学，2021年；张永、王晓辉：《CRM在城市商业银行中的应用研究》，载《山西财经大学学报》，2009年第A1期，第214-215页。

动。市场营销策略旨在通过深入了解目标市场和客户需求,制定有效的市场推广、定价、产品设计、渠道管理等策略,以实现销售增长、市场份额提升和客户满意度的提高。市场营销策略的概念包括以下几个要点。

(1)目标市场。确定目标市场,包括目标客户群体和市场细分,以便精准地明确市场定位和推广策略。

(2)市场定位。确定产品或服务的市场定位,包括产品定位、品牌形象等,以便在竞争激烈的市场中脱颖而出。

(3)产品策略。制定产品或服务的设计、定价、包装、品质等方面的策略,以满足客户需求并获得竞争优势。

(4)促销策略。制定促销活动、广告宣传、促销方案等,以提高品牌知名度、吸引客户、促进销售。

(5)渠道策略。确定产品销售渠道和分销策略,确保产品能够有效地被推广。

(6)客户关系管理。建立良好的客户关系管理策略,包括客户沟通、售后服务、客户忠诚度提升等,以维护和发展客户关系。

综合来看,市场营销策略是企业为实现市场目标而制订的一系列计划和行动,包括产品、价格、渠道、促销和客户关系等方面的策略。通过实施科学有效的市场营销策略,企业能够更好地满足客户需求、提高品牌知名度、增加销售额,并在市场竞争中取得优势地位[①]。

推广渠道策略是指企业为推广产品或服务而选择和利用的各种推广渠道和手段,旨在提高品牌知名度、吸引客户、促进销售和增加市场份额,以下是一些常见的推广渠道策略。

(1)数字营销。包括搜索引擎优化(SEO)、搜索引擎营销(SEM)、社交媒体营销、电子邮件营销等,通过互联网和数字媒体进行推广,吸引潜在客户和增加品牌曝光。

(2)内容营销。通过发布高质量的内容,如博客文章、视频、漫画、白皮书等,吸引目标受众,并提供有价值的信息和解决方案,以建立品牌知名度和吸引客户[②]。

(3)传统广告。包括电视广告、广播广告、报纸广告、杂志广告等,通

---

① 唐玉芳:《A公司农业智能化装置市场营销策略研究》(硕士学位论文),西安科技大学,2018年。

② 夏荣贵:《品牌定位在市场营销战略管理中的重要性研究》,载《商展经济》,2023年第19期,第113—116页。

过传统媒体进行品牌推广和宣传[①]。

（4）事件营销。举办或赞助各种活动、展会、研讨会、讲座等，以展示产品、建立品牌形象，吸引目标客户。

（5）口碑营销。通过形成口碑、社交分享、客户评价等方式，利用客户的满意度和推荐，来吸引其他潜在客户。

（6）合作推广。与其他企业、机构或个人进行合作，共同推广产品或服务，如跨界合作、联合营销等。

（7）直销和渠道销售。通过直销团队、代理商、分销商等，将产品直接推送给最终客户。

企业可以根据其产品特点、目标客户群体特征、预算和市场环境，选择合适的推广渠道和策略以达到最佳的推广效果。定期对推广渠道策略进行评估和调整，以适应市场变化和增强推广效果。对于大学生创业团队，制定全面的营销计划并利用正确的推广渠道确保创业成功已变得至关重要。本节旨在探讨大学生创业团队成功营销战略的关键要素和有效的推广渠道。

大学生创业团队制定营销策略应从透彻了解目标市场及企业产品或服务的独特价值主张开始，具体做法包括开展市场调研，以确定目标受众的需求和偏好，以及竞争对手的优势和劣势。通过深入了解市场，大学生创业团队可以针对目标受众的具体需求和偏好制定营销战略，并从竞争对手中脱颖而出。一旦确定了目标市场和独特的价值主张，大学生创业团队就可以开始制定全面的营销计划，其中包括营销的四个P：产品（Product）、价格（Price）、渠道（Place）和推广（Promotion）。营销计划在产品方面应重点突出创业团队所提供产品或服务的独特功能和优势。价格方面应考虑既能吸引顾客又能确保团队盈利的定价策略。渠道方面应确定向目标市场提供产品或服务的分销渠道。促销方面应概述各种促销策略，以提高人们对产品或服务的认识和兴趣。在推广渠道方面，大学生创业团队有多种选择，包括数字营销、社交媒体营销、内容营销、影响者营销以及印刷和广播媒体等传统营销渠道。数字营销，因其成本效益高、受众面广而日益受到大学生创业团队的青睐，社交媒体营销对吸引大学生和年轻人非常有效。而内容营销可以帮助创业团队树立行业领袖的形象，并与目标受众建立信任，如果执行得当，影响者营销还能帮助团队接触到更广泛的受众，赢得市场信誉。

---

① 万正强：《工业电器行业品牌战略的实施要点分析》，载《中国品牌与防伪》，2023年第9期，第24-26页。

总之，通过制定有效的营销战略和选择正确的推广渠道，开展全面的市场调研，了解产品或服务的独特价值主张，并制订全面的营销计划，创业团队可以有效地接触目标受众，并在市场中获得竞争优势。通过利用最有效的推广渠道，如数字营销、社交媒体营销、内容营销和影响者营销，大学生创业团队可以最大限度地扩大他们在市场上的覆盖面和影响力。正确的营销策略和推广渠道，有助于大学生创业团队在竞争激烈的商业世界中定位自己，取得成功。

四、社交媒体营销与内容创作

社交媒体营销是指利用各种社交媒体平台（如微博、微信、抖音、小红书等）进行品牌推广、开展营销活动和与客户互动的市场营销策略。社交媒体营销的目标是通过社交媒体平台吸引潜在客户、提高品牌知名度、增加销售额，并建立良好的客户关系。社交媒体营销的主要特点如下。

（1）直接互动。企业可以直接与客户进行互动，回应客户的提问、评论和反馈，增强客户参与感和忠诚度[1]。

（2）多元化的内容形式。社交媒体平台支持发布文字、图片、视频、直播等多种形式的内容，使得企业可以更加生动地展示产品、服务和品牌故事。

（3）精准的定位。社交媒体平台可实现精准的广告投放，能够根据用户的兴趣、地理位置、年龄等信息进行定向推送，提高广告的有效性。

（4）数据分析和监测。社交媒体平台提供了丰富的数据分析工具，可以对营销活动的效果进行监测和分析，帮助企业优化营销策略。

（5）用户生成内容。社交媒体营销可以鼓励用户分享体验，如用户评论、转发、点赞等，从而扩大品牌影响。

（6）品牌塑造和传播。通过社交媒体平台，企业可以塑造品牌形象、传播品牌故事，提高品牌知名度和美誉度[2]。

在进行社交媒体营销时，企业需要根据目标客户群体特征和产品特点选择合适的社交媒体平台，制定相应的内容策略和互动计划，以实现营销目

---

[1] 卢金燕：《发挥知名品牌优势　打造照明产业强军》，载《中国品牌与防伪》，2023年第8期，第38-41页。

[2] 陈蕾洁：《基于用户生成内容的视觉营销策略设计与实践》，载《营销界》，2023年第15期，第5-7页。

标。企业需要密切关注社交媒体的变化和趋势，及时调整营销策略，以适应不断变化的市场环境。

在数字时代，社交媒体已成为企业与目标受众建立联系、推广产品或服务不可或缺的工具。大学生创业团队可以在网上建立强大的影响力，吸引客户购买他们的创新产品或服务。在本节，我们将探讨社交媒体营销和内容创作的重要性，并提供一些提高其有效性的技巧。

首先，大学生创业团队必须了解特定社交媒体在接触目标受众方面的能力。微博、微信、抖音及小红书等平台有数十亿活跃用户，为企业联系潜在客户和建立品牌知名度提供了巨大的机会。通过创建强大而吸引人的社交媒体账号，大学生创业团队可以有效地展示他们的产品或服务，与受众互动，并促进销售和业务增长。其次，为了有效利用社交媒体进行营销，大学生创业团队还必须专注于创作高质量、引人入胜的内容。内容创作是社交媒体营销战略的关键组成部分，它能让团队以有视觉吸引力、信息丰富的方式展示产品或服务。无论是通过吸引眼球的图片、引人入胜的视频，还是生动翔实的书面内容，大学生创业团队应优先制作能引起目标受众共鸣并鼓励他们采取行动的内容。对于大学生创业团队来说，内容创作最重要的一个方面就是讲故事。通过讲述有关其品牌、产品或服务的故事，团队可以有效地吸引受众的注意力，并给他们留下深刻的印象。无论是分享企业的创立历程、突出产品的独特功能，还是展示服务对客户的影响，讲故事都是与受众建立强大情感联系的有效手段。再次，大学生创业团队还必须注重制定连贯一致的社交媒体营销策略，这包括确定目标受众、设定明确的目标，以及制定内容日程表，以确保源源不断地发布引人入胜的相关内容。通过保持社交媒体的一致性，团队可以有效地建立品牌知名度，为网站带来流量，并最终将粉丝转化为客户。最后，大学生创业团队还应考虑通过影响者营销来扩大企业影响力并与新受众建立联系。通过与拥有大量粉丝的影响者合作，团队可以有效地挖掘受众，并利用影响者的公信力和影响力来推广产品或服务，这是接触新客户和建立品牌知名度的一个有效策略，尤其是对于传统营销资源有限的大学生创业团队而言。

总之，通过了解社交媒体在接触目标受众方面的能力、优先创作高质量和引人入胜的内容以及制定连贯一致的营销策略，团队可以有效地建立品牌知名度、与受众建立联系，并最终推动销售和业务增长。通过有效利用这些工具，大学生创业团队可以在竞争激烈的商业环境中取得成功，并为其创新产品或服务建立有影响力的网络形象。

> **课堂活动**
>
> **头脑风暴**
>
> 如果自己是创业者,如何更好地规划和落实自己的市场营销与推广策略?

第六节 创业团队的成长与发展

> **学前思考**
>
> (1)人才招聘和团队建设:创业团队需要思考如何招聘合适的人才,组建一个高效协作的团队,以支持公司的发展和成长。
>
> (2)组织架构和流程优化:团队需要建立合理的组织架构,优化流程,确保团队运营的高效性和有序性。
>
> (3)资金筹集和财务规划:团队需要考虑如何进行资金筹集,满足公司的资金需求,同时制订合理的财务规划,确保公司的财务健康发展。
>
> (4)技术研发和创新能力:团队需要思考如何不断提升自身的技术研发能力和创新能力,保持竞争优势。
>
> (5)品牌建设和市场拓展:团队需要思考如何进行品牌建设和市场拓展,扩大公司的影响力和提高市场份额。

一、创业团队的学习与反思

随着世界的不断发展和变化,大学生参与创业的机会比以往任何时候都要多,技术的兴起和全球经济日益紧密的相互联系,为年轻的创新人才创造了一片沃土,让他们可以实践自己的想法,并将其转化为成功的企业。然而,创业之路充满挑战,对于踏上创业之路的大学生来说,重要的是要不断学习和反思,以适应复杂的创业环境。

首先,成功的创业需要扎实的知识和技能基础,有志于创业的大学生应充分利用学术机构内外的教育资源,包括商业、金融、市场营销和其他相关领域的相关课程,以及请教经验丰富的企业家和业内专业人士。学生应积极寻找获得实践经验的机会,如实习、合作项目和创业比赛等,在实际环境中运用所学知识,培养创业敏锐度。其次,大学生还应培养不断学习和适应的心态。创业环境在不断变化,成功的创业者都是那些能够走在时代前沿、适应不断变化的市场环境的人,这就要求创业者愿意从成功和失败中学习,并致力于了解行业趋势、新兴技术和最佳创业实践。再次,通过对新思想和新观点保持开放的态度，大学生可以定位自己，以发现和利用新机遇，并在应对挑战和挫折时调整自己的战略。最后，反思是创业历程的一个重要组成部分，大学生应养成定期反思自己的经历和决定的习惯，以汲取有价值的见解和教训。反思的形式可以是写日记、参与自我评估练习，以及向导师和同学寻求反馈。通过反思自己的经历，大学生可以更深入地了解自己的长处和短处，分析成功和失败的因素。这种自我意识对个人和职业发展至关重要，能让学生在复杂的创业过程中做出明智的决定和策略调整。

总之，大学生的创业之路充满挑战，但也能收获颇丰，通过掌握必要的知识和技能，培养不断学习和适应的心态，并定期进行反思，大学生可以让自己在复杂的创业环境中游刃有余，并实践自己的想法，创建成功的企业。大学生可以通过自己的创新理念和创业项目对全球经济产生影响。

二、创业团队的创新与持续改进

大学生创业者的动力来自对创新的渴望，以及希望为现有问题创造新的解决方案，然而，创业的成功不仅需要有创新想法，还需要团队有不断改进和适应不断变化的商业环境的能力。本节将结合大学生创业团队，探讨创新和持续改进的重要性。

首先，创新是任何创业团队成功背后的驱动力。成功的创业团队之所以能够脱颖而出，正是因为他们能够突破思维定式，挑战现状，并提出有创造性的解决方案。对于大学生来说，他们往往有许多新奇的想法和无穷的活力，创新是自然而然的事。然而，对于这些年轻的创业者来说，重要的是将他们的创新想法转化为可行的商业机会，这需要深入了解市场需求、消费者行为和行业趋势，还需要找出市场空白，有独特的价值主张，使初创团队从竞争对手中脱颖而出。其次，持续改进也是大学生创业团队取得长期成功的关键。商业环境在不断变化，今天可行的做法明天可能就行不通了。因此，初创团队必须不断评估自己的战略、产品和流程，并做出必要的调整，以保持领先地位，这需要一种开放的反馈文化，一种从失败中学习的意愿，以及持续学习和发展的积极动力。大学生创业团队抱着不断改进的心态，才能适应不断变化的市场环境，应对新的挑战，抓住新的机遇。大学生创业团队推动创新和持续改进的一个重要方式就是合作和建立联系。通过利用团队成员的不同技能和观点，以及利用导师、行业专家和潜在合作伙伴的知识和资源，初创团队可以获得宝贵的指导和支持，从而促进其成长和成功。通过积极收集客户和利益相关者的反馈，初创团队可以更深入地了解市场需求和偏好，并利用这些信息完善产品和服务。

另一个重要方式是技术和数据的使用，在数字化时代，技术在推动业务创新和提高效率方面发挥着至关重要的作用。通过利用数据分析、人工智能和其他尖端技术，初创团队可以深入分析市场趋势、消费者行为和运营绩效，这种以数据为导向的方法有助于确定需要改进的方面，并为战略决策提供依据，从而实现更有效、更可持续的业务增长。

总之，通过培养创新、持续改进、与他人合作以及使用技术和数据，创业团队可以推动可持续增长，并在商业世界中创造持久的影响力。随着大学生不断探索创业机会，他们必须将创新和持续改进作为成功的关键要素，释放自己的全部潜能，为商业领域做出有意义的贡献。

三、创业者与创业团队的心灵成长

大学生创业者及其团队的创业历程充满了挑战、机遇和成长机会，在创业和组建团队的过程中，不仅需要有敏锐的商业头脑，还需要有强大的情商、应变能力。在本节，我们将探讨大学生创业者及其团队的心路历程，重点关注整个创业过程中的情感和个人成长。

大学生决定走上创业之路并非易事，需要极大的勇气和承担风险的决心，许多选择创业的大学生会面临来自同学和家人的质疑，然而，这种最初的阻力往往可以成为个人成长和发展的催化剂。在逆境中保持坚定的信念并相信自己的能力，是创业初期情感成长的一个重要方面。当大学生创业者开始组建团队时，他们面临的第一道挑战是如何找到与自己有同样激情、愿景和职业道德的人。在这个过程中，往往会遇到无数挫折，会让人情绪低落，然而，创业者正是从这些经历中培养了韧性、毅力和从失败中反弹的能力。在建立团队的过程中，创业者还需要培养强大的沟通和领导技能，以及处理冲突和意见分歧的能力，这些经历是个人成长和自我认识的宝贵机会。创业过程充满了不确定性和不可预测性，大学生创业者及其团队经常会面临财务挑战、市场波动以及在激烈竞争环境中取得成果的压力，正是在这些不确定的时刻，创业者不得不面对自己的恐惧、不安全感和局限性，这种自我发现和反省的过程也是整个创业过程中情感成长的一个重要方面。除了个人成长，创业历程提供了许多提高情商的机会，理解和管理自己以及他人情绪的能力是成功创业的关键技能。大学生创业者和他们的团队往往需要在高压环境中持续前进，做出艰难的决定，并处理不确定性带来的压力。培养情商可以让个人在逆境中保持冷静、清晰和专注，并与团队成员和利益相关者建立牢固、相互支持的关系。

总之，大学生创业者及其团队在创业过程中会遇到许多个人成长和情感成长的机会，创业和组建团队的过程需要培养韧性、毅力、情商和深刻的自我意识。虽然创业过程充满挑战和挫折，但最终会变成一种成长经验，能让个人发现自己的内在力量、激情和潜力。大学生创业者和团队在变幻莫测、要求苛刻的创业世界中摸爬滚打，不仅掌握了成功创业所需的技能和知识，而且在情感成熟和个人成长方面也有了深刻的感悟。

头脑风暴

如果自己是创业者，如何更好地规划和管理自己的创业团队？

本章小结

在本章中，我们深入探讨了创业者与创业团队在创业过程中的重要性和作用。创业者是整个创业过程的领导者和推动者，需要具备创新精神、决策能力、承担风险的勇气和强大的执行力，创业者的个人品质和领导能力对整个创业团队的发展和成功起着至关重要的作用。同时，创业团队也是创业成功的关键因素之一，一个团结、合作默契的创业团队能够充分发挥成员的优势，共同应对挑战，实现共同的目标。团队成员之间的信任、沟通和协作能力对于提高团队的凝聚力和执行力至关重要，一个高效的创业团队能够在竞争激烈的市场中脱颖而出，实现创业目标。总的来说，创业者和创业团队在创业过程中共同承担风险，共同追求成功，共同成长。创业者需要具备领导力和执行力，激励和带领团队不断向前，而团队则需要具备团结协作、执行力和创新精神，共同努力实现创业目标。

创业术语

创业者　创业团队　拉动型创业　创业驱动力　互补性　凝聚力　角色扮演

牛刀小试

实践练习1

古典名著中的创业团队。《水浒传》《三国演义》《西游记》等古典名著都详细刻画了团队合作，请选择其中的几个团队，从团队组建、角色扮演、冲突解决、团队演化等多个方面，认真剖析比较，总结团队运营所涉及的关键要素和一般规律。

实践练习2：蒙眼排队

活动目标：理解创业团队的内涵，学会沟通和团队协作。

活动过程：

（1）小组成员在一个空场地围成一个圆圈站好。

（2）教练宣布开始2分钟的小组沟通（没有任何小组任务）。

（3）沟通时间结束，给每个成员分发眼罩。

（4）要求每个成员戴上眼罩，原地转3圈。

（5）教练给每个成员分发号码牌（事先准备好），并让成员确认自己的号码，然后检查眼罩佩戴情况，防止作弊。

（6）宣布任务。请小组成员在3分钟内，按照号码牌的大小，依次排成一排，在排队的过程中，不允许发出任何声音。

（7）其他学员观察排队结果。

（8）换另外一个小组，重复上面的步骤，对比两组的过程和结果。

（9）从活动参加者和观察者中选出代表做总结发言。

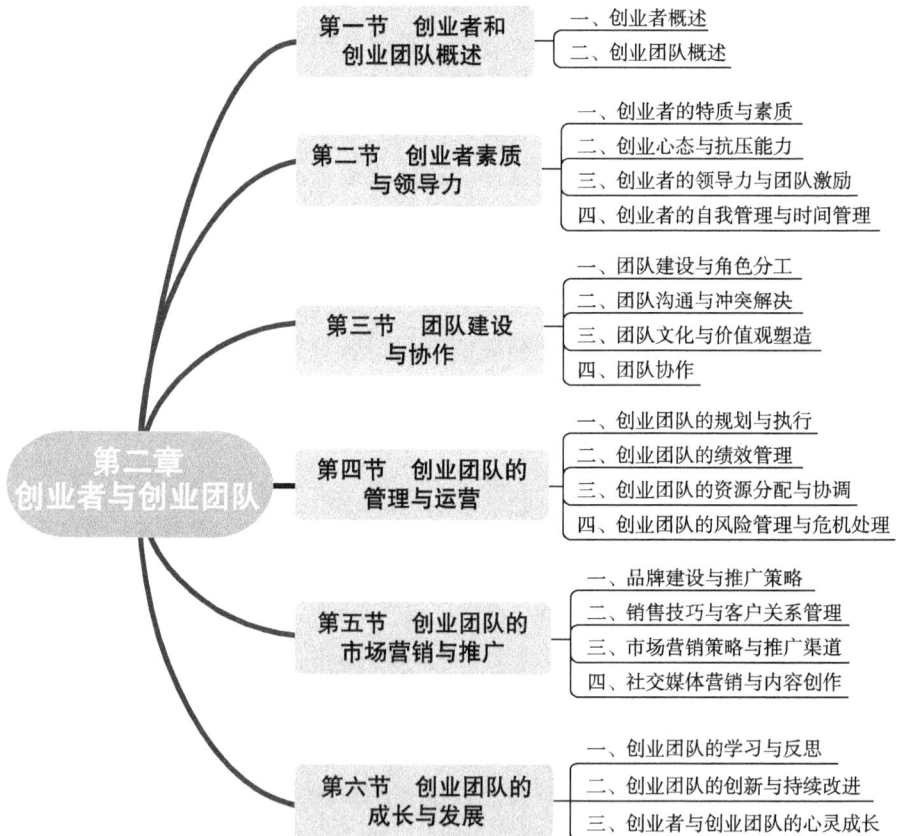

第三章　创业机会

> **本章提要**
>
> 通过本章的学习，了解创业机会的概念及识别方法；掌握创业机会风险的特点与分析方法、创业机会风险的类别及其应对策略；认识商业模式的概念和特点，了解商业模式的内在结构，掌握商业模式的设计策略。

第一节　创业机会概述

> **学前思考**
>
> （1）市场需求和趋势：创业者需要对所在行业的市场需求和趋势有深入的了解，明确市场的规模、增长速度以及未来的发展方向。
>
> （2）竞争分析：创业者需要对行业内现有的竞争对手进行分析，了解他们的优势和劣势，找到自己的发展空间。
>
> （3）自身优势和兴趣：创业者需要思考自己的专业背景、技能和兴趣爱好，找到与之匹配的创业机会。
>
> （4）技术和创新：创业者需要思考如何通过运用技术和创新来满足市场需求，创造新的商业机会。

一、机会

机会通常指一种有利于个人或组织发展、取得成功或实现目标的情况或条件。在商业和市场营销领域，机会通常指一种有利于企业发展、增加收入、扩大市场份额或提高竞争力的情况或条件。在商业和市场营销中，机会主要包括以下几个方面。

（1）市场机会。市场中的潜在需求或未满足的需求，以及可能出现的新的市场趋势和发展方向。企业可以通过抓住市场机会，满足潜在客户的需求，推出符合市场需求的产品或服务。

（2）创新机会。企业可以通过创新技术、创新产品或创新服务来满足市场需求，提高效率或降低成本的机会。创新机会可以帮助企业在竞争激烈的市场中脱颖而出①。

（3）合作机会。与其他企业、机构或个人合作，共同开发产品、共同推广营销、共同开拓市场等方面的机会。合作机会可以帮助企业扩大影响力、降低风险、共享资源和经验。

（4）品牌推广机会。通过各种渠道和方式，提高品牌知名度、树立良好的品牌形象、吸引更多的客户和提高销售的机会。

（5）资源整合机会。整合和利用企业内部或外部的各种资源，包括人力资源、物质资源、财务资源等，以提高企业的竞争力和把握更多的商机。

对于企业而言，抓住机会意味着能够在竞争激烈的市场中脱颖而出，实现更好的发展和业绩。因此，识别和抓住机会在企业发展战略中至关重要，企业需要密切关注市场动态、竞争对手的行动、消费者需求的变化等因素，及时发现和把握机会。

二、创业机会

创业机会是指创业者能够发现并利用的有助于创业成功的商业机会。创业机会的内涵包括以下几个方面。

（1）市场需求。创业机会通常源自市场上存在的需求或问题，创业者可以通过对市场的深入了解和洞察，发现人们的需求和痛点，从而确定创业方向。

（2）创新和差异化。创业机会往往与创新和差异化息息相关，创业者可以通过研发新产品、提供新服务、改进现有产品或服务，满足市场的新需求或提供更优的解决方案。

（3）可行性和可持续性。创业机会需要具备可行性和可持续性，即创业者能够凭自身的能力和资源实践该机会，并且该机会能够在未来一段时间内持续存在并带来商业价值。

（4）市场空白和竞争优势。创业机会往往存在于市场空白或者创业者能够依靠自身优势获得竞争优势的领域，创业者需要在市场上找到自己的定位，避免与强大的竞争对手直接竞争。

总的来说，创业者需要通过对市场的深入研究和洞察，结合自身的能力和资源，发现并把握创业机会，实现创业梦想。

---

① 陈云：《主导企业知识基础对平台生态系统健康性的影响研究》（博士学位论文），湖南大学，2021年。

三、创业和创业机会的关系

创业和创业机会是密不可分的概念，两者之间存在着紧密的关系。简单来说，创业机会是创业的起点，而创业则是对创业机会的实践和运用。

（1）创业机会是创业的起点：创业机会是指在市场中发现的有利于创业或商业发展的机会，它可以是一种新的产品、服务、技术或商业模式，也可以是对现有产品、服务、技术或商业模式的改进和创新。创业者通过发现创业机会，找到切入市场的机会和方向，可以为创业之路奠定基础。

（2）创业是对创业机会的实践和运用：创业是将创业机会转化为商业机会的实践过程，创业者在发现创业机会的基础上，利用自身的能力和资源，提出切实可行的商业计划，并将其付诸实施。创业者需要充分利用创业机会，将其转化为创业项目或商业模式，实现其商业价值。

因此，创业机会和创业是相辅相成的，创业机会为创业者提供了创业的契机和方向，而创业则是对创业机会的实践和运用过程。创业者需要具备敏锐的市场洞察力和创新意识，能够及时发现并把握创业机会，将其转化为创新产品或服务，并通过创业实践实现其商业价值[①]。

创业机会分析

教师对熟悉的创业团队进行创业机会分析。

第二节 创业机会的识别与评估

【课前思考】

（1）市场需求：创业者需要对市场进行调研，了解目标客户的需求和痛点，找到有潜在市场需求的领域。

（2）可行性分析：创业者需要对创业机会进行可行性分析，考虑市场规模、竞争态势、盈利模式等因素，提高创业机会的可行性。

（3）商业模式：创业者需要考虑商业模式的设计，包括盈利模式、运营模式等，确保创业机会的商业可行性。

---

① 毛永贤：《大学生创业心理资本提升的策略研究》，载《芜湖职业技术学院学报》，2018年第20卷第2期，第48—51页。

一、创业机会的来源与发现

随着技术的兴起和商业领域发展的不断变化,大学生比以往任何时候都有更多机会创建自己的品牌,创办自己的企业,然而,对于许多大学生来说,寻找和把握这些创业机会可能是一项艰巨的任务。在本节,我们将探讨创业机会的来源和发现这些机会的方法。

创业机会的来源多种多样,大学生最常见的创业机会来源之一就是互联网。随着电子商务和数字经济的兴起,大学生有无数机会在网上创业,无论是通过淘宝、京东、抖音等网络销售平台,还是开发移动应用程序,互联网都为具有创业想法的学生提供了大量机会。大学生创业机会的另一个来源是他们自身的经验和兴趣。许多成功的企业是由发现自己生活中的问题或需求并寻求解决方案的大学生创办的,通过挖掘自己有激情和兴趣的领域,学生往往能发现别人可能忽略的独特机会,例如,业余爱好、课堂项目或是个人经历。除了互联网和个人经历,大学生还可以通过人际网络和导师关系找到创业机会。通过与教授、校友或其他专业人士建立联系,大学生可以获得宝贵的意见和指导,帮助他们发现潜在的创业想法。人际网络还可以促成伙伴关系和合作,帮助大学生将想法变为现实。通过向志同道合的人寻求指导,大学生可以大大增加发现和利用创业机会的机会。一旦大学生确定了潜在的创业机会,下一步就是发现和验证这些机会,可以通过市场调研、客户验证和原型测试等多种方法来实现。通过开展全面的市场调研,大学生可以更好地了解市场竞争格局以及对其产品或服务的潜在需求,客户验证包括征求潜在客户的意见,理清他们对产品的实际需求。原型测试可让大学生创建最小可行产品,并收集真实世界的反馈意见,以完善他们的想法。

总之,大学生创业机会的来源是多样而丰富的。通过利用互联网、个人经历、人际网络和导师指导,大学生可以发现大量潜在的商业机会,一旦确定了这些机会,就可以利用各种方法来发现和验证它们,确保这些机会是可行的、可持续的。只要把创造力、决心和战略思维正确地结合起来,大学生就能把创业梦想变为现实。

二、创业机会的评估与筛选

随着技术的兴起以及对创新产品和服务的需求不断增加,年轻创业者有很多机会成功创业,然而,评估和选择合适创业机会的过程可能充满挑战。本节旨在为大学生评估和选择最合适的创业机会提供全面指导。

第一步是进行全面的市场调研，这包括确定潜在的目标市场、了解消费者的需求和偏好，以及分析现有的竞争对手。通过对市场格局的深入了解，大学生可以发现利基机会，并提出独特的价值主张，使自己的企业与竞争者区别开来。第二步是评估自己的技能、兴趣和热情。通过利用自身的优势和专长，大学生可以找到符合其个人目标和愿望的创业想法。考虑创业想法的潜在可扩展性和可持续性也至关重要，大学生应评估创业机会是否具有长期增长和盈利的潜力，是否符合当前的市场趋势和需求。第三步是考虑财务可行性和资源条件。大学生应全面分析与创业想法相关的初始投资额、运营成本和潜在收入流，还应考虑是否有资源，如导师、网络机会和资金支持，以促进创业企业的成功实施。第四步是评估创业机会对社会和环境的潜在影响。在当今具有社会意识的消费市场中，优先考虑可持续发展、道德实践和社会责任的企业越来越受到重视。因此，大学生应评估自己的创业想法是否符合这些价值观，是否能对社会和环境产生积极影响。评估完成后，大学生就可以着手选择最有前景的创业机会，重要的是，要优先选择与自己的技能和兴趣相一致、具有强大市场潜力且财务上可行的机会，大学生应向有经验的企业家、导师和行业专家寻求建议，以验证自己的创业想法并获得有价值的见解。

总之，大学生评估和选择创业机会的过程需要有全面而系统的方法。通过开展全面的市场调研、评估个人技能和兴趣、考虑财务可行性和资源条件，以及评估社会和环境影响，大学生可以识别出最有前景的创业机会，并确定其优先次序。经过深思熟虑和战略规划，大学生可以更加满怀信心地踏上创业之路，并增加在竞争激烈的商业环境中获得成功的机会。

三、市场趋势与需求分析

随着世界的不断发展和变化，企业和组织必须紧跟最新的市场趋势和消费者需求，这对于希望在各自行业大显身手的大学生来说尤为重要，了解市场趋势和消费者需求有助于大学生对自己的职业道路做出明智的决定，也有助于他们发展必要的技能和知识，在自己选择的领域取得成功。

大学生需要了解的主要市场趋势之一，是可持续发展和商业道德实践变得越来越重要，消费者越来越关注他们购买的产品和服务对环境和社会的影响，他们正在积极寻找那些致力于可持续发展和坚持道德行为的公司。环保产品、道德时尚品牌和可持续商业实践的日益流行，就是这一趋势的明证。了解这一趋势后，大学生可以将可持续发展的要求融入其运营的公司。另一个重要的市场趋势，是数字技术的兴起及其对消费者行为的影响。随着智能手机、社交媒体和电子商务平台的普及，消费者越来越多地转向通过在线渠道来研究和购买产品和服务，这种向数字消费的转变对企业有着重大影响，要求企业调整营销策略和客户参与方式，以满足精通数字技术的消费者的需求。如大学生能够很好地把握这一趋势，将为企业在数字时代取得成功做出贡献。除了了解市场趋势，大学生还需要了解消费者的需求，以便有效地满足市场需求。企业目前面临的主要消费者需求之一，是对个性化和定制化体验的渴望，消费者越来越希望获得能根据个人喜好和生活方式量身定制的产品和服务，这一趋势体现在个性化营销活动、定制产品和个性化客户服务体验的流行上。大学生如果了解个性化的重要性，并能掌握客户关系管理和市场细分方面的技能，就能很好地满足消费者的这一需求。大学生还应认识到市场对多样性和包容性的需求日益增长，消费者更倾向于那些在营销、招聘和产品供应中接受多样性和促进包容性的品牌和企业，这一趋势体现在以多样性为重点的广告活动的兴起、媒体和娱乐界对多样性的推动以及企业文化对多样性和包容性的强调。大学生如果能顺应这种对多样性和包容性的需求，在未来的工作场所中将企业定位为变革的倡导者，便能为创造更具包容性和公平性的市场环境做出贡献。

总之，大学生需要积极了解市场趋势和消费者需求，才能在竞争激烈的商业环境中茁壮成长。通过紧跟可持续发展、数字技术、个性化和多元化等最新市场趋势，通过认识和满足消费者对可持续发展、个性化和包容性的需求，大学生可以为创造更具社会责任感和以消费者为中心的市场环境做出贡献。大学生必须充分了解市场趋势和消费者需求，才能在未来的职业生涯中取得成功，并对市场产生积极影响。

四、行业分析与竞争对手研究

在当今竞争激烈的社会，大学生渴望获得竞争优势并从同龄人中脱颖而出，其中一个有效的方法就是进行全面的行业分析和竞争研究，通过了解自己所选领域的现状并识别潜在的竞争对手，大学生可以更好地定位自己，从而在未来的职业生涯中取得成功。

首先，进行行业分析对大学生来说至关重要，可以让他们全面了解自己感兴趣的行业。行业分析包括研究该行业当前的趋势、挑战和机遇。通过了解最新的发展动态，学生可以对需求量大的技能和知识以及潜在的增长和创新领域有充分认识。了解行业现状还有助于学生在选择职业道路时做出明智的决定，如选择哪些特定的职位或公司。其次，开展竞争研究对大学生同样重要，可以让他们识别和分析潜在的竞争对手，包括研究行业内争夺类似机会的其他个人或公司。通过研究竞争对手，学生可以更好地了解他们的优势和劣势，以及在市场中脱颖而出的策略。为了进行全面的行业分析和竞争研究，大学生可以利用各种资源和技术，一种有效的方法是利用在线数据库、行业报告和市场调查研究来收集行业的相关数据和见解。学生还可以与在相关领域工作的专业人士进行访谈，以获得有关行业内部运作和竞争格局的第一手资料。通过这些资源，学生可以收集到丰富的信息，为他们的职业决策和战略提供参考。最后，大学生还可以从与同龄人和有行业经验的导师的交流中获益，通过与他人进行讨论和交流，学生可以获得宝贵的观点和见解，帮助他们完善对行业和自身竞争定位的理解。寻找行业内的实习机会、合作项目或兼职工作也能为学生提供实践经验，加深对行业动态的了解。

总之，进行行业分析和竞争研究对于希望在所选领域立足的大学生来说至关重要。通过对行业的全面了解和识别潜在的竞争对手，学生可以更好地为自己未来的职业生涯奠定基础。通过利用各种资源和技术，学生可以收集有价值的见解，为他们的职业决策和战略提供参考。归根结底，通过掌握信息和积极主动，大学生可以获得竞争优势，为自己在不断变化的就业市场中取得成功做好准备。

课堂活动

市场变化与创意匹配对创业机会形成的作用分析

就教师熟悉的创业团队，分析创业起步时，市场变化与创业者创意的匹配是如何影响创业机会形成的。

第三节　创业机会的风险管理与创新

课前思考

（1）风险识别：创业者需要识别潜在的风险，包括市场风险、技术风险、竞争风险等，了解可能影响创业成功的各种风险。

（2）风险评估：对识别的风险进行评估，分析其可能带来的影响和潜在损失，评估风险的严重程度和可能性。

（3）风险应对策略：制定应对不同风险的策略，包括规避、减轻、转移或承担风险的方法，确保在面对风险时能够做出有效的决策。

（4）创新思维：思考如何通过创新来应对风险，包括产品创新、商业模式创新等，寻找新的解决方案和机会。

（5）持续学习和调整：创业者需要有持续学习的心态，不断调整和优化创业策略，以适应不断变化的市场环境和应对风险。

一、创业风险评估与管理

近年来，随着创业文化的兴起，以及创业资源的丰富，许多大学生渴望成为企业家。然而，创业之路充满风险，大学生必须了解并有效管理这些风险，以增加成功的机会。

评估创业风险的第一步是了解风险的类型，认识到创业存在不确定性和失败的可能性。初创企业往往面临市场竞争、财务限制和运营问题等挑战，创业者可能会遇到个人风险，包括身心健康方面的压力，以及潜在的经济损失，大学生在踏上创业之路之前，必须认识并了解这些风险。一旦识别出风险，大学生应制定管理和降低风险的策略。风险管理的一个关键方法是全面研究和规划。在创业之前，大学生应进行全面的市场调研，了解目标受众、竞争对手和行业趋势，这能使他们做出明智的决策，最大限度地降低进入饱和或衰退市场的风险。此外，大学生还应制订一份详细的商业计划，概述其目标、战略和财务预测。一份精心制作的商业计划不仅是创业的路线图，还有助于从投资者和贷款人处获得资金等支持。财务管理是大学生创业者风险管理的另一个重要方面，许多初创企业因财务规划和现金流管理不善而失败，大学生应仔细评估企业的财务需求，制定切实可行的预算，既要考虑创业成本，也要考虑持续支出。他们还应探索各种融资方案，如赠款、贷款和众筹，并权衡各种方案的利弊，以确定最适合自己的融资策略。除了财务风险，大学生创业者还必须考虑创业对其学业和个人生活的潜在影响，平衡创业工作与学业任务可能具有挑战性，学生应做好准备，有效管理自己的时间，并寻求导师和顾问的支持。此外，创业者应优先保证自己的身心健康，想方设法实现工作与生活平衡，因为倦怠和压力会严重影响他们管理风险和为企业做出正确决策的能力。大学生应抱着不断学习和适应的心态，以应对创业过程中的不确定性，他们应虚心接受反馈意见，并愿意根据市场反馈和不断变化的情况调整自己的经营策略。向经验丰富的企业家和行业专家寻求指导，也能为有效管理风险提供宝贵的见解和指导。

总之，大学生创业必须认识创业的固有风险，并积极采取措施来管理和降低这些风险。通过开展全面研究、制定合理的财务战略和优先考虑自身健康，大学生可以增加创业成功的机会。正确的心态和方法，有助于大学生创业者将创业的挑战转化为成长和创新的机遇。

二、创业危机处理与应急预案

近年来,随着创业文化的兴起和对自己当老板的渴望,越来越多的年轻人开始考虑创业。在此之前,大学生应掌握必要的知识和技能,以应对在创业和经营过程中可能出现的各种危机和紧急情况。本节旨在概述大学生创业者可能面临的危机,并提供应对这些挑战的综合计划。

大学生创业者遇到的最常见危机之一是财务状况不稳定。创业往往需要大量资金,而许多年轻创业者可能难以获得资金,为应对财务危机,大学生创业者必须制定稳妥的应急计划。该计划应包括寻找资金来源,如贷款、赠款或众筹,以及制定全面的财务管理战略,以确保企业在财务上可持续发展。另一个潜在危机是市场竞争,在当今竞争激烈的商业环境中,新企业往往难以在市场中找到自己的位置,在这种情况下,创业者必须制定完善的危机管理计划,包括产品或服务差异化战略、识别和瞄准利基市场,以及建立强大的品牌影响力。大学生创业者还可能遇到运营危机,如供应链中断、技术故障或法律问题,创业者必须制定应急计划,以应对这些运营挑战。这可能涉及与可靠的供应商建立牢固的关系,应用强大的技术系统,以及寻求法律顾问确保遵守法律法规。除上述危机外,大学生创业者还可能面临影响其工作的个人挑战,这可能包括身体健康问题、家庭紧急情况或心理健康问题。对于创业者来说,要优先考虑自己的健康,并建立一个支持系统,帮助其在管理业务的同时应对个人危机。

总之,创业过程充满了潜在的危机和紧急情况,大学生创业者必须做好应对准备。通过制定全面的应急计划,应对财务、市场、运营和个人方面的挑战,大学生创业者可以增加成功的机会,提高面对逆境时的应变能力。与此同时,教育机构和创业支持组织要提供资源和指导,帮助学生制定应急计划,让他们掌握在复杂的创业世界中遨游所需的技能和知识。有了足够的准备和支持,大学生创业者就能有效管理危机,并在创业过程中变得更加强大、更加有韧性。

三、创业、创新与持续改进

大学生创业者和创新者在推动经济增长、创造就业机会和解决复杂的社会挑战方面发挥着重要作用。在本节,我们将探讨创业、创新和持续改进对大学生的意义,并讨论如何将这些理念融入高等教育。

首先,必须理解创业和创新的含义。创业是发现、创造和寻求机会以创办新企业或创业项目的过程,而创新则涉及开发和实施能为社会增值的新理念、新产品或新工艺项目。对于大学生来说,这两个概念可以以各种方式加以应用,从创办企业到开发新技术,通过培养创业和创新思维,大学生可以学会批判性地思考、创造性地解决问题并承担经过深思熟虑的风险。其次,持续改进在日本商业哲学中也被称为"Kaizen",它强调对流程、产品或服务进行微小的、渐进的改变。对于大学生来说,这意味着要不断寻求反馈,从失败中吸取教训,完善自己的想法和技能。通过接受不断改进的文化,学生可以培养应变能力、适应能力和成长心态。最后,为了形成创业、创新和持续改进的文化,高等教育机构必须提供必要的资源、支持和机会。这可以通过多种途径来实现,如开设创业课程和讲习班,提供指导和交流机会,以及为学生主导的企业建立孵化器或加速器,高校还可以鼓励跨学科合作和体验式学习,帮助学生全面了解创业和创新。无论是通过实习、研究项目还是竞赛,大学生通过接触真实世界获得创业和创新经验是非常重要的。通过与行业专业人士接触、开展市场调研、制作创意原型,大学生可以获得对未来职业生涯非常宝贵的实用技能和见解。高校还可以促进大学生创业者与当地企业、政府机构和非营利组织的合作,为学生提供将知识和技能应用于实际挑战的机会。

总之,创业、创新和持续改进是大学生在当今瞬息万变、竞争激烈的世界中茁壮成长所必须认识和应用的基本概念。通过培养创业和创新思维,培养持续改进的文化,高校可以使学生成为下一代领导者、问题解决者和变革者。高等教育机构必须为学生提供必要的支持、资源和机会,帮助他们探索和开发创业创新潜能。最终,通过将这些理念融入高等教育,高校可以帮助学生充分发挥潜能,并对世界产生积极影响。

认识创业机会与一般商机的构成差异

就教师熟知的创业案例与企业业务开发案例,分析创业机会与一般商机在构成要素上的差异。

本章小结

在本章中,我们探讨了创业机会的重要性以及如何发现和把握创业机会。创业机会是创业成功的基础,对于创业者而言具有至关重要的意义。在寻找创业机会的过程中,创业者需要具备敏锐的洞察力和创新思维,以发现市场的空白和需求。创业机会可以来源于市场的变化和需求的变化,也可以来源于技术的创新和社会的发展,创业者需要不断关注市场动态,寻找潜在的商机。同时,创业者还需要具备足够的执行力和决策能力,以便能够迅速把握机会,做出正确的决策,将创业机会转化为切实可行的商业项目。总的来说,创业机会是创业成功的第一步,创业者需要具备敏锐的洞察力和创新思维,善于发现和把握机会,只有不断寻找和把握创业机会,才能在激烈的市场竞争中脱颖而出,取得成功。因此,大学生创业者应该不断培养自己的洞察力和创新能力,积极寻找创业机会,为自己的创业之路奠定坚实的基础。

创业术语

创业机会　市场回应　机会识别　先验知识　细分市场商机　机会风险　风险承担能力　机会风险收益

牛刀小试

逢3抓手——抓住创业机会[①]

游戏目的:分析识别、抓住创业机会的能力。

游戏规则:请学员围成圈,一手跷大拇指,一手掌心向下,手掌盖住旁边同伴的大拇指。然后,主持人讲一个小故事,学员听到数字"3"的字眼时,抓别人的拇指,同时拿走自己的拇指。游戏的关键是小故事的编排要能多次引发学员们的敏感反应,比如"从前有座山"这种近似发音,或用跺脚和抓握这些动作来误导。

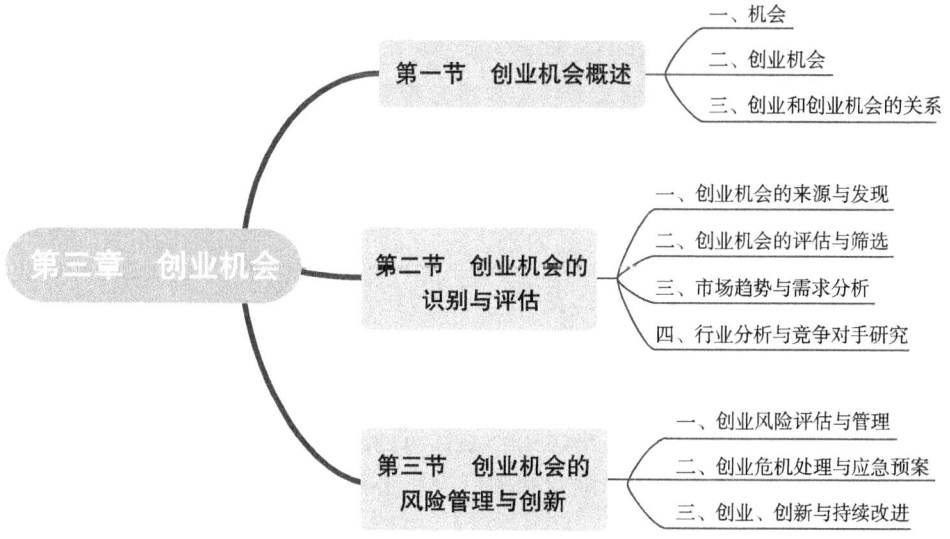

---

① 培训游戏经典200例,豆丁网。

第四章　初创企业商业模式设计

本章提要

通过对本章的学习,了解初创企业商业模式及其设计开发的核心和要求,掌握商业模式设计的过程与评价方法。

第一节　商业模式的定义与本质

课前思考

(1)价值主张:企业的产品或服务解决了客户的哪些问题,提供了哪些价值,为什么客户愿意购买?

(2)客户群体:企业的目标客户是谁?他们的特征是什么?如何能够更好地满足他们的需求?

(3)渠道和合作伙伴:产品或服务是如何被传递给客户的?企业是否需要通过与其他企业或机构合作来实现商业模式?

(4)盈利模式:企业如何获取利润?是通过销售产品、订阅服务、广告收入,还是其他方式?

(5)成本结构:企业的主要成本是什么?如何降低成本、提高效益?

(6)关键资源和关键活动:企业需要哪些关键资源和关键活动来支持商业模式的实现?

(7)竞争优势:相对于竞争对手,企业的优势在哪里?如何保持竞争优势?

一、商业模式的定义

商业模式是指企业为了获得利润和实现商业目标而设计的一种商业运作方式和组织结构。商业模式描述了企业如何创造、提供和捕获价值,以及如何与客户、合作伙伴和其他利益相关者进行交互。商业模式通常包括以下几个方面的内容[①]：

（1）价值主张。描述企业向客户提供的产品或服务的价值，以及为什么客户愿意购买或使用这些产品或服务。

（2）客户群体。描述企业的目标客户是谁，以及如何吸引这些客户。

（3）渠道。描述企业如何将产品或服务提供给客户，包括销售渠道、营销渠道以及售后服务渠道等。

（4）客户关系。描述企业与客户之间的互动关系，包括如何吸引客户，以及保持和增进客户关系。

（5）收入来源。描述企业如何获取收入，包括销售产品或服务、订阅模式、广告收入等。

（6）关键资源。描述企业为实现商业目标所需要的关键资源，包括人力资源、物质资源、技术资源等。

（7）关键活动。描述企业为实现商业目标需开展的关键活动和业务流程。

（8）合作伙伴。描述企业与合作伙伴之间的合作关系，包括供应商、分销商、合作伙伴等。

（9）成本结构。描述企业的成本组成和结构，包括固定成本、变动成本、边际成本等。

通过设计和实施有效的商业模式，企业可以更好地理解自身的商业运作方式，发现商机，提高市场竞争力，实现商业目标。随着市场环境的变化，企业需要不断调整和优化商业模式，以适应新的市场需求和机遇。

二、商业模式的发展过程

商业模式的概念可以追溯到20世纪90年代后期。随着互联网的兴起和全球化的发展，商业模式开始成为商业领域的研究和讨论热点。商业模式的发展历程可以分为几个阶段[②]：

（1）早期商业模式研究。20世纪80年代，学者们开始对企业的商业模式

[①] 陈晓宁：《山东CY环境工程有限公司商业模式创新研究》（硕士学位论文），山东大学，2022年；梁益琳：《基于价值链的移动商务模式研究》（硕士学位论文），山东大学，2009年；徐丽玮：《联美控股同业技术并购对企业可持续商业模式创新的影响研究》（硕士学位论文），山东大学，2022年。

[②] 刘广启：《平台企业商业模式创新研究》（硕士学位论文），东华大学，2014年；王茜：《认知商务的商业模式分析：基于价值视角》（硕士学位论文），华南理工大学，2019年。

进行研究和讨论，尤其是在管理学和战略管理领域，这一时期的研究主要关注企业的盈利模式、市场定位和商业运作方式等方面。

（2）互联网时代的商业模式创新。随着互联网的兴起，商业模式开始发生革命性的变化，京东、百度、淘宝等互联网公司的兴起，传统企业如何应对互联网的挑战，成为学术界和商业界关注的焦点。这一时期，创新商业模式开始被认为是企业成功的关键因素之一，也涌现了大量关于互联网商业模式的研究和案例分析。

（3）商业模式创新的兴起。21世纪初，企业开始意识到，传统的商业模式逐渐无法适应快速变化的市场环境，因此需要不断创新和调整商业模式。一些新兴行业和企业开始通过应用创新商业模式来打破传统行业壁垒，如共享经济、订阅模式、平台模式等。

（4）商业模式设计和管理的理论框架。近年来，商业模式设计和管理成为管理学和商业领域的重要研究方向，学者们提出了各种商业模式的分类、设计和评估方法，帮助企业更好地理解和管理自身的商业模式，提高竞争力。

总的来说，商业模式的发展历程可以被看作一个与商业环境和技术发展相互作用的过程。随着市场环境变化和技术升级，商业模式也在不断演进和创新，成为企业成功的重要因素之一。

三、商业模式的本质和核心

一个成功的商业模式应该能够有效地满足市场需求，创造出有竞争力的产品或服务，并且能够从中盈利。商业模式的本质和核心可以从以下几个方面来理解[①]。

（1）价值主张。如何给顾客创造和提供价值，这包括产品或服务的特点、优势、定位以及解决顾客需求的能力，一个成功的商业模式应该能够清晰地定义企业的价值主张，并且能够有效地与顾客需求对接。

（2）盈利模式。如何从创造的价值中盈利，包括收入来源、成本结构、利润模式等方面，一个成功的商业模式应该能够清晰地定义盈利模式，并且

---

① 向永胜：《传统大学向应用技术大学的转型与建设研究：基于商业模式创新视角》，载《现代教育管理》，2016年第7期，第40-45页；罗敏、唐孝文：《免费商业模式的1P理论解释和设计》，载《现代管理科学》，2017年第7期，第103-105页；陈俊宇：《药明康德VIC商业模式对企业价值创造的影响研究》（硕士学位论文），内蒙古财经大学，2022年。

能够有效地实现盈利。

（3）价值网络。如何构建和管理与合作伙伴、供应商、顾客等相关方的关系网络，以实现最大化的价值创造和获取，包括合作伙伴关系、渠道管理、客户关系等方面。

（4）关键资源和关键能力。企业拥有的关键资源和关键能力，包括技术、品牌、人才、制造能力等，这些关键资源和关键能力直接决定了企业的核心竞争力。

因此，商业模式的本质和核心在于如何创造和获取价值，包括价值主张、盈利模式、价值网络、关键资源和关键能力等方面。

分析阿里巴巴集团"双11购物节"的商业模式

阿里巴巴集团推动的"双11购物节"颇具影响力。2014年"双11购物节"的销售额达到300多亿元。请教师上网查阅相关资料，引导学生分析讨论"双11购物节"这一商业活动的商业模式。

第二节　商业模式和企业战略的关系

（1）商业模式与企业战略的关联：商业模式是企业创造、提供和获取价值的方式和途径，而企业战略则是为实现长期目标和竞争优势而制订的计划和决策。思考两者之间的联系，商业模式如何支持企业战略的实现，企业战略又如何影响商业模式的设计。

（2）商业模式的灵活性与企业战略的一致性：商业模式需要根据市场需求和竞争环境不断调整和优化，而企业战略则需要长期保持一致。思考如何在保持企业战略一致的前提下，灵活调整商业模式，以适应市场变化。

（3）企业战略如何影响商业模式的选择：企业战略的选择会直接影响到商业模式的选择，例如不同的市场定位、产品定位和竞争策略，会对商业模式产生不同的要求。思考企业战略对商业模式的影响和指导。

（4）商业模式对企业战略的支持：商业模式需要能支持企业战略的实现，例如，通过提供特定的价值主张、满足特定的客户需求、建立特定的竞争优势等支持企业战略的实施。思考商业模式如何更好地支持企业战略。

一、企业战略概述

企业战略是指企业为实现长期目标和利益最大化所采取的一系列决策和行动方针。它是企业在外部环境和内部资源的影响下,为确定企业的使命、愿景、核心价值观以及长期发展方向,而制订相应的计划和策略的过程。企业战略通常包括企业的定位、竞争优势、市场选择、资源配置、组织结构等方面。企业战略的制定需要充分考虑外部环境的变化、市场竞争的情况、企业自身的资源和能力,以及企业未来发展的趋势和机会。企业战略的制定和实施是企业管理者做出长期决策和规划的重要组成部分,它对企业的发展和成长具有重要的指导和推动作用。

企业战略的作用和重要性体现在以下几个方面。①指导企业发展方向。企业战略确定了企业的长期发展目标和方向,为企业提供了明确的发展路径和目标,有助于企业集中资源,统一行动,实现长期发展。②提高企业竞争力。通过制定合理的企业战略,企业可以明确自己的竞争优势,找到在市场中的定位,从而提高自己在市场上的竞争力。③促进资源配置和利用。企业战略有助于企业对资源进行有效配置和利用,避免资源的浪费和低效使用[1]。④避免盲目决策。企业战略制定了企业的长期规划和目标,有助于避免盲目决策和短期行为,使企业的各项决策和行动都能服务于长期发展目标。⑤提高组织凝聚力。企业战略可以为企业员工提供明确的发展方向和目标,增强员工的凝聚力和归属感,提高员工的积极性和工作效率。⑥适应外部环境变化。企业战略的制定需要全面考虑外部环境的变化和未来发展趋势,这有助于企业及时调整战略,适应市场的需求和变化。企业战略的作用和重要性在于它对企业的长期发展起到了指导、引领和推动作用,有助于企业在市场竞争中取得持续的竞争优势,实现可持续发展。

企业战略的制定过程通常包括以下几个步骤。①环境分析。企业首先需要对外部环境进行分析,包括政治、经济、社会、技术、法律等,以及行业竞争情况、市场趋势等,同时还需要对内部环境进行分析,包括企业的资源、能力、文化、组织结构等[2]。这些分析有助于企业了解自己所处的环境和面临的挑战。②确定使命、愿景和价值观。企业需要明确自己的使命(存

---

[1] 徐谦:《基于资源基础理论的建筑企业发展战略研究与应用》(硕士学位论文),重庆大学,2013年。

[2] 周效和:《A消防公司在"职业化"背景下的战略转型研究》(硕士学位论文),山东大学,2019年。

在的目的)、愿景(未来的发展目标)和核心价值观(价值观念和原则),这将为企业战略的制定提供基本的方向和原则。③竞争优势分析。企业需要分析自身的竞争优势,包括产品、技术、品牌、成本、渠道等方面的优势,以及对竞争对手进行分析,找到自己在市场中的定位和优势。④制定战略目标。在明确外部环境、内部资源和竞争优势的基础上,企业需要确定具体的战略目标,包括市场份额、利润率、产品创新等方面的目标。⑤制定战略选择。企业需要根据前面的分析和目标,确定适合自己的战略,包括市场定位、产品发展、成本领先、合作伙伴关系等方面的战略选择。⑥制订具体的战略计划。在确定战略选择后,企业需要制订具体的战略计划,包括市场营销计划、财务计划、组织架构调整等方面。⑦实施和监控。最后,企业需要将战略计划转化为实际行动,并对实施过程进行监控和评估,及时调整战略,以适应市场的需求和变化[1]。这些步骤构成了企业战略的制定过程,通过这个过程,企业可以明确自身的发展方向和目标,提高竞争力,实现长期的可持续发展[2]。

二、商业模式与企业战略的关系

商业模式和企业战略之间存在密切的内在联系,二者相辅相成,共同构成了企业的经营基础和发展框架。具体体现在以下四个方面。①相互支持:商业模式和企业战略相互支持。商业模式是企业如何创造价值和获取利润的逻辑框架,而企业战略则是企业如何在竞争环境中取得竞争优势和实现长期发展的计划和方向;商业模式提供了企业运营的基本逻辑和规则,而企业战略则为商业模式提供了发展方向和目标。②一致性:商业模式和企业战略需要保持一致性,即企业的商业模式应当与其战略目标和竞争优势相匹配,商业模式的选择应当符合企业的战略定位和核心竞争力,以支持企业实现战略目标。③反映关系:商业模式和企业战略的变化通常相互影响,企业战略的调整可能导致商业模式的变化,反之亦然。例如,企业战略的调整可能需要重新思考商业模式的构建和优化,以更好地支持新的战略目标。④适应性:商业模式和企业战略的内在联系还体现在它们对外部环境变化的适应性上,

---

[1] 李天杰:《重庆TJM汽车零部件公司发展战略研究》(硕士学位论文),重庆大学,2008年。

[2] 张亦筑:《新闻媒体的品牌建设与市场竞争策略研究》,载《科学咨询》,2023年第17期,第23-25页。

商业模式和企业战略都需要不断地调整和优化，以适应市场的需求变化、技术的进步、竞争格局的变化等外部环境变化。因此，商业模式和企业战略之间的内在联系使它们在企业经营中有着相辅相成的关系，企业在制定商业模式时，应结合企业战略的选择，以实现企业的长期发展目标。

商业模式可以通过多种方式支持企业战略的实施，以下是一些关键的方式。①支持核心竞争优势。商业模式应当有利于支持企业的核心竞争优势，确保企业能够在市场中获得持续的竞争优势，商业模式的设计应当有利于提升企业的产品、服务、成本等方面的竞争力，以支持企业战略的实施。②创造价值和获取利润。商业模式应当能够有效地创造价值并获取利润，以支持企业战略的实施，商业模式需要清晰地定义企业的价值主张、客户群体、收入来源、成本结构等要素，以确保企业能够有效地实现盈利并实现战略目标。③促进资源配置。商业模式可以通过有效的资源配置支持企业战略的实施，商业模式的设计应当有利于企业资源的高效利用，包括人力资源、财务资源、物流资源等，以支持战略目标的实现。④适应市场需求。商业模式应当能够灵活地适应市场需求的变化，支持企业战略的灵活实施，包括产品创新、渠道优化、客户服务等方面。⑤提升竞争力。商业模式应当有利于提升企业的整体竞争力，支持企业在市场中取得优势地位，提升企业的品牌影响力、市场份额、客户忠诚度等方面。通过以上方式的支持，商业模式可以有效地支持企业战略的实施，确保企业能够在市场中持续具有竞争优势，并实现可持续发展。

企业战略对商业模式的设计和调整有着重要的影响，具体包括以下几个方面。①客户定位和价值主张。企业战略的不同将直接影响客户定位和价值主张的选择，不同的战略目标可能需要不同的客户群体和提供不同的价值主张，因此，企业战略的变化可能需要商业模式的相应调整，以确保能够满足新的客户需求和提供新的价值主张。②收入来源和成本结构。企业战略的不同会影响企业的收入来源和成本结构，例如，如果企业战略是通过产品创新来获取市场份额，那么可能需要调整商业模式以支持这一目标，包括产品定价、销售渠道、营销策略等方面的调整。③合作伙伴关系和价值链配置。企业战略的不同将影响企业与合作伙伴的关系和价值链的配置，不同的战略目标可能需要不同的合作伙伴关系和价值链配置，因此，商业模式可能需要相应进行调整，以支持新的合作伙伴关系和价值链配置。④技术和创新驱动。企业战略的不同可能需要不同的技术和创新驱动，商业模式应能支持这些技术和创新，包括研发投入、知识产权保护、产品推广等方面的调整。⑤市场扩张和国际化。企业战略的不同可能需要不同的市场推广和国际化策略，商业模式应能支持这些策略,包括渠道拓展、品牌建设、跨国运营等方面。因此,企业战略的变化会直接影响商业模式的设计和调整,企业需要根据战略目标的变化来调整商业模式,以确保商业模式能够有效地支持企业战略的实施,并实现长期的竞争优势和可持续发展。

三、商业模式的影响因素

行业特性对商业模式有着重要的影响,以下是一些常见的影响商业模式的行业特性。①竞争格局。不同行业的竞争格局各不相同,有的行业竞争激烈,有的行业竞争相对较弱,竞争格局将直接影响企业的商业模式设计,激烈竞争的行业可能更需要注重成本控制和差异化竞争,而竞争相对较弱的行业可能更需要注重市场份额和渠道拓展。②技术创新程度。技术创新程度高的行业通常需要不断进行产品研发和创新,其商业模式可能更加注重技术投入和知识产权保护,而技术创新程度较低的行业可能更注重成本控制和市场推广。③供应链特点。不同行业的供应链特点各异,有的行业供应链较长且复杂,有的行业供应链相对简单,供应链特点将直接影响企业的物流和库存管理,因此对商业模式的设计有着重要影响。④法规政策。不同行业受到的法规政策影响各不相同,有的行业受到较多的监管和政策限制,有的行业则相对自由,法规政策会直接影响企业的商业模式设计,需要在商业模式中充分考虑法规政策的合规性。⑤消费者行为。不同行业的消费者行为各不相同,有的行业消费者更加注重品牌和服务体验,有的行业则更注重价格和功能,因此,企业在设计商业模式时需要充分考虑消费者行为的特点。⑥市场规模和增长率。不同行业的市场规模和增长率各异,市场规模和增长率将直接影响企业的市场定位和市场扩张策略,因此对商业模式的设计有着重要影响。因此,行业特性对商业模式有着重要的影响,企业在设计和调整商业模式时需要充分考虑行业特性,以确保商业模式能够有效地支持企业的战略目标,并在市场中取得持续的竞争优势。

市场需求和竞争对商业模式有着深远的影响,包括以下四个方面。①市场需求影响。市场需求的变化直接影响企业的产品和服务定位,因此对商业模式有着重要的影响。如果市场需求趋向个性化和定制化,企业可能需要调整商业模式以满足这种需求,比如强调产品差异化和定制化服务。市场需求的季节性和周期性变化也会影响企业的销售策略和库存管理,因此需要在商业模式中充分考虑这些特点。②竞争影响。市场竞争的激烈程度将直接影响企业的定价策略、市场推广和渠道选择。在竞争激烈的市场中,企业可能需要通过价格战或者提供更优质的产品和服务来获得竞争优势,因此商业模式可能需要更加注重成本控制和市场推广,而在竞争相对较弱的市场中,企业可能要更注重产品创新和品牌建设,因此商业模式可能更加注重研发投入和渠道拓展。③新兴需求和新市场影响。新兴需求和新市场的出现可能需要企业调整商业模式以满足这些新的需求,例如,随着新技术的发展,企业需要及时调整商业模式以抓住新的机遇。④地域性差异影响。市场需求和竞争在不同地域之间可能存在差异,企业需要根据不同地域的特点来调整商业模式,以更好地满足当地的需求和竞争环境。因此,市场需求和竞争对商业模式有着重要的影响,企业在设计和调整商业模式时需要充分考虑其特点,以确保商业模式能够有效地支持企业的战略目标,并在市场中取得持续的竞争优势。

技术创新对商业模式有着深远的影响,以下是它对商业模式的具体影响。①产品和服务创新。技术创新可以带来产品和服务的创新,从而改变企业的商业模式,新技术的应用可以使企业推出全新的产品或服务,也可以改善现有产品或服务的性能和功能,从而影响企业的市场定位和竞争策略[①]。②生产和运营效率。技术创新可以提高生产和运营效率,降低成本,加快交付速度,提高产品质量,从而影响企业的商业模式。例如,自动化生产线、物联网技术和大数据分析等技术的应用,可以使企业实现智能制造和精细化管理,从而改变企业的生产和运营模式[②]。③渠道和销售模式。技术创新可以改变企业的销售渠道和模式,例如电子商务、社交媒体营销、移动支付等新技术的应用,可以使企业拓展新的销售渠道,改变传统的销售模式,更好地满足消费者的购物需求。④用户体验和互动方式。技术创新可以改善用户体验和互动方式,例如虚拟现实、增强现实、人工智能等技术的应用,可以为用户提供全新的体验和互动方式,从而影响企业的产品设计和服务交付模式。⑤数据驱动商业模式。技术创新使得企业可以更好地收集、分析和利用数据,从而实现数据驱动的商业模式,例如,通过大数据分析和人工智能技术,可以更好地理解消费者需求,优化产品设计和市场推广策略。因此,技术创新对商业模式有着重要的影响,企业在设计和调整商业模式时,需要充分考虑技术创新的趋势和影响,以确保商业模式能够有效地支持企业的战略目标。

---

① 张力:《中国新能源汽车商业模式创新以及路径演化研究:社会技术系统视角》(博士学位论文),北京交通大学,2020年。

② 赵晏瑜、李雯晴:《基于成本与收益的皮革企业数字化转型研究》,载《西部皮革》,2023年第45卷第20期,第9-11页。

四、商业模式创新与企业战略调整

商业模式创新的重要性体现在以下几个方面。①突破竞争壁垒。商业模式创新可以帮助企业突破传统的竞争壁垒，创造全新的市场空间，通过重新定义价值主张、收入来源、客户群体和运营模式，企业可以打破传统的竞争格局，获得竞争优势。②提升客户体验。商业模式创新可以帮助企业更好地理解和满足客户需求，提升客户体验。通过创新的商业模式，企业可以提供更具吸引力的产品和服务，改善交互体验，提升客户忠诚度。③适应市场变化。商业模式创新可以使企业更加灵活地适应市场的变化，随着技术、消费习惯和竞争格局的变化，传统的商业模式可能无法满足新的市场需求，而商业模式创新可以使企业更好地应对市场变化，保持竞争力。④创造增长机会。商业模式创新可以帮助企业发现新的增长机会，通过创新的商业模式，企业可以拓展新的市场，开发新的产品和服务，实现持续的增长。⑤提高盈利能力。商业模式创新可以帮助企业提高盈利能力，通过重新设计商业模式，企业可以降低成本、提高效率、优化利润结构、提高盈利能力。综上所述，商业模式创新对企业的发展至关重要，可以帮助企业适应市场变化，提升竞争力，创造增长机会，提高盈利能力，实现可持续发展。因此，企业应该重视商业模式创新，以保持竞争优势并实现长期成功。

企业战略调整与商业模式创新之间存在着密切的关系，二者相辅相成，相互影响，其关系体现在以下几个方面。①商业模式创新支持战略实施。企业战略通常包括目标、范围和资源配置等方面的决策，商业模式创新可以帮助企业在实施战略时更好地利用资源，扩大市场范围，实现战略目标，商业模式的创新可以使企业更有竞争力，更好地实施战略。②战略调整促进商业模式创新。企业在进行战略调整时，可能需要重新审视自身的商业模式，以确保商业模式能够支持新的战略目标，战略调整可能需要企业改变市场定位、产品组合、客户群体等方面，这就需要对商业模式进行调整和创新。③商业模式创新推动战略转型。当企业面临市场变化、技术进步或竞争压力时，可能需要进行战略转型，商业模式创新可以成为战略转型的关键驱动力，帮助企业发现新的增长机会，适应新的市场环境，实现战略转型。④战略目标指导商业模式创新。企业的战略目标对商业模式创新起着指导作用，企业在进行商业模式创新时，需要确保新的商业模式能够支持其实现战略目标，创造价值并提升竞争力。因此，企业战略调整和商业模式创新是相辅相成的，二者需要相互配合，以确保企业能够适应市场变化，实现战略目标，并保持竞争优势，企业在进行战略调整和商业模式创新时，需要综合考虑二者之间的关系，确保它们相互支持，相互促进，以实现企业的长期成功。

课堂活动

分析怎样的商业模式有助于初创企业实现正向的现金流

教师就熟知的创业案例，分析怎样的商业模式有助于初创企业实现正向的现金流，也可以通过商业模式没有帮助初创企业实现正向的现金流的案例，分析其给创业者带来的困难。

第三节 商业模式因果关系链条的分解

课前思考

（1）价值创造环节：企业是如何创造价值的，产品或服务的特点是什么，如何满足客户的需求，以及客户为什么愿意购买这个产品或服务。

（2）价值交付环节：产品或服务是如何被传递给客户的，渠道和合作伙伴的作用是什么，企业如何确保产品或服务能够被精准地提供给客户。

（3）价值获取环节：企业如何通过产品或服务获取利润，盈利模式是什么，如何确保客户支付的价格与产品或服务的价值相匹配。

（4）成本结构和资源配置：企业的主要成本是什么，如何降低成本、提高效益，以及企业需要哪些关键资源和关键活动来支持商业模式的实现。

（5）客户关系和关键合作伙伴：企业如何与客户建立良好的关系，以及是否需要通过与其他企业或机构合作来实现商业模式。

一、价值主张

产品或服务的特点是指其在性能、功能、外观、品质等方面的特性，以下是一些产品或服务可能具备的特点。①功能性特点。产品或服务所具备的实际功能，例如一款手机可以具有通话、短信、上网、拍照等功能，一家餐厅的服务可以包括用餐、外卖、预订等。②性能特点。产品或服务在使用过程中的性能表现，比如一款汽车的加速性能、燃油经济性等，一个软件的运行速度、稳定性等。③外观特点。产品或服务的外观设计、包装等方面的特性，比如时尚的服装、精美的包装设计、优雅的店面装修等。④品质特点。产品或服务的质量水平，包括材料选择、制造工艺、服务态度等，例如高品质的原材料、精湛的工艺、专业的售后服务等。⑤定制化特点。产品或服能够根据客户的个性化需求进行定制,例如定制礼品、私人定制的服务等。⑥创新性特点。产品或服务的创新性,即现有产品或服务的新颖之处,例如新颖的功能设计、独特的服务模式等。这些特点可以帮助企业区分自己的产品或服务,并满足客户的需求,企业可以通过产品或服务的特点来建立自己的独特卖点,从而在市场上获得竞争优势。

产品或服务的独特卖点(Unique Selling Proposition, USP)是指企业相对于竞争对手的独特优势,即企业在市场上的差异化竞争优势。USP可以帮助企业在激烈的市场竞争中脱颖而出,吸引客户并提高销售额。以下是一些常见的产品或服务的独特卖点。①创新性。产品或服务具有独特的功能或设计,能够满足客户对新颖性和独特性的需求。②性能优势。产品或服务在性能上具有明显的优势,例如,更高的速度、更长的寿命、更高的效率等。③价格优势。产品或服务以更低的价格提供相同或更好的价值,吸引对价格敏感的客户。④品质保证。产品或服务具有高品质的保证,例如,优质的原材料、精湛的工艺、专业的售后服务等。⑤个性化定制。产品或服务能够根据客户的个性化需求进行定制,提供个性化的体验。⑥独特的用户体验。产品或服务提供与众不同的用户体验,例如,独特的服务流程、个性化的服务等。⑦社会责任。产品或服务与社会责任相关,例如环保、公益慈善等,吸引关注社会责任的客户。企业可以通过明确自己产品或服务的独特卖点,更好地与目标客户群体进行沟通,并在市场上建立自己的品牌形象和竞争优势。

产品或服务对客户的核心价值是指它们能够为客户提供的最重要、最基本的利益或满足的需求,这些价值通常与客户的需求、期望和目标密切相关,而产品或服务则通过满足这些需求来创造价值。以下是一些产品或服务可能为客户提供的核心价值。①解决问题和满足需求。产品或服务能够解决客户的实际问题或满足其需求,帮助客户解决困难或达成目标。②提高效率和节约时间。产品或服务能够帮助客户提高工作效率,节约时间和精力,让客户更加高效地完成任务。③提供愉悦体验。产品或服务能够为客户提供愉悦的购物、使用或服务体验,增加客户的快乐感和满足感。④节约成本和资源。产品或服务能够帮助客户节约成本和资源,例如,降低生活成本或提高资源利用效率。⑤提供安全感和保障。产品或服务能够为客户提供安全感和售后保障,让客户感到安心和放心。⑥提供社会认同感和尊重。产品或服务能够让客户感到受到社会的认同和尊重,提升客户的社会地位和形象。产品或服务对客户的核心价值是企业在设计和推广产品或服务时需要考虑的重要因素,企业可以通过深入了解客户的需求和价值观,提供更加符合客户核心需求的产品或服务,从而赢得客户的信赖和忠诚。

二、客户细分

(一)客户细分的标准

客户细分通常是基于客户的特征、需求、行为和偏好等因素而进行的分类过程,以下是一些常见的客户细分的标准[①]。①人口统计特征。客户细分可以基于人口统计特征,如年龄、性别、地理位置、家庭收入、教育程度等,这些特征可以帮助企业更好地了解客户的基本特征和生活背景,从而更好地满足他们的需求。②行为特征。不同客户细分可以基于客户的购买行为、消费习惯、品牌偏好等行为特征,这有助于企业了解客户的消费习惯和购买动机,从而更好地定制营销策略和产品设计。③需求特征。客户细分可以基于客户的需求和问题,例如待解决的问题或需求的紧迫性,这有助于企业为不同细分的客户提供更加贴合其需求的产品或服务。④价值观和偏好。客户细分可以基于客户的价值观、兴趣爱好、生活方式等特征,这有助于企业更好地了解客户的价值观和偏好,从而提供更具个性化的产品或服务。⑤忠诚度和购买频率。客户细分可以基于客户的忠诚度和购买频率,例如新客户、忠诚客户、沉睡客户等,这有助于企业设计针对不同客户群体的客户关系管理策略。客户细分的标准可以帮助企业更好地了解客户群体,为客户提供更加个性化的产品或服务,并针对不同细分的客户群体制定相应的营销和销售策略[②]。

(二)不同客户的需求和偏好

不同客户的需求和偏好因客户群体的特征和行为而异,以下是影响客户需求和偏好的常见因素。①年龄和生活阶段。不同年龄段和生活阶段的客户可能有不同的需求和偏好,例如,年轻人可能更倾向于追求新潮的产品和体验,而老年人可能更注重产品的实用性和舒适性。②收入和购买力。收入较高的客户可能更倾向于高端、奢侈品牌的产品或服务,而收入较低的客户可能更注重产品的性价比和实惠性。③地理位置和文化背景。不同地理位置和文化背景的客户可能有不同的需求和偏好,例如,东方文化和西方文化的消费习惯和价值观可能存在较大差异,需要针对性地设计产品和营销策略。

---

① 张立肖:《基于社会网络分析的电信市场网络复杂性分析及客户细分研究》(硕士学位论文),河北工业大学,2014年;朱幸燕:《基于消费行为认知的电信企业客户细分方法研究》(硕士学位论文),华南理工大学,2011年。

② 余洋:《移动数据集市及基于CRM系统的数据挖掘分析与设计》(硕士学位论文),电子科技大学,2014年。

④购买动机和行为。不同客户可能有不同的购买动机和行为，有的客户更注重产品的功能和性能，有的客户更看重品牌形象和社交效应，还有的客户更关注产品的环保和社会责任。⑤偏好和兴趣爱好。不同客户可能有不同的兴趣爱好和使用偏好，例如，有的客户可能喜欢户外运动和冒险体验，有的客户更喜欢宅在家里享受舒适的生活。不同客户的需求和偏好是企业进行产品设计、营销策略和服务定制时需要重点考虑的因素。了解不同客户群体的需求和偏好，有助于企业提供更加符合客户期望的产品或服务，提高客户满意度和忠诚度。

（三）不同客户的购买力和忠诚度

不同客户的购买力和忠诚度是企业营销策略中非常重要的考量因素，以下是一些常见的不同客户的购买力和忠诚度的细分[1]。①高购买力和高忠诚度客户。这类客户通常是企业的核心客户群体，他们拥有较高的购买力，愿意花费较多的金钱购买产品或服务，并且对品牌或企业具有较高的忠诚度，他们通常是企业的长期合作伙伴，对企业的产品或服务有较高的信赖度。②高购买力和低忠诚度客户。这类客户拥有较高的购买力，但对品牌或企业的忠诚度较低，他们可能更加注重产品的性能和价格，对不同品牌和产品持开放态度，更容易受到竞争对手的吸引。③低购买力和高忠诚度客户。这类客户购买力较低，但对品牌或企业有较高的忠诚度，他们可能是因为对品牌的情感认同或者企业的社会责任感而选择持续购买，尽管购买力有限，但可以通过长期、稳定的消费为企业带来一定的稳定收入。④低购买力和低忠诚度客户。这类客户购买力有限，对品牌或企业的忠诚度也较低，他们可能更加注重产品的价格和实惠性，对不同品牌和产品持开放态度，更容易受到低价和促销活动的吸引。了解不同客户的购买力和忠诚度特点，有助于企业制定有针对性的营销策略和客户关系管理策略。对于高购买力和高忠诚度客户，企业可以重点关注并提供更高端的产品或服务，同时加强客户关系维护和忠诚度提升；对于其他类型的客户，企业可以根据其特点设计相应的营销策略，以提高他们的购买意愿和忠诚度。

三、渠道

（一）产品销售渠道

产品销售渠道是指企业将产品或服务输送到最终客户手中的途径和方

---

[1] 尤佳：《商业智能的电商应用研究：以YPY油画公司精准营销为例》（硕士学位论文），厦门大学，2020年。

式，不同的产品和服务可能适合不同的销售渠道，以下是一些常见的产品销售渠道。①零售店和专卖店。这是最传统的销售渠道，产品通过零售店和专卖店，直接销售给最终客户，这种销售渠道适用于各种日常消费品、服装、家居用品等。②电子商务平台。随着互联网的发展，越来越多的产品通过电子商务平台进行销售，例如亚马逊、淘宝、京东等，这种销售渠道可以覆盖全国甚至全球的客户，适用于各种商品和服务。③批发和分销。即产品通过批发商和分销商进行销售，最终由零售商销售给客户。这种销售渠道适用于一些大宗商品、原材料等。④直销。由企业的销售团队直接向客户销售产品或服务，例如保险、化妆品等，这种销售渠道可以更好地与客户建立联系，提供个性化的销售和服务。⑤代理商和经销商。即产品通过代理商和经销商进行销售，这种销售渠道适用于一些特殊行业和产品，例如汽车、工业设备等。企业需要根据产品的特点、客户需求和市场环境选择合适的销售渠道，同时也可以采取多种渠道并行的方式，以覆盖更多的客户群体。在选择销售渠道时，还需要考虑其成本、效益、管理和风险等因素。

（二）市场推广渠道

市场推广渠道是企业用来传播产品或服务信息，吸引客户，提高品牌知名度和销量的途径和方式。以下是一些常见的市场推广渠道。①广告。包括电视广告、广播广告、报纸杂志广告、户外广告、互联网广告等。广告是最传统的市场推广方式之一，可以覆盖大范围的受众，提高品牌曝光度。②数字营销。包括搜索引擎优化（Search Engine Optimization，SEO）、搜索引擎营销（Search Engine Marketing，SEM）、社交媒体营销、内容营销等。随着互联网的发展，数字营销成为越来越重要的推广渠道，可以更精准地定位目标客户，并实时评估和调整推广效果。③促销活动。包括打折、赠品、特价促销、满减活动等。促销活动可以刺激客户购买欲望，提高销售额。④公关活动。包括新闻发布会、赞助活动、公益活动等。公关活动有助于提高品牌形象、增加品牌曝光度，塑造企业的社会责任形象。⑤事件营销。包括举办展会、研讨会、产品发布会等，通过举办各种活动，可以直接接触客户，展示产品特点，提高品牌认知度。⑥口碑营销。通过客户的口口相传，在社交媒体上评论和分享等方式，传播产品或服务的信息，口碑营销具有较高的可信度，能够为企业带来良好的口碑和更多忠诚客户。企业需要根据产品特点、目标客户群体和市场环境选择合适的市场推广渠道，结合多种渠道以达到最佳的推广效果，同时，还需要不断地对推广效果进行监测和评估，及时调整推广策略，以提高推广效果并降低成本。

（三）客户服务渠道

客户服务渠道是企业为提供客户支持和解决问题而设立的途径和方式。以下是一些常见的客户服务渠道。①电话支持。客户可以通过企业提供的客服热线或服务电话与客户服务人员进行沟通，咨询问题或寻求帮助。②电子邮件。客户可以通过发送电子邮件的方式向企业提出问题、投诉或建议，企业可以通过电子邮件回复客户并解决问题。③在线聊天。企业可以在其网站或应用程序中设置在线聊天功能，客户可以通过在线聊天与客服人员实时沟通，解决问题或获取帮助。④社交媒体。客户可以通过企业在社交媒体平台上的官方账号提出问题或反馈意见，企业可以通过社交媒体回复客户并解决问题。⑤自助服务。企业可以提供在线帮助中心、常见问题解答（FAQ）页面、视频教程等自助服务方式，让客户自行解决问题。⑥实体店铺。对于零售业等实体店铺，客户可以直接到店内寻求帮助、咨询或退换货等服务。⑦移动应用程序。企业可以通过移动应用程序提供客户服务支持，客户可以在应用程序中提交问题或寻求帮助。企业需要根据客户需求、产品特点和市场环境选择合适的客户服务渠道，并确保在各种渠道上提供一致的高质量客户服务体验，同时，还需要建立客户服务团队，进行专业的培训，以确保客户服务的高效和质量。

四、收入来源

企业的主要收入来源根据其所处的行业和经营模式而有所不同。以下是一些常见的企业收入来源。①产品销售。对于制造业和零售业等领域的企业，产品销售通常是其主要的收入来源，包括销售实体产品或数字化产品（如软件、游戏等）。②服务收费。还有一些企业主要通过提供各种收费服务来获取收入，例如咨询服务、技术支持、培训等。③订阅模式。许多企业采用订阅模式，客户每月或每年支付一定费用以获取服务或产品的使用权限。④广告收入。一些媒体公司、社交媒体平台和在线内容提供商通过发布广告获取收入。⑤版权和特许经营费用。企业可以通过授予他人使用其品牌、专利、商标或特许经营权来获取版权和特许经营费用。⑥物业租金。房地产业主通过出租物业来获取租金收入。⑦利息和投资收益。金融机构和投资公司通过向客户提供贷款、投资和理财服务来获取利息和投资收益。

企业可能会结合多种收入来源，并根据市场需求、竞争情况和战略目标来选择适合自身的主要收入来源。不同企业的收入来源和其贡献比例会因行业、规模和经营模式的不同而有所差异，以下是一些常见行业的收入来源的贡献比例。①制造业。在制造业中,产品销售通常是主要的收入来源,占据较大比例,如果企业提供售后服务,服务收费也可能占一定比例。②软件和科技公司。许多软件和科技公司主要依靠订阅模式来获取收入,因此订阅收入可能占据较大比例,一些公司还可能通过广告收入或数据许可费用获取收入。③零售业。零售业通常依赖产品销售获取收入,但一些零售商可能通过会员计划或订阅模式来增加收费服务的贡献比例。④媒体和广告公司。媒体和广告公司的收入主要来自广告收入,而一些公司也可能通过特许经营费用或内容订阅获取收入。⑤金融机构。金融机构主要通过利息和投资收益获取收入,但一些金融机构也会提供咨询服务并收取服务费用。具体的收入来源贡献比例会根据企业的经营策略、市场地位和竞争环境而有所不同,企业通常会根据其战略目标和盈利模式来优化不同收入来源的贡献比例,以实现更稳定和可持续的盈利。

收入来源的发展趋势受到市场、技术和消费者行为等多种因素的影响。以下是一些普遍的收入来源的发展趋势。①订阅模式。许多行业都在向订阅模式转变,例如软件、媒体、内容提供商和零售业,消费者更倾向于按需付费,而企业也希望建立可持续的长期收入流。②服务化。许多企业开始将重点从产品销售转向服务销售,例如汽车制造商提供的车辆订阅服务、设备制造商提供的设备租赁服务等,这种模式可以为企业带来更稳定和可预测的收入。③数据驱动的收入。随着大数据和人工智能技术的发展,许多企业开始利用数据来创造新的收入来源,例如通过数据许可费用、个性化广告等方式。④社交化和共享经济。社交媒体平台、共享经济平台和社区市场等新兴模式也为企业提供了新的收入来源,例如广告收入、交易佣金、会员费等。⑤绿色和可持续收入。随着可持续发展理念的普及,一些企业开始通过环保产品销售、碳排放权交易等方式创造新的收入来源。⑥金融科技和数字化支付。金融科技的发展促进了数字化支付和金融服务的创新,企业可以通过提供支付解决方案、借贷服务等方式创造新的收入来源。

总的来说,收入来源的发展趋势将继续受到技术创新、消费者需求和市场竞争的影响,企业需要密切关注这些趋势,并灵活调整自身的盈利模式,以适应不断变化的市场环境。

五、成本结构

企业的主要成本结构会因行业和经营模式的不同而有所差异,以下是一般情况下企业可能面临的主要成本项目。①生产成本。对于制造业和实体产品销售型企业，主要成本通常包括原材料采购成本、生产设备折旧和维护成本、人工成本等。②人力资源成本。包括员工工资、福利、培训等。③销售和营销成本。包括广告宣传费用、促销费用、销售人员薪酬和奖金等。④研发和创新成本。对于科技公司和创新型企业，研发成本可能是一项重要的成本。⑤物流和运输成本。包括货物运输、仓储费用等。⑥租赁成本。包括办公场地租金、设备租赁费用等。⑦管理和行政成本。包括管理人员薪酬、行政支出等。⑧资本成本。企业为了筹集资金可能需要支付利息、股息等。⑨折旧和摊销。固定资产的折旧和无形资产的摊销费用。⑩税费。企业需要缴纳各种税费，如所得税、增值税等。这些成本的重要性和比例会因行业、企业规模和经营策略的不同而有所差异，企业需要对这些成本进行合理的管理和控制，以确保盈利能力和可持续发展。

固定成本和变动成本的比例会因行业、企业规模和经营模式的不同而有所差异。一般来说，固定成本和变动成本的比例可以通过成本结构来反映。固定成本是不随产量或销售额的变化而变化的成本，如租金、折旧、管理人员薪酬等。变动成本是随着产量或销售额的变化而相应变化的成本，如原材料采购成本、直接人工成本等。在一些行业，如制造业和基础设施行业，固定成本可能会占较大比例，这是因为这些行业通常需要大量的资金投入和固定设施，例如生产线、设备等。相应地，变动成本在这些行业中可能占较小的比例。而在一些服务型行业，如咨询、软件开发等，固定成本可能相对较低，而变动成本可能占较大的比例，这是因为这些行业的主要成本通常是人力资源和项目开发的成本，这些成本随着业务量的增加而增加。需要注意的是，企业的成本结构可能随着时间和经营策略的变化而有所变化，企业需要根据自身的情况合理管理固定成本和变动成本，以提高经营效率和盈利能力。

成本的关键驱动因素是影响企业成本结构的因素，这些因素可以帮助企业理解成本的来源，从而采取相应的管理措施来控制成本并提高盈利能力。以下是一些常见的成本的关键驱动因素[①]。①产量/销售额。产量或销售额的增加通常会导致变动成本的增加，但固定成本的分摊会减少，从而降低单位成本。②原材料价格。原材料价格的波动会直接影响生产成本，企业需要密切关注原材料市场的变化并采取相应的采购策略。③劳动力成本。劳动力成本的增加会直接影响生产成本，因此管理人员需要合理安排员工的工作时间

---

① 刘宏生：《浅谈监理行业财务预测与财务分析》，载《南北桥》，2023年第17期，第4-6页。

和工资福利待遇。④生产效率。提高生产效率可以降低单位生产成本，通过改进生产流程、引入新技术和设备等方式来提高效率。⑤折旧和摊销。固定资产的折旧和无形资产的摊销费用取决于资产的价值和使用寿命[①]。⑥运营规模。企业规模的扩大通常可以带来规模效益，从而降低单位成本。⑦管理控制。有效的成本控制和管理可以帮助企业减少浪费和不必要的支出，从而降低成本。⑧技术创新。引入新技术和创新可以改变生产方式和成本结构，提高生产效率和降低成本。了解和控制这些成本的关键驱动因素对企业管理者来说非常重要，可以帮助他们制定合理的成本控制策略，优化成本结构，提高企业的竞争力和盈利能力。

六、关键合作伙伴

合作伙伴的类型多种多样，根据合作的性质和范围，可以分为以下类型。①供应商。企业的原材料、零部件、设备等的提供者，是企业重要的合作伙伴，对企业的生产和运营至关重要。②客户。购买企业产品或服务的个人或组织，是企业生存和发展的基础，与客户的合作关系对企业的销售和市场拓展至关重要。③分销商/代理商。负责企业产品的销售和分销，代表企业在市场上开展销售工作，扩大产品的覆盖范围。④合资企业/合作伙伴。与其他企业合作共同投资或共同开发产品、项目或市场，共同承担成本和风险，实现共同利益。⑤技术合作伙伴。与其他企业或研究机构合作进行技术研发、技术转让或技术共享，共同推动技术创新和产品开发。⑥物流合作伙伴。与物流公司或运输公司合作，共同解决物流和运输问题，提高企业的物流效率和服务质量。⑦金融合作伙伴。与银行、投资机构或其他金融机构合作，获得资金支持、融资服务或投资合作。⑧品牌合作伙伴。与其他知名品牌或企业进行联合营销、联合推广或品牌合作，共同提升品牌形象和市场竞争力。⑨政府/政府机构。与政府或政府机构进行合作，如政府采购、政府项目合作等。以上只是一些常见的合作伙伴类型，实际上根据企业的行业和业务范围，合作伙伴的类型可能会更加丰富和多样化。企业需要根据自身的情况选择合适的合作伙伴，并建立良好的合作关系，以实现互利共赢。

合作伙伴可以为企业带来多方面的价值，以下是一些常见的价值贡献。①资源和能力。合作伙伴可能拥有企业所需的资源和能力，如原材料、技

---

① 王美华：《化工企业财务风险控制和管理对策探讨》，载《中国中小企业》，2023年第9期，第219-221页。

术、人力资源、市场渠道等，可以帮助企业拓展业务范围，提高生产效率，降低成本，提升产品质量和服务水平。②风险共担。合作伙伴可以分担风险，特别是在共同投资项目或开发新产品时，合作伙伴可以降低企业单方面承担风险的压力。③市场拓展。通过合作，企业可以进入新的市场，扩大市场份额，提升品牌知名度，实现市场的互补和共赢。④知识和经验分享。合作伙伴可能拥有丰富的行业知识和经验，可以为企业提供宝贵的指导和建议，帮助企业解决问题，提升管理水平和竞争力。⑤创新和技术支持。合作伙伴能带来新的技术、创新理念和产品设计，促进企业的技术创新和产品升级，提高企业的市场竞争力。⑥品牌合作。与知名品牌或企业合作，可以提升企业的品牌形象和市场认可度，带来更多的市场机会和业务合作。⑦金融支持。金融类合作伙伴可以提供融资支持、投资合作，帮助企业解决资金问题，促进企业的发展和壮大。总之，合作伙伴对企业的价值贡献是多方面的，包括资源、市场、风险、知识、技术、品牌和资金等多个方面。企业需要根据自身的情况选择合适的合作伙伴，并建立良好的合作关系，以实现互利共赢。

合作伙伴的管理和维护对于企业的长期发展至关重要，以下是一些管理和维护合作伙伴关系的关键要点。①选择合适的合作伙伴。企业需要根据自身的战略目标和需求，选择与之相匹配的合作伙伴，包括考虑合作伙伴的资金实力、信誉、市场地位、管理水平等。②建立合作伙伴关系。包括签订合作协议、明确双方的权利和义务、确定合作的具体内容和范围等。③沟通和协调。建立定期的沟通机制，及时了解合作伙伴的需求和意见，解决问题，协调合作计划，保持合作关系的稳定和良好运转。④互利共赢。合作伙伴关系应该是双赢的，双方都应该能够从中获益。企业需要注重平衡双方的利益，避免出现利益冲突和不公平对待的情况。⑤管理风险。合作可能存在一定的风险，企业需要建立风险管理机制，及时发现和解决潜在的问题，降低风险的发生和影响[1]。⑥维护关系。建立良好的合作伙伴关系需要长期的维护和管理，企业需要不断投入资源和精力，保持与合作伙伴的密切联系，建立互相信任和友好的合作氛围。⑦监督和评估。对合作伙伴的表现和效果进行监督和评估，确保合作伙伴能够按照合作协议履行承诺，达到预期的效果。⑧灵活应对变化。市场环境和企业需求可能会发生变化，企业需要灵活应对，及时调整合作伙伴关系，寻求新的合作机会，保持合作伙伴关系的活

---

[1] 吴晓利：《谈新时代背景下的电力企业资金管理与控制》，载《财讯》，2023年第13期，第102-104页。

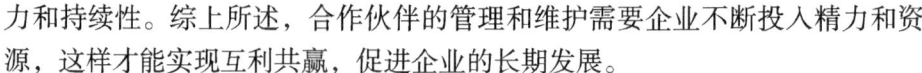

力和持续性。综上所述,合作伙伴的管理和维护需要企业不断投入精力和资源,这样才能实现互利共赢,促进企业的长期发展。

七、主要业务活动

企业的主要业务活动通常取决于其所处的行业和市场定位,以下是一些常见的主要业务活动。①生产制造。包括生产商品或产品,可能涉及原材料采购、生产制造、质量控制等环节。②销售与营销。包括产品销售、市场推广、广告宣传、渠道管理等。③研发与创新。包括新产品研发、技术创新、工艺改进等。④服务提供。包括售后服务、客户支持、维护保养等。⑤供应链管理。包括供应商管理、物流运输、库存管理等。⑥财务与资金管理。包括财务核算、资金管理、投资决策等。⑦人力资源管理。包括招聘、培训、绩效管理、员工福利等。⑧市场调研与分析。包括市场趋势分析、竞争对手研究、消费者行为分析等。⑨合作伙伴关系管理。包括寻找合作伙伴、合作协商、关系维护等。⑩法律合规与风险管理。包括法律事务处理、合规管理、风险评估等。具体业务活动内容会根据企业的行业特点和市场需求而有所不同。企业需要根据自身情况,合理规划和组织这些主要业务活动,以实现企业的战略目标和长期发展。

业务活动的关键性可以从多个方面进行考量。①创造价值。包括直接的经济价值和间接的品牌价值、社会价值等。例如,生产制造活动直接创造产品价值,销售与营销活动直接创造销售收入,而研发与创新活动则可能间接提升产品竞争力和品牌形象。②支撑核心竞争力。某些业务活动可能直接支撑企业的核心竞争力,例如技术创新对于科技公司、品牌营销对于消费品公司等。③风险控制。一些业务活动可能涉及风险控制和合规管理,例如供应链管理中的风险管理、法律合规事务处理等。④客户满意度。与客户直接接触的业务活动,例如销售与营销、售后服务等,直接关系到客户满意度和忠诚度,对于企业的长期发展至关重要。⑤成本效益。一些业务活动可能对企业成本效益有着直接的影响,例如供应链管理中的成本控制、生产制造中的效率提升等。在实际运营中,企业需要根据自身的战略定位和经营特点,合理评估各项业务活动的关键性,并合理分配资源和精力,以确保关键业务活动的顺利开展,从而推动企业的持续发展。

业务活动的效率和效益是企业运营管理中非常重要的指标,直接影响着企业的盈利能力和竞争力,以下是对业务活动效率和效益的解释。①效率。它是指在实现特定目标或完成特定任务时所需的资源投入与产出结果的关系，高效率意味着能够以最少的资源投入获得最大的产出。例如，在生产制造活动中，高效率可能表现为单位时间内生产的产品数量提高、单位成本降低等。②效益。它是指业务活动所带来的经济效果或价值贡献，不同的业务活动可能产生不同类型的效益。例如，销售与营销活动可能带来的效益是销售收入的增加，研发与创新活动可能带来的效益是产品竞争力的提升等。

在实际运营中，企业需要不断优化业务活动，提高其效率和效益，以实现更好的经营绩效和竞争优势，以下是一些提高业务活动效率和效益的方法。①制定科学合理的流程和标准操作程序，提高工作效率和质量；②引入先进的技术和设备，提高生产效率和产品质量；③优化供应链管理，降低仓储成本和物流成本，提高资金周转效率；④加强市场调研和分析，精准把握市场需求，提高产品推广和销售的效率；⑤提高员工素质和技能，激发员工的工作积极性和创造力，提高工作效率和质量；⑥优化资金运作，提高资金利用效率，降低资金成本；⑦强化风险管理和合规管理，降低经营风险，提高企业的稳定性和可持续性。通过不断提高业务活动的效率和效益，企业可以实现资源的最大化利用，促进盈利能力的提升，提高市场竞争力，实现可持续发展。

八、核心资源

企业的核心资源是指那些对企业竞争力和长期发展至关重要的资源，这些资源通常是稀缺、难以模仿或替代的，能够为企业创造独特的竞争优势，核心资源可以包括以下几个方面。①知识产权。包括专利、商标、版权等，代表了企业的创新能力和技术优势，能够为企业带来市场竞争优势。②品牌资产。企业的品牌声誉和知名度是非常宝贵的核心资源，能够吸引客户、建立忠诚度，并为产品或服务赋予附加值。③专有技术。企业拥有的独特技术、工艺或专业知识，能够为产品或服务提供独特的特性或性能。④人力资源。企业的员工团队、管理人才和专业技术人员是企业最重要的核心资源，他们的知识、经验和创造力对企业的发展至关重要。⑤供应链和分销渠道。高效的供应链和稳定的分销渠道是企业的重要资产，能够确保产品供应和市场覆盖。⑥客户关系。良好的客户关系是企业的重要资源，稳固的客户基础能够为企业带来稳定的收入和市场份额。企业需要根据自身的战略定位和竞争环境，合理评估和管理核心资源，保护和加强核心资源的竞争优势，同时不断进行创新和投资，以确保企业的长期竞争力和可持续发展。

重要资源的获取渠道包括以下几种。①互联网。通过搜索引擎、专业网站、社交媒体等渠道获取相关资源信息。②图书馆。借阅图书、期刊、报纸等文献资料，获取相关资源信息。③学术会议。参加学术会议，获取最新的研究成果和进行学术交流。④专业机构。加入相关专业机构，获取行业内的最新资源和信息。⑤专家咨询。与领域内的专家进行交流和咨询，获取专业的资源信息。⑥合作伙伴。与相关行业的合作伙伴建立合作关系，获取资源信息和技术支持。⑦政府部门。获取政府部门发布的相关政策、法规和资讯。⑧数据库。利用各种学术数据库、商业数据库等获取相关资源信息。⑨研究机构。与相关研究机构合作，获取最新的研究成果和资源信息。

资源的可替代性和稀缺性是企业战略规划和资源管理中需要考虑的重要因素。资源的可替代性是企业可以利用替代资源来实现相同的功能或目标。资源的可替代性较高时，企业可以更灵活地选择不同的资源组合来满足需求，降低对某一种资源的过度依赖，相反，如果资源过于可替代，也可能导致资源的价值和稀缺性降低，从而影响企业的竞争优势。资源的稀缺性是某种资源相对于需求的稀缺程度。稀缺资源往往具有更高的价值，因为它们很难获得，或者在一定时间内无法增加供应。企业拥有稀缺资源可以为其带来竞争优势，因为竞争对手很难轻易获取或复制这些资源，然而，稀缺资源也需要谨慎管理，以确保其被最大化利用和持续使用。在战略规划和资源管理中，企业需要综合考虑资源的可替代性和稀缺性，制定合理的资源配置策略。对于可替代性较高的资源，企业可以寻求灵活的替代方案，降低风险；对于稀缺资源，企业需要重点保护和管理，以确保其对企业竞争力的持续贡献，同时，企业还可以通过创新和技术进步来寻求新的稀缺资源，以满足不断变化的市场需求。

课堂活动

评价联想集团两种商业模式的有效性

联想集团创立初期的商业模式是"技—工—贸"，即自己研发技术，生产自有技术产品，销售自有技术产品。但此模式下，联想集团生存艰难。后来，联想集团将商业模式调整为"贸—工—技"，即先代理或销售国外产品；待对国外个人计算机及相关产品熟悉后，再做产品组装；待掌握相关产品技术，再开发具有自主知识产权的技术和产品。通过查阅20世纪90年代初期国内个人计算机市场的情况，教师可以引导学生根据联想集团前后两种商业模式，对"客户价值实现的程度、客户价值实现的可靠性、客户价值实现的效率"进行评价。

第四节　商业模式的类型

课前思考

（1）零售商业模式：零售商购买商品或服务，然后以更高的价格卖给终端客户。这种模式通常涉及库存管理、渠道管理和客户关系管理。

（2）订阅商业模式：客户通过订阅服务或产品，定期支付费用以使用服务或产品。这种模式通常用于定期更新的产品或服务，如杂志、软件等。

（3）平台商业模式：企业提供一个平台，连接供应商和客户，收取平台使用费用。这种模式通常用于在线市场、共享经济平台等。

（4）广告商业模式：企业通过为企业发布广告来获取收入，通常用于为用户免费提供内容或服务的情况下。

（5）许可商业模式：企业通过许可自己的技术、品牌或专利给其他企业使用，获取许可费用。

（6）电子商务商业模式：企业通过互联网销售产品或服务，通常涉及电子支付、物流配送等方面。

（7）增值服务商业模式：企业通过为客户提供增值服务来获取收入，例如提供培训、咨询、定制等服务。

（8）计费商业模式：企业按照客户实际使用服务或产品的数量或时间来收费，例如电信运营商的话费计费模式。

一、非绑定性商业模式

近年来，非绑定性商业模式的概念在商界逐渐普及，这种创新的商业模式彻底改变了公司的运营方式，并为传统商业模式提供了新的视角。在本节，我们将探讨非绑定性商业模式的概念、好处及其对未来商业的潜在影响。

非绑定性商业模式是一种框架，它允许公司在不受严格合同或协议约束的情况下运营，这种方法使企业能够自由探索不同的机会，并适应不断变化的市场环境。传统的商业模式往往需要长期的承诺并具有固定的结构，而非绑定性商业模式则不同，它具有灵活性和适应性，允许企业根据需要转向和调整战略。非绑定性商业模式的主要优势之一是能够快速应对市场变化。在当今快节奏的商业环境中，企业需要适应新趋势和消费者需求，以保持竞争力。非绑定性商业模式使企业能够测试新创意、新产品和新服务，而不必担心被长期承诺所束缚,这种灵活性使企业能够保持领先地位,抓住新出现的机遇。非绑定性商业模式的另一个优势是合作与伙伴关系的潜力,通过在非绑定性框架内运作,企业可以更容易地与其他企业建立战略联盟和合资企业,加强创新,扩大市场覆盖面,为客户提供更多元的产品。非绑定性商业模式营造了一个更加开放和协作的商业环境,企业可以不受固定合同的限制,携手实现共同目标。非绑定性商业模式还能节约成本,提高效率,通过以更加灵活和适应性更强的方式运营,公司可以避免不必要的开支,并简化运营。从长远来看,这可以提高盈利能力,使业务模式更具可持续性。非绑定性商业模式可以降低与长期承诺相关的财务损失风险,因为公司不会被可能过时或无利可图的僵化协议所束缚。非绑定性商业模式对未来商业的潜在影响是巨大的,随着商业格局的不断演变和更具活力,企业需要具备灵活性和适应性,才能茁壮成长。非绑定性商业模式提供了一种新的经营方法,更适合快速变化和不确定的现代社会。

总之,非绑定性商业模式代表了一种全新的创新经营方式。通过提供灵活性、适应性和合作潜力,非绑定性商业模式可以帮助企业保持竞争力,适应不断变化的市场环境,实现长期可持续发展。随着商业世界的不断发展,非绑定性商业模式很可能在塑造商业未来方面发挥越来越重要的作用,企业必须考虑非绑定性商业模式的潜在益处,并探索如何将其融入企业运营。

二、长尾商业模式

在数字时代,专注于最受欢迎的产品或服务的传统商业模式正受到一种被称为"长尾商业模式"的新方法的挑战。克里斯·安德森(Chris Anderson)在其著作《长尾:为什么商业的未来是"少卖多得"》(*The Long Tail: Why the Future of Business Is Selling Less of More*)中推广了这一模式,并认为企业可以通过向更小规模但更多样化的客户群提供各种利基产品或服务来获得成功。

长尾商业模式的基础是,互联网从根本上改变了消费者发现和购买商品和服务的方式。过去,企业专注于销售数量有限、满足大众市场的主流产品或服务。然而,随着电子商务和在线市场的兴起,消费者现在可以获得几乎无限的产品和服务选择。这导致其消费行为发生转变,许多人开始寻找过去可能不容易买到的小众或专业商品。长尾商业模式的主要优势之一,是它允许企业挖掘过去可能被忽视的利基市场的潜力。通过提供种类繁多的产品或服务,企业可以吸引那些具有特定兴趣或需求的客户,而这些兴趣或需求是主流产品无法满足的。这种方式可以提高客户的忠诚度和满意度，以及客户群的多样性和参与度。长尾商业模式的另一个优势是可以增加企业的收入和利润。虽然小众产品或服务的单件销售额可能低于大众产品或服务，但销售各种产品的累积效应可能非常显著。研究表明，对于采用这种模式的企业来说，长尾产品或服务在总体销售额和利润中所占的比重很大。长尾商业模式还能为企业节约成本。通过电子商务和数字营销的力量，企业可以降低与实体零售空间和传统广告相关的成本。这可以使企业以较低的管理费用运营并获得潜在的较高利润率，因此成为对许多公司有吸引力的选择。然而，必须指出的是，长尾商业模式并非没有挑战。主要挑战之一是需要有效的营销和客户获取战略。由于利基产品或服务种类繁多，企业必须找到有效接触目标受众的方法。这可能需要更个性化和更有针对性的营销方法，以及利用数据分析和客户洞察来识别和了解利基客户群。

总之，长尾商业模式是在数字市场上取得成功的一种创新方法。通过提供各种利基产品或服务，企业可以挖掘被忽视的市场潜力，增加收入和盈利能力，并降低成本。虽然实施这种模式会遇到一些挑战，但其潜在的好处使其成为希望在数字时代蓬勃发展的企业的一个有吸引力的选择。随着互联网不断塑造消费者行为，长尾商业模式可能成为企业寻求长期成功的重要战略。

三、多边平台商业模式

多边平台商业模式也被称为双面市场或多面市场，其特点是存在两个或两个以上不同特征的客户群，这些客户群相互依存，并能为彼此创造价值。在本节，我们将探讨多面平台商业模式的复杂性及其对现代企业的影响[1]。

多边平台商业模式的核心是促进不同用户群体之间的互动，从而为所有相关方创造价值。这种模式有多种形式，如连接买卖双方的市场、连接用户和广告商的社交媒体平台，或连接商家和消费者的支付系统。每种情况下，平台都充当着中间人的角色，为这些互动的发生提供必要的基础设施和工具。多边平台商业模式的主要特点之一是存在网络效应。当一个平台的价值因越来越多的用户加入和参与而增加时，就会产生网络效应，并形成正反馈循环。因为增加的用户会吸引更多的用户，从而导致增长的良性循环。例

---

[1] 乔玥：《高校主导型产业技术研究院商业模式研究：以浙江大学××研究院为例》（硕士学位论文），天津大学，2020年。

如，在市场平台上，更多的买家会吸引更多的卖家，反之亦然，从而为所有用户提供更多的产品选择和更好的服务体验。多边平台商业模式的另一个重要方面是需要平衡不同用户群体的利益，由于平台的价值来自这些群体之间的互动，因此，确保每个群体的需求和激励得到满足至关重要。这往往需要对平台的功能、定价和政策进行精心设计，为所有相关方创造一个双赢的局面。数字技术的兴起在促进和加速多边平台商业模式的发展方面发挥了重要作用，互联网和移动设备使不同的用户群体比以往任何时候都更容易相互连接和交易，导致各行各业的平台激增，加速了新商业模式的出现和对传统行业的颠覆，因为平台能够通过促进以前低效或不可能实现的互动来获取价值。

总之，多边平台商业模式已成为数字时代创造价值的一个强大而灵活的框架。通过促进不同用户群体之间的互动和利用网络效应，平台能够创造新的机遇并改变行业。随着社会不断接受这种模式，创业者必须了解其动态和影响，才能在日益互联和平台驱动的经济中茁壮成长。

四、免费商业模式

随着企业在竞争日益激烈的市场中越来越希望吸引和留住客户，免费商业模式的概念获得了极大的关注。这种模式提供免费的基本服务，同时对高级功能或内容收费，已被软件、媒体、游戏和教育等众多行业接受。在本节，我们将探讨免费商业模式的关键要素、优势和挑战，以及成功实施这一战略的最佳实践。

免费商业模式的核心原则是向大众提供免费版本的产品或服务，目的是将其中一部分用户转化为付费用户。通过这种方式，企业可以吸引广泛的用户群，建立品牌知名度，并将自己打造成行业领导者。通过提供免费版本的产品，公司还可以降低潜在客户的准入门槛，使他们更容易试用产品或服务，而无须做出经济承诺。免费模式的主要优势之一是能够促进用户获取和参与。通过提供免费版本的产品，公司可以吸引大量可能不愿意预先支付服务费用的用户，使用户基数大幅增加，为追加销售和交叉销售高级功能或内容提供机会。免费版产品还可以作为一种强大的营销工具，因为满意的用户很可能会向其他人推荐该产品，从而实现有机增长并提高品牌知名度。然而，免费模式也有一些挑战。其中之一是如何在免费产品和高级产品之间找到适当的平衡，公司必须仔细考虑在免费版本中包含哪些功能或内容，确保提供足够的价值来吸引用户，同时也为高端功能的追加销售留出空间。公司还必须注意可能出现的"蚕食"现象，因为有些用户可能满足于免费版本，认为没有必要升级到高级版本。为了成功实施免费商业模式，企业应遵循几项最佳实践。首先，必须进行全面的市场调研，了解目标受众的需求和偏好。这将有助于公司确定对用户最有价值的功能或内容，从而创造出引人注目的免费产品。其次，公司应投资于强大的分析和跟踪工具，以监控用户行为和参与度，从而就免费和高级产品做出以数据为导向的决策。最后，企业应注重提供完善的客户支持，并与用户建立牢固的关系，因为这有助于提高用户留存率，并增加追加销售高级功能的可能性。

总之，免费商业模式为那些希望在竞争激烈的市场中吸引和留住客户的公司提供了一种极具吸引力的战略。通过提供免费版本的产品或服务，企业可以提高用户获取率、参与度和品牌知名度，同时还能为追加销售高级功能创造机会。然而，企业必须仔细考虑与这种模式相关的挑战和最佳实践，才能取得成功。只要方法得当，免费模式可以成为现代商业环境中推动增长和取得成功的有力工具。

五、开放式商业模式

随着企业努力适应瞬息万变、竞争日趋激烈的市场，开放式商业模式的概念备受关注。开放式商业模式是一种设计灵活，适应性强，能满足客户、合作伙伴和其他利益相关者需求的模式。其特点是愿意与他人合作，共享资源和信息，接受新理念和新技术。

开放式商业模式的主要特点之一是强调协作和伙伴关系。过去，许多企业以封闭、孤立的方式运营，对业务和信息严加控制和保护。然而，在当今互联互通的世界里，这种方式已难以为继。相反，企业发现，通过与其他公司、组织和个人合作，可以实现更大的创新、效率和成功。开放式商业模式把资源和信息共享放在首位，开放型企业愿意与他人分享他们的见解、数据和最佳实践，而不是封闭知识和专长。这不仅有利于信息的接收者，也有利于企业本身，因为他们可以从合作伙伴和协作者那里获得宝贵的反馈和见解。开放式商业模式的特点是愿意接受新理念和新技术，例如，与初创企业和企业家合作，采用新兴技术，以及尝试新的商业模式和方法。通过这种做法，企业可以保持领先地位，并在快速发展的市场中保持相关性。开放式商业模式最显著的例子之一就是开源软件的兴起，Red Hat、Mozilla和Canonical等公司围绕开源软件的开发和分发建立了成功的业务，这些软件可供任何人免费使用、修改和分发。这种方法不仅创造了具创新性的高质量软件，而且还培养了一个充满活力和协作精神的开发者和用户社区。开放商业模式的另一个例子是共享经济，它颠覆了交通和住宿等行业的传统经营模式，Uber、Airbnb和Lyft等公司利用技术将用户个人资源（如汽车或空闲房间）与需要资源的人联系起来，为提供者和消费者的互动创造了新的机会。

总之，开放式商业模式代表着企业运营和与周围世界互动方式的重大转变。通过优先考虑协作、共享和创新，开放式企业能够适应不断变化的市场环境，抓住新机遇，为自身及其利益相关者创造价值。随着商业格局的不断演变，开放式企业模式很可能会越来越普遍，从而推动全球经济的进一步创新和增长。

课堂活动

分析以上五种商业模式的优缺点，找出适合自己的商业模式

本节介绍的商业模式类型涵盖了不同的商业运作方式，通过思考不同类型的商业模式，可以帮助理解不同模式的特点、优势和局限性，从而更好地选择和设计适合自己企业的商业模式。

第五节　商业模式的构成与设计方法

课前思考

（1）客户需求分析：思考客户的需求是什么，他们的痛点在哪里，以及如何解决这些痛点。可以通过市场调研、用户访谈等方法来了解客户需求。

（2）价值主张设计：思考如何为客户创造价值，产品或服务的特点是什么，如何能够满足客户的需求并超越竞争对手。可以通过价值主张画布等工具来设计和优化价值主张。

（3）商业模式画布：使用商业模式画布工具，将商业模式的各个要素（价值主张、客户细分、渠道、客户关系、收入来源、关键资源、关键活动、成本结构等）进行梳理和整合，以便全面理解商业模式的逻辑和运作方式[1]。

（4）竞争分析：分析竞争对手的商业模式，了解其优势和劣势，制定差异化竞争策略。

（5）商业模式创新：思考如何创新现有的商业模式，以满足不断变化的

---

[1] 禾文龙：《LK咖啡国内商业模式研究》（硕士学位论文），天津大学，2019年。

市场需求和客户期望。可以通过头脑风暴、设计思维等方法来进行商业模式创新。

（6）商业模式验证：通过实验、原型测试等方法来验证商业模式的可行性和有效性，了解客户对商业模式的反馈和市场的接受程度。

一、商业模式的构成

商业模式的构成通常包括以下几个方面。①价值主张。即企业所提供的产品或服务的价值，以及满足客户需求和解决客户问题的能力。②客户群体。即企业所针对的目标客户群体，包括客户的特征、需求和行为等。③渠道。即企业用来接触、获得和服务客户的渠道，包括销售渠道、营销渠道和分销渠道等。④客户关系。即企业与客户之间建立的关系，包括客户获取、客户保持和客户发展等方面。⑤收入来源。即企业的盈利模式，包括产品销售、订阅收费、广告收入等[①]。⑥关键资源。即企业用来创建和提供价值的关键资源，包括人力资源、物质资源和知识产权等。⑦关键活动。即企业为实现商业模式所需进行的关键活动，包括生产、营销、客户服务等。⑧成本结构。即企业用来支持商业模式的成本结构，包括固定成本、变动成本和间接成本等。企业需要综合考虑以上因素来设计和实施自己的商业模式，以实现商业目标并取得商业成功。大学生参与创业活动、成立自己的公司的趋势日益明显，这些年轻的创业者为商界带来了新的视角和创新理念，他们的创业项目有可能对经济产生重大影响。然而，大学生创业团队要想取得成功，关键是要有一个定义明确、行之有效的商业模式。本节将探讨构成大学生创业团队成功商业模式的关键要素。

价值主张是所有商业模式的核心。它是公司为客户提供的独特价值，也是公司区别于竞争对手的关键。对于大学生创业团队来说，必须明确界定他们要解决的问题，以及他们的产品或服务给市场带来的价值，其形式可以是新技术、更高效的流程或更好的客户体验。价值主张应引人注目，并能满足市场的实际需求。确定目标客户群是商业模式的另一个关键要素。大学生创业团队需要深入了解目标受众及其具体需求和偏好，这可能涉及开展市场调研、调查和访谈，以分析目标客户群的特征。通过了解客户，创业团队可以为他们量身定制产品和服务，更好地满足他们的需求，最终实现成功的创

---

① 万马健：《我国跨境电商的商业模式创新研究》（硕士学位论文），浙江工商大学，2016年。

业。可持续的收入模式对任何企业的长期成功都至关重要。大学生创业团队需要确定产品或服务的创收方式，这可能包括直接销售、订阅模式、广告或许可协议等。创业团队必须仔细考虑他们的收入来源，并确保与他们的价值主张和客户群相一致。合作与伙伴关系往往是企业成功的关键。大学生创业团队应寻找能够帮助他们扩大业务规模、进入更大市场的潜在合作伙伴，包括与其他公司结成战略联盟，与供应商或分销商建立伙伴关系，或与学术机构合作进行研发。通过建立这些重要的合作伙伴关系，创业团队可以借助他人的力量，加速自身的发展和成功。了解企业的成本结构对大学生创业团队至关重要。团队需要仔细考虑开发、生产和交付产品或服务所涉及的费用，既包括租金和工资等固定成本，也包括材料和营销费用等可变成本。通过清楚地了解企业的成本结构，创业团队可以在定价、资源分配和整体财务可持续性方面做出明智的决策。总之，制定一个定义明确的商业模式，创业团队需要仔细考虑价值主张、客户群、收入流、关键合作关系和成本结构，以便为他们的业务打下坚实的基础，并增加他们在竞争激烈的商业世界中取得成功的机会。随着大学生不断推动创新和变革，他们必须了解成功商业模式的组成部分以及如何将其应用于自己的企业。

二、商业模式创新

商业模式创新是指企业通过对现有商业模式的重新构想和重新设计，创造新的价值主张、开发新的客户群体、建立新的渠道、改变收入来源等，从而实现商业增长和取得竞争优势的过程。商业模式创新可以通过以下几种方式实现。

（1）创造性的价值主张。通过创新产品或服务，满足客户新的需求或解决客户新的问题，从而创造新的市场机会。

（2）新的客户群体。开拓新的客户群体，包括不同地理区域、不同年龄层次、不同收入水平的客户，以扩大市场份额。

（3）新的渠道。引入新的销售渠道、营销渠道或分销渠道，以更好地触达客户并提供更便捷的购买体验。

（4）收入来源创新。引入新的收费模式，如订阅制、按需付费等，以提高收入水平。

（5）成本结构优化。通过创新的生产技术、供应链管理等方式，降低成本，提高效率。

商业模式创新能够帮助企业在市场竞争中保持领先地位，创造更大的商业价值，对于企业的长期发展至关重要。大学生参与创业活动的趋势越来越明显，借助大学提供的资源和支持，许多学生开始创办自己的企业。然而，要想在竞争激烈的商业世界中取得成功，大学生创业者必须对商业模式进行创新。

商业模式创新是创造新的创收方式、为客户提供价值以及与竞争对手区分开来的过程，它涉及对传统商业模式的重新思考，以及找到满足市场需求的独特解决方案。对于大学生创业团队来说，商业模式创新是取得长期成功的关键因素。大学生创业团队商业模式创新的关键之一是确定利基市场，由于资源和经验有限，这些团队必须专注于特定的目标受众，并根据他们的需求定制产品或服务。由此，他们可以创造竞争优势，在市场中确立稳固地位。大学生创业团队商业模式创新的另一个重要因素是利用技术，在当今的数字化时代，技术在推动业务增长和提高效率方面发挥着至关重要的作用。通过利用人工智能、区块链或虚拟现实等最新技术，大学生创业团队可以制定有别于传统企业的创新解决方案。大学生创业团队还可以通过商业模式创新探索新的收入来源，包括提供订阅式服务、实施免费模式或与其他企业建立战略合作伙伴关系。通过收入来源的多样化，这些团队可以确保财务的稳定性和长期可持续性。除了这些策略外，大学生创业团队还可以在商业模式创新中采用以客户为中心的方法。通过积极寻求目标受众的反馈，并不断迭代产品或服务，创业团队可以确保他们正在提供价值，并满足客户不断变化的需求。合作和人际网络对于大学生创业团队推动商业模式创新至关重要。通过与行业专业人士、导师和其他创业者建立联系，团队可以获得有价值的见解和资源，帮助他们完善商业模式，加快发展。

总之，商业模式创新对于大学生创业团队在当今竞争激烈的商业环境中茁壮成长至关重要。通过确定利基市场、利用技术、探索新的收入来源、采用以客户为中心的方法以及与他人合作，这些团队可以创建创新和可持续的商业模式，为长期成功奠定基础。

三、商业模式设计方法

商业模式设计是一个系统性的过程，可以借鉴以下方法和工具。

（1）商业模式画布（Business Model Canvas）：由亚历山大·奥斯特瓦尔德提出，这是一个将商业模式要素以图形化方式呈现的工具[①]。它包括价

---

① 刘文召：《物联网背景下HIK公司商业模式创新研究》（硕士学位论文），河北科技大学，2020年。

值主张、客户细分、渠道、客户关系、收入来源、关键资源、关键活动、关键合作伙伴和成本结构等九个要素。通过创建画布模型,企业可以清晰地了解自己的商业模式,并进行优化和创新,以下是商业模式画布的一些特点和用途:①价值主张(Value Proposition)。产品或服务的独特价值,包括解决了什么问题、满足了什么需求,以及为客户创造了哪些价值。②客户细分(Customer Segments)。将客户细分为不同的群体,以便更好地理解他们的需求、习惯和行为。③渠道(Channels)。企业用来与客户沟通和交付价值的方式,包括销售渠道、营销渠道等。④客户关系(Customer Relationships)。建立和维护客户的关系,包括客户获取、客户保持和客户增值等方面。⑤收入来源(Revenue Streams)。企业通过销售产品或提供服务获得收入的方式,包括销售、订阅、广告等。⑥关键资源(Key Resources)。用于支撑业务运营的关键资源,包括人力资源、资金、技术等。⑦关键活动(Key Activities)。支撑业务运营和实现价值主张的关键活动,包括生产、营销、售后服务等[①]。⑧关键合作伙伴(Key Partnerships)。与外部合作伙伴建立的关键合作关系,包括供应商、分销商、合作伙伴等。⑨成本结构(Cost Structure)。企业运营所需的成本,包括固定成本、变动成本等。通过创建画布模型,企业可以更清晰地了解自己的商业模式,发现优化和创新的机会,并与团队成员共享对商业模式的理解,有助于企业更好地评估自身的商业模式,并进行相应的调整和优化[②]。

(2)故事板(Storyboard):这是一个用于讲述商业模式故事的工具,通常用于电影、动画、广告等创意产业中。它由一系列图像或图表组成,用来描述场景、情节和角色动作,以帮助人们更好地理解故事情节。在商业领域,故事板也可以用于描述产品功能、用户体验、市场营销活动等,以下是故事板的一些特点和用途。①视觉化叙事。故事板通过图像和文字结合的方式,将故事情节进行了视觉化呈现,有助于人们更直观地理解和体验故事。②讲述产品故事。在产品设计和营销中,故事板可以用来讲述产品的功能、用户体验和优势,帮助团队和客户更好地理解产品的核心价值。③规划市场活动。在市场营销领域,故事板可以用来规划广告、宣传片、网站页面等活动,帮助团队更好地理解和执行市场活动的内容和流程。④用户体验设计。

---

① 杨春白雪:《臻饰珠宝租售网络平台项目商业计划书》(硕士学位论文),厦门大学,2018年。

② 洪振宇:《移动互联网时代零售业商业模式变革研究》(硕士学位论文),南京财经大学,2014年。

在用户体验设计中,故事板可以用来描述用户的使用场景、情感体验和行为路径,有助于设计团队更好地理解用户需求和行为。⑤创意表达。故事板也可以用来表达创意和构思,帮助团队成员更好地理解和沟通创意想法,促进团队合作和创新。总的来说,故事板是一种非常有用的工具,可以帮助团队更好地理解和沟通故事情节、产品功能、市场活动等内容,促进团队合作和创新。

(3)设计思维(Design Thinking):设计思维是一种以人为本的创新方法,通过深入理解用户需求、快速原型设计和持续迭代,解决复杂问题和创新产品和服务。设计思维强调跨学科的合作、以用户为中心的设计、快速实验和反馈,以及不断迭代和改进的过程,以下是设计思维的一些关键特点和步骤:①以用户为中心。设计思维强调深入理解用户需求和体验,通过观察、访谈和用户测试等方式,确保设计的产品和服务能够真正满足用户的需求和期望。②跨学科合作。设计思维鼓励不同领域的专业人士共同参与创新过程,包括设计师、工程师、市场人员等,以促进多元化的思维和创意的碰撞。③快速原型设计。设计思维倡导快速制作原型,并通过实际的用户测试和反馈来验证和改进设计方案,以减少风险和成本。④持续迭代。设计思维认为创新是一个持续的过程,通过不断的迭代和改进,以及对用户反馈的及时响应,不断提高产品和服务的质量和用户体验。⑤创新思维。设计思维鼓励从不同的角度思考问题,寻找非常规的解决方案,鼓励创新和突破传统思维的边界。设计思维通常包括以下几个步骤:理解问题、定义问题、创造解决方案、原型设计、测试和反馈。这些步骤通常是循环迭代的,以确保最终设计的产品和服务能够真正满足用户需求和提供价值。设计思维已经成为许多创新型企业和组织的重要工具,被广泛应用于产品设计、服务设计、企业创新等领域。

(4)敏捷方法(Agile Methodology):敏捷方法是一种软件开发和项目管理方法,旨在通过灵活、迭代和协作的方式来应对快速变化的需求和环境。敏捷方法强调快速响应客户需求、持续交付高价值的产品和服务、团队合作和自我组织等特点。敏捷方法的核心理念包括以下几点。①迭代开发。敏捷方法强调通过短周期的迭代开发,快速交付部分功能,以便及时获取用户反馈并进行调整。这有助于降低风险,提高适应能力。②用户参与。敏捷方法鼓励用户和利益相关者积极参与,以确保产品和服务真正满足他们的需求,并且能够及时提供反馈。③自组织团队。敏捷方法倡导建立自组织的跨功能团队,团队成员之间合作紧密,能够自主决策和自我管理,以提高工作效率和质量。④持续改进。敏捷方法强调持续改进和学习,通过定期举行回顾会议，总结经验教训，不断优化工作流程和方法。敏捷方法通常采用一些具体的实践方法，比如Scrum、Kanban、极限编程（XP）等，可以更好地实现敏捷开发的理念和目标。在实际应用中，敏捷方法通常会结合团队文化、项目特点和组织环境进行调整和定制，以满足具体的需求。敏捷方法最初是在软件开发领域兴起的，但现在已经被广泛应用于项目管理、产品开发、营销等领域。它的灵活性和迭代的特点使得它能够更好地适应快速变化的市场和需求，成为许多企业和组织的首选方法。

（5）价值网络分析（Value Network Analysis）：价值网络分析是一种用于分析和理解组织内外部价值链的方法，旨在揭示不同利益相关者之间的相互依存关系和价值流动，以更好地理解和优化组织的运作和价值创造过程。价值网络分析通常包括以下几个方面。①利益相关者识别。首先需要识别和理解组织内外部的各种利益相关者，包括供应商、合作伙伴、客户、竞争对手、政府机构等，以及他们之间的关系和互动。②价值流分析。对于每个利益相关者，分析其在整个价值网络中的作用和价值流动，包括资源、信息、资金等方面的交换和流动。③关键节点识别。识别价值网络中的关键节点和关键路径，即对整个网络有重大影响的节点和关系，以便更好地把握整个网络的运作和演化。④创新机会识别。通过对价值网络的分析，发现新的合作机会、创新点和改进空间，以便更好地优化组织的运作和增加价值创造。⑤价值网络分析通常需要借助一些工具和方法来进行，比如系统动力学、网络图分析、价值链分析等，这些工具和方法可以帮助组织更好地理解和管理其内外部的复杂关系，发现潜在的机会和风险，以及制定更好的战略和决策。价值网络分析通常被广泛应用于战略规划、供应链管理、创新管理等领域，以帮助组织更好地理解和应对复杂的商业环境和市场挑战。通过对价值网络的深入分析，组织可以更好地把握商业机会，提高运营效率，增强竞争力。

以上这些方法和工具，可以帮助企业系统性地进行商业模式设计，并不断优化和创新商业模式，以适应市场变化和实现商业目标。

学生尝试设计适合自己的商业模式

教师协助学生理解商业模式设计的思路和方法，并让学生设计适合自己的商业模式。

本章小结

在本章中,我们深入探讨了初创企业商业模式的重要性和设计方法。商业模式是初创企业成功的关键,它决定了企业的盈利模式、价值创造方式和市场定位。在商业模式设计的过程中,创业者需要对市场进行深入的调研和分析,了解用户需求和竞争格局,找到最适合自己企业的商业模式。商业模式设计需要考虑价值主张、客户群体、渠道、客户关系、收入来源、关键资源、关键活动、合作伙伴和成本结构等方面。创业者需要全面考虑这些要素,设计出一个既能够创造用户价值,又能够实现盈利的商业模式。同时,商业模式设计还需要不断进行验证和调整,以适应市场的变化和企业发展的需要。总的来说,商业模式设计是初创企业成功的关键。创业者需要深入了解市场和用户需求,设计出一个切实可行的商业模式。只有不断优化和调整商业模式,才能使企业在激烈的市场竞争中立于不败之地。因此,创业者应该注重商业模式设计,不断完善和优化自己的商业模式,为企业的长期发展奠定坚实的基础。

创业术语

商业模式　商业模式要素　商业模式设计　商业模式评价　商业模式设计方法

牛刀小试

结合本章内容,设计一份访谈提纲,找一家你身边的初创企业进行商业模式分析,要求如下。

(1)分析该企业的商业模式构成。

(2)认真准备和设计商业模式画布,问题可以来自本章的主要知识点,分析该企业商业模式的要素及相互关系。

(3)重点关注该企业商业模式的核心价值主张。

(4)了解商业模式方面的执行情况。在搜集资料时,如进行调研访谈,应做好记录,如果对方允许,最好录音。

(5)实地调研结束后仔细整理信息,对照访谈前你预想的答案,有什么发现?

回顾你分析的商业模式,你觉得该企业的商业模式在哪些地方值得提升?

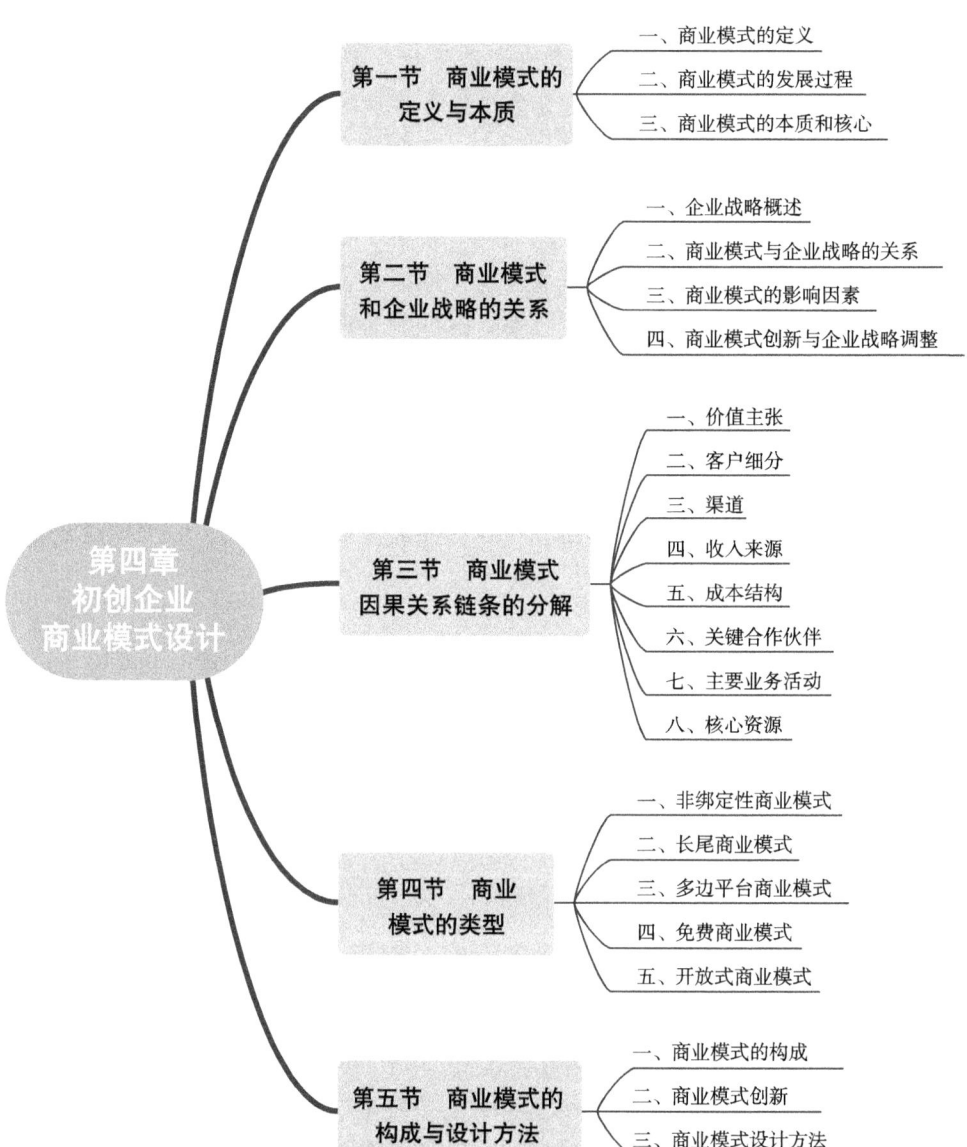

第五章　创业资源

本章提要

通过对本章的学习，了解创业过程中的资源需求和资源获取途径，特别是创造性整合资源的途径，认识创业资金筹募渠道和风险，掌握创业资源管理的技巧和策略。

第一节　创业资源概述

课前思考

（1）人力资源：思考创业过程中需要哪些人才，包括创始团队成员、顾问、合作伙伴等。要考虑如何吸引、培养和留住这些人才，以及如何构建一个高效的团队。

（2）资金资源：思考创业所需的资金规模和来源，包括自有资金、投资、融资、政府补贴等。要考虑如何有效管理和利用资金，以及降低融资风险。

（3）知识和技术资源：思考创业所需的专业知识、技术支持和专利等方面的资源。要考虑如何获取和应用这些资源，以提升产品或服务的竞争力。

（4）网络资源：思考创业过程中需要建立的人际关系、合作伙伴关系和供应链等方面的资源。要考虑如何扩大自己的社交网络，建立有利于创业的合作关系。

（5）物质资源：思考创业所需的办公场地、设备、原材料等物质资源。要考虑如何有效管理和利用这些资源，降低成本，提高效率。

（6）政策和法律资源：思考创业过程中需要遵循的法律法规和可寻求的政策支持等资源。要考虑如何了解相关法律法规，确保创业过程的合法合规。

一、创业资源的内涵与种类

（一）创业资源的内涵

创业资源是指创业过程中可以利用的各种有形和无形的资产、能力和机会。这些资源可以帮助创业者实现创业目标，推动企业的成长和发展。创业资源的内涵包括以下几个方面。①资金资源。资金是创业过程中最基本的资源之一，创业者需要资金来启动企业、购买设备、支付员工工资、开展营销推广等。资金资源可以来自创业者的个人储蓄、家庭支持、天使投资、风险投资、银行贷款等。②人力资源。人力资源是创业过程中重要的资源，创业者需要拥有一支具备专业知识、技能和经验的团队，来共同推动企业的发展。人力资源还包括创业者自身的领导和管理能力，以及团队协作和沟通能力。③知识和技术资源。知识和技术是创业过程中的重要资源，尤其是在科技创业领域，创业者需要具备行业知识、市场洞察力，以及创新的技术和产品，创业者还可以通过专利、技术专长、研发能力等来获取竞争优势。④网络资源。创业者需要建立广泛的人脉关系，以获取资源和支持，良好的人际关系和合作伙伴关系可以为创业者提供商业机会、市场信息、渠道资源等。⑤品牌和声誉资源。品牌和声誉是企业的重要资产，可以为企业带来市场认可和信任，创业者需要通过持续的产品创新、优质的客户服务等手段来打造企业的品牌和声誉。⑥管理资源。创业者需要具备良好的管理能力和资源配置能力，以有效地组织和管理企业的各项资源，推动企业的发展和成长。

（二）创业资源的种类

创业资源可以分为多种类别，以下是一些常见的创业资源种类。①人力资源，包括创业者自身的技能和经验，以及组建团队所需的各种人才，如技术人员、市场营销人员、财务人员等；②资金资源，包括创业者个人的储蓄、家庭支持、天使投资、风险投资、银行贷款等；③知识和技术资源，包括行业知识、专业技能、创新技术、专利、研发能力等；④人际网络资源，包括人脉关系、合作伙伴关系、供应链资源、渠道资源等；⑤品牌和声誉资源，包括企业的品牌价值和声誉，以及客户口碑、用户评价等；⑥管理资源，包括企业管理能力、资源配置能力、组织能力等；⑦时间资源，创业者的时间和精力也是一种重要的资源，需要合理分配和利用；⑧物质资源，包括办公场地、设备、原材料、库存等实物资源；⑨政策资源，包括政府支持政策、创业扶持资金、税收优惠等；⑩市场资源，包括市场信息、客户资源、竞争情报等。以上创业资源，创业者需要充分利用以支持自己的创业活动，提高企业的竞争和生存能力。

(三）创业资源在创业过程中的作用

以下是创业资源在创业过程中的作用。①提供支持和资助。资金资源是创业过程中最基本的资源之一，它可以用于启动企业、购买设备、招聘人才、市场推广等，资金资源的充足与否直接影响着企业的发展和生存。②促进创新和发展。知识和技术资源可以帮助企业进行产品创新、工艺改进、业务模式创新等，从而提高企业的竞争力和市场地位。③扩大人脉和合作伙伴关系。人际网络资源可以帮助创业者建立广泛的人脉关系和合作伙伴关系，获取商业机会、市场信息、资源支持等。④建立品牌和声誉。品牌和声誉资源对企业的发展至关重要，它可以提高企业的知名度、产品认可度和市场份额。⑤提供支持和指导。政策资源和市场资源可以为创业者提供政策支持、市场信息、行业动态等，帮助创业者更好地把握市场机会和风险。⑥提高管理效率。管理资源可以帮助创业者提高企业的管理效率和资源配置能力，推动企业的发展和成长。综上所述，创业资源对于创业者和新创企业的成功至关重要，创业者需要充分利用各种资源，以实现企业的长期发展和成功[1]。

二、创业资源与一般商业资源的异同

创业是一个充满挑战和回报的旅程，需要获得独特的资源才能取得成功，在踏上创业之路时，了解创业资源与一般商业资源之间的异同至关重要。本节将探讨这两类资源的异同，以及它们如何促进创业成功。

创业资源是创办和发展新企业必不可少的专业资源，这些资源包括金融资本、人力资本、社会资本和知识资本。金融资本对于为初始创业提供资金和维持企业的成长至关重要。人力资本是指参与创业的个人的技能、知识和经验。社会资本包括能够为企业提供宝贵机会和资源的关系网、人脉和支持系统。知识资本包括创新理念、专利和知识产权，它们能为企业带来市场竞争优势。一般商业资源是企业日常运营所必需的资源，这些资源包括设备、机器和设施等有形资产，以及技术、信息系统和组织流程等无形资产，还包括劳动力、供应商、客户、营销和分销渠道。创业资源与一般商业资源的主要区别之一在于其侧重点和目的。创业资源主要侧重于新企业的创建和发展，而一般商业资源则侧重于成熟企业的持续运营和管理；创业资源更具活

---

[1] 周培岩：《企业战略导向与绩效关系实证研究》（博士学位论文），吉林大学管理学院，2008年。

力和灵活性，因为它们需要适应新企业不断变化的需求和挑战，而一般商业资源则更具稳定性和可预测性，因为它们旨在支持现有企业的日常活动。创业资源与一般商业资源的另一个区别在于其可用性和可获取性。创业资源往往较为稀缺且难以获得，对于新创业者和缺乏经验的创业者来说尤其如此。对于缺乏业绩记录或成熟人际网络的创业者来说，获得金融资本、人力资本和社会资本都是一项挑战。相比之下，一般商业资源在市场上更容易获得，因为这些资源是所有企业运作都必需的，可以通过各种供应商和服务提供商获得。尽管存在一定差异，但创业资源与一般商业资源也有相似之处，这两类资源都是创业成功的必要条件，它们共同作用，才能创造出一个可持续和有竞争力的企业。例如，金融资本对于创办新企业和维持企业运营都是必要的，而人力资本对于推动创业企业和成熟企业的创新和生产力提高也是必不可少的，社会资本和一般商业资源（如供应商和客户）对于建立稳固的伙伴关系至关重要，而这种伙伴关系能够支持企业的发展和成功。

总之，创业资源和一般商业资源是不同但又相互关联的要素，将其结合有助于创业取得成功。创业资源是专业性的，侧重于新企业的创建和发展，而一般商业资源则对成熟企业的持续运营和管理至关重要。了解这两类资源的异同，对于创业者和企业家有效利用和发挥现有资源的作用，以及应对商业世界的挑战和机遇至关重要。

三、社会资本、资金、技术及专业人才在创业中的作用

（一）社会资本在大学生创业中的作用

社会资本是指由个人或群体在社会中的互动、合作和信任所产生的资源，它包括人际关系、社会网络、社会支持、信任、互助合作等要素。社会资本可以帮助个人或群体获取资源、信息、支持，促进合作、协作和社会发展。社会资本的概念最早由社会学家James Coleman提出，后来得到了许多学者的关注和研究。社会资本对社会的发展和稳定具有重要作用，它可以促进社会的互助合作、减少不确定性、提高社会的效率和创新能力。社会资本可以分为结构性社会资本和认知性社会资本。结构性社会资本指的是个体或群体之间的关系网络，包括人际关系、社会网络等；认知性社会资本则是指个体或群体对社会的信任、共同价值观和社会认同等认知因素。总的来说，社会资本是社会中人际关系和社会网络所带来的资源，它对于个人的发展、组织的运作以及社会的稳定和繁荣都具有重要的意义。

大学生创业之路并非一帆风顺，有抱负的创业者往往面临诸多挑战，社

会资本是对大学生创业者的成功产生重大影响的关键因素之一。本节旨在探讨社会资本在大学生创业中的作用，强调其对创业历程的重要性和影响。

社会资本在大学生创业中发挥着至关重要的作用，原因有几个。首先，它为有抱负的创业者提供了获取宝贵资源和信息的途径。通过社交网络，学生可以与经验丰富的专业人士、行业专家、潜在投资者以及其他能够提供指导、辅导和支持的个人建立联系，这些联系可以为创业者提供对市场趋势、商业战略和发展机遇的洞察力，这对建立一个成功的企业至关重要。

其次，社会资本还能帮助创业者获得资金。大学生创业者在为初创企业争取资金时往往面临挑战，然而，通过社交网络，他们可以与潜在的投资者、天使投资人以及其他愿意为其商业理念投资的金融支持者建立联系。这些联系可以帮助创业者获得从传统渠道可能无法获得的融资机会，为创业者提供启动和发展企业所需的资金支持。

再次，社会资本在为大学生创业者建立强大的人际关系支持系统方面发挥着至关重要的作用。创业可能是一种令人生畏和孤立无援的经历，而拥有一个由支持者组成的社会关系网络则能使情况大为改善。社会关系可以提供情感支持、鼓励和动力，帮助创业者克服创业过程中可能遇到的挑战和挫折，这些联系还能为创业者提供接触潜在合作伙伴和团队成员的机会，使他们能够建立一支才华横溢、兢兢业业的团队，推动企业向前发展。社会资本对大学生创业的影响是深远的。研究表明，拥有强大社会网络的创业者更有可能创业成功，他们可以获得丰富的知识、资源和支持，帮助他们克服困难，抓住机遇。社会资本还能提高创业者的可信度和声誉。因为他们的关系网可以为他们的专业知识、诚信和能力提供担保，这对于与客户、合作伙伴和投资者建立信任是非常宝贵的。

最后，社会资本还有助于大学生创业的长期成功和可持续发展，通过培养和扩大社交网络，创业者可以不断获得新的机会，建立战略合作伙伴关系，并紧跟行业发展。这种持续的支持和联系可以帮助创业者适应变化、不断创新、长期发展业务，从而确保他们在市场中的地位和竞争力。

总之，社会资本为有抱负的创业者提供了宝贵的资源、信息、资金支持和强大的人际关系支持系统，这些对于建立和运营成功的企业至关重要。当大学生踏上创业之路时，他们应该认识到获取和利用社会资本的重要性，以最大限度地增加成功的机会。大学生创业者可以通过建立有意义的联系、稳固的关系并积极与社会网络互动，利用社会资本的力量推动企业发展，实现创业愿望。

(二)资金在大学生创业中的作用

许多有抱负的大学生创业者面临的主要挑战之一是缺乏启动资金。在本节,我们将探讨资金在大学生创业成功中所起的关键作用。

资金对于支付创业初期的成本至关重要,包括产品开发、市场营销、法律费用和运营成本等开支。如果没有足够的资金,许多大学生创业者可能会在创业初期举步维艰,从而限制了他们将想法付诸实践的能力。有了资金,大学生就可以投资必要的资源和基础设施,为自己的企业打下坚实的基础,增加长期成功的可能性。资金还有助于大学生创业者扩大企业规模和寻求发展机会。有了资金,他们才可以扩大经营、雇佣员工、投资研发。这不仅能让他们更有效地参与市场竞争,还能为社会创造就业机会,促进经济增长和发展。资金在降低与创业相关的财务风险方面也发挥着至关重要的作用,创业本身就有风险,获得资金可以为大学生创业者提供一个安全网,使他们能够渡过意想不到的挑战和挫折。这种资金保障可以给学生带来信心和安心,使他们能够专注于建立和发展自己的企业,而不必时刻担心财务不稳定。资金还能为大学生创业者提供指导、交流机会和专业指导,许多投资者和资金来源提供的不仅仅是资金,还能提供宝贵的行业见解、人脉和专业知识,这对年轻创业者大有裨益,这种支持系统可以帮助学生驾驭创业的复杂性,增加成功的机会。虽然资金对大学生创业至关重要,但其并不是成功的唯一决定因素,扎实的商业计划、适销对路的产品或服务以及强烈的职业道德同样重要,资金可以起到催化剂的作用,使大学生创业者能够发挥潜力,将自己的想法付诸实践。

总之,资金为大学生创业、发展和维持企业提供了必要的财务资源,同时也为企业的扩张提供了支持、指导和机会。

(三)技术在大学生创业中的作用

随着数字平台、云计算和移动应用程序的兴起,创业门槛大大降低,尤其是对大学生而言,因此,对于希望在校期间就开始创业的年轻企业家来说,技术已成为不可或缺的工具。在本节,我们将探讨技术赋予大学生追求创业理想的各种方式,以及技术对创业生态系统的影响。

技术促进大学生创业的最重要方式之一是信息和资源的民主化,互联网是知识和专业技能的巨大宝库,有抱负的创业者可以获得大量有关企业发展、营销策略和行业趋势的信息,这种便捷的信息获取方式使大学生能够了解复杂的创业知识,从而做出更明智的决定,制订更稳健的商业计划。技术还为大学生提供了将想法变为现实的工具。软件和在线平台的普及使学生比以往任何时候都更容易建立和推出自己的产品和服务,无论是开发移动应用程序、创建电子商务网站,还是利用社交媒体进行营销,技术都让大学生有能力将自己的创业愿景变为现实,而不需要大量的资金或专业技术知识。技术还彻底改变了大学生为初创企业获取资金的方式,众筹网和天使众筹等众筹平台为年轻创业者提供了新的融资渠道,使他们能够绕过传统融资渠道,直接吸引全球支持者。此外,专注于支持初创企业建立的天使投资网络和风险投资公司的出现,也为大学生为自己的企业获得资金创造了新的机会,使他们能够扩大业务规模,实施雄心勃勃的发展战略。除了促进创业的实践,技术还为大学生创业者营造一个支持性和协作性生态系统发挥了至关重要的作用。在线社区、论坛和社交网络将有抱负的创业者与志同道合者、导师和行业专家联系起来,创建了一个充满活力的支持和指导网络。通过这些数字平台,大学生们能够寻求建议、分享经验并结成宝贵的伙伴关系,最终提高他们在竞争激烈的创业环境中取得成功的机会。技术的升级也使大学生能够利用数据分析做出更明智的商业决策。随着大数据和分析工具的普及,年轻的创业者可以收集有关消费者行为、市场趋势和竞争格局的宝贵见解,以完善战略,优化运营。事实证明,这种数据驱动的方法有助于大学生创业者发现新机遇、降低风险,并推动企业的可持续发展。

总之,从提供获取信息和资源的途径,到促成产品和服务的开发和推出,再到获取资金和培养支持性生态系统,技术一直是数字时代下青年创业者崛起的推动力。随着技术的不断发展和创新,它对大学生创业的影响只会越来越大,进一步增强下一代创新者和变革者的能力。

(四)专业人才在大学生创业中的作用

随着科技的飞速发展以及对创新和创意的日益重视,越来越多的年轻人选择在大学期间创业。这一趋势带来了一系列新的挑战和机遇,专业人才在大学生创业中的作用也成为一个备受关注和重视的话题。

专业人才是指在某一领域或行业拥有专业知识、技能和经验的人,这些人往往对市场动态、商业战略和行业趋势有着深刻的理解,能够为有抱负的创业者提供宝贵的见解和指导。就大学生创业而言,专业人才可以在以下几个方面发挥重要作用。首先,专业人才可以为大学生创业者提供辅导和指导。创业是一个艰巨而复杂的过程,尤其是对于仍处于职业生涯早期阶段的个人而言,专业人才可以提供宝贵的建议,分享经验,帮助年轻创业者应对创业和经营过程中的挑战。他们的专业知识和真知灼见对于帮助大学生创业者开发创意、制订商业计划和做出战略决策都是非常宝贵的。其次,除提供指导外,专业人才还能提供对初创企业成功至关重要的实用专业知识和技能,例如,有金融背景的人才可以帮助大学生创业者进行财务规划、预算编制和资金筹集，具有市场营销和品牌建设专业知识的人才可以协助制定有效的市场营销战略，建立强大的品牌形象，拥有技术技能的专业人士还可以在产品开发、技术实施和数字创新方面提供支持，通过利用专业人才的专业知识，大学生创业者可以提高企业的竞争力。最后，专业人才还能促进高校内创业生态系统的整体发展，通过与学生接触、分享知识、参与创业计划和活动，专业人才可以帮助在校园内培养创新和创业文化，加强学生与专业人士之间的合作，为建立人际网络和伙伴关系创造新的机会，并建立一个支持性的、充满活力的创业社区。不过，必须指出的是，专业人才在大学生创业中的作用并非没有限制，主要限制之一是大学生创业者的需求和期望与专业人才的专业知识和经验之间可能存在不匹配。与成熟的专业人士相比，大学生可能有不同的工作重点、价值观和工作方式，寻找共同点和有效沟通可能是一个重大障碍。此外，由于大学生可能不具备与专业人才建立联系的资源或人脉，因此，在接触和参与方面可能存在障碍。

总之，专业人才在大学生创业中的作用是重要和多方面的，从提供指导，到提供实用的专业知识和技能，专业人才可以为大学生创业者的成功做出宝贵贡献。通过培养创新和创业文化，支持创业生态系统的发展，专业人才可以为创新型企业的发展创造肥沃的土壤。虽然还有一些限制和障碍需要克服，但专业人才参与大学生创业的潜在益处显而易见，继续探索如何最大限度地发挥他们的影响至关重要。

四、影响创业资源获取的因素

（一）创业导向

创业导向（Entrepreneurial Orientation，EO）是指企业体现其创业行为和态度的战略态势，它是影响创业企业成功与否的关键因素，就大学生创业团队而言，团队成员的创业导向对其获取创业所需资源的能力起着至关重要的作用。本节旨在探讨创业导向对大学生创业团队创业资源获取的影响。

首先，必须了解创业导向的概念及其组成部分。根据文献，创业导向包括创新性、冒险性、主动性、自主性和竞争进取性等几个维度，这些维度反映了创业团队开展创业活动的意愿和能力，如追求新机遇、承担经过深思熟虑的风险、在市场中积极主动等。就大学生创业团队而言，这些维度对于获取启动和发展创业项目所需的资源至关重要。创业导向影响资源获取的主要途径之一，是通过影响团队识别和寻求创业机会的能力。创业导向培养了一种对新想法和新机遇持开放态度的心态，这使团队能够识别支持其创业的潜在资源。积极主动的创新导向还鼓励团队寻找和创造新资源，而不是仅仅依赖现有资源。这对大学生创业团队尤其有利，因为他们获得传统资金和支持的渠道往往有限。创业导向也会影响团队承担风险的能力，这对获取资源至关重要，创业企业往往要求团队承担风险，以获取所需的资源，无论是金融投资、合作伙伴关系，还是获取专业知识，一个愿意承担高风险的团队更有可能追求并获得这些资源，因为他们愿意采取必要的措施来实现自己的目标。创业导向也会影响团队与外部利益相关者（如投资者、导师和行业合作伙伴）建立和保持关系的能力。一个具有高度自主性和竞争进取心的团队更有可能主动建立这些关系，而这对于他们获取所需的资源至关重要。创业导向还能影响团队向潜在资源提供者有效传达其愿景和价值主张的能力，这对于他们获得支持至关重要。

总之，创业导向会影响团队识别和追求机会、承担风险以及与外部利益相关者建立关系的能力，而这些都是获取资源的必要条件。因此，大学生创业团队必须培养并保持强烈的创业导向，以增加成功的机会。由此，他们可以更好地定位自己，以获取启动和发展企业所需的资源，最终提高他们在竞争激烈的创业环境中取得成功的可能性。

（二）创业团队以往工作经验

许多学生渴望自己创业，改变世界，然而，创业之路并非一帆风顺，成功与否往往取决于能否获得必要的资源。在本节，我们将探讨以往的工作经验如何影响大学生创业团队获取创业所需资源的能力。

以往的工作经验会对创业团队成功获取所需资源产生重大影响，有工作经验的人可能已经掌握了宝贵的技能、知识和网络，可以利用这些资源获得资金、专业知识和指导。以往的工作经验可以让初创团队更好地了解他们即将进入的行业，以及其中存在的挑战和机遇，可以帮助他们制定更明智、更具战略性的资源获取方法。以往工作经验影响大学生创业团队获取资源的一个重要途径是发展社会人际网络，在特定行业或领域工作过的人可能已经与潜在投资者、导师和其他利益相关者建立了联系，他们可以为创业团队提供宝贵的资源和支持，人际网络可以帮助初创团队获得成功所需的资金、专业知识和指导。以往的工作经验也会影响初创团队在潜在投资者和合作伙伴心目中的可信度，在以前的工作中取得过成功的个人，更可能会被视为值得信赖、有能力、快速取得成果的人，这可以使初创团队更容易吸引行业关键人物的关注和支持，进而促进资源的获取。以往的工作经验也能为初创团队提供宝贵的见解和知识，可用于获取资源。在某一特定行业工作过的人可能更了解市场动态、客户需求和竞争格局，可以帮助寻求资源，使初创团队识别并锁定与其创业项目最相关、最有价值的资源，从而增加成功的机会。

总之，以往的工作经验会对大学生创业团队获取创业所需资源的能力产生重大影响，有工作经验的人可能已经掌握宝贵的技能、知识和网络，可以利用这些资源获得资金、专业知识和指导。以往的工作经验还能让初创团队更好地了解他们所进入的行业，以及其中存在的挑战和机遇。通过借鉴以往的工作经验，大学生创业团队可以提高成功获得支持其创业企业所需资源的机会。

（三）资源配置方式

大学生创业团队的成功与否往往取决于资源的有效配置和获取创业所需资源的能力。本节将探讨资源配置对大学生创业团队获取创业资源的各种影响。

资源配置是指对资金、人力资本和实物资产等资源进行分配，使其发挥最大效用和效率的过程。大学生创业团队内部的资源分配方式会对他们获取创业资源的能力产生重大影响。例如，一个团队如果将很大一部分资源用于建立外部网络并与潜在投资者和导师建立关系，那么他们就更有可能获得宝贵的资源，从而帮助自己的企业发展壮大。相反，如果一个团队只注重内部运作，而忽视了分配资源用于外部网络建设和关系建立，那么他们可能会发现为企业获取必要资源的难度更大。财务资源的分配也会影响团队获取创业资源的能力，一个有效管理财务资源并将资金分配给市场营销、产品开发和其他重要领域的团队，更有可能吸引投资者和其他利益相关者，为其提供额外的资源和支持。反之，如果团队对财务资源管理混乱，未能将资金分配到关键领域，则可能难以吸引到企业发展所需的资源。

为了最大限度地提高获取创业资源的能力，大学生创业团队应考虑以下资源分配的最佳实践：①优先考虑建立人际网络和关系。将资源分配给人际网络活动、导师计划以及其他与潜在投资者、导师和其他利益相关者建立关系的机会。②战略性财务管理。有效管理财务资源，将资金分配到营销、产品开发和人才招聘等关键领域。③灵活性和适应性。愿意根据团队不断发展的需求和不断变化的创业环境调整资源分配策略。④协作和团队精神。鼓励团队内部的协作和团队精神，确保资源分配方式有利于整个创业项目。

总之，大学生创业团队内部的资源分配方式会对他们获取创业所需资源的能力产生重大影响。通过建立人际网络和关系、战略性财务管理、保持灵活性和协作，可以最大限度地提高获取创业资源的能力，增加成功的机会。大学生创业团队必须认识到资源分配的重要性，并实施有效的战略来支持其获取资源的努力。

(四)创业者的管理能力

本节旨在探讨大学生创业团队的管理能力对其获取创业资源的影响。

管理能力对任何创业企业的成功都至关重要,这些能力涵盖广泛的技能,包括但不限于领导、决策、沟通和战略规划的能力。就大学生创业团队而言,团队成员的管理能力会极大地影响他们为创业项目获取必要资源的能力。这是因为,有效的管理能使团队有效驾驭复杂的创业环境,做出明智的决策,并建立强大的人际网络和伙伴关系。大学生创业团队的管理能力直接影响到他们对创业资源的获取,例如,领导和沟通能力强的团队更有能力吸引潜在投资者,为创业项目争取资金。此外,具有有效战略规划能力的团队更有可能发现并寻求合作和资源共享的机会,善于决策的团队能够对资源分配和利用做出正确的判断,从而最大限度地发挥其所掌握的资源的作用。创业团队的管理能力也会影响其吸引和留住顶尖人才的能力,一个具有强大领导力和沟通能力的团队更有可能激发和激励潜在的团队成员加入他们的企业,有效的管理还能营造积极、高效的工作环境,这对于吸引和留住能为创业企业的成功做出贡献的人才至关重要。虽然管理能力对资源获取的影响显而易见,但大学生创业团队在培养和磨炼这些能力时也面临着各种挑战。经验有限、缺乏指导、学业压力大等挑战都可能阻碍大学生创业团队管理能力的发展。不过,这些挑战也为成长和学习提供了机会。通过主动与行业专家接触、参加创业工作坊和竞赛,以及向经验丰富的创业者寻求指导,大学生创业团队可以提高管理能力,并更好地获取创业资源。

总之,大学生创业团队的管理能力对其获取创业资源有着重要影响,有效的管理能使团队吸引投资者、获得资金、建立合作关系并吸引高端人才。尽管存在挑战,但大学生创业团队仍有机会通过主动参与和学习来发展和提高管理能力。认识管理能力的重要性并为其发展做出努力,大学生创业团队就能提高成功的机会,并为创业生态系统的发展做出贡献。

(五)社会网络

大学生创业团队通常由拥有共同愿景和激情的大学生组成,旨在创建具有影响力的新企业。在追求创业目标的过程中,这些团队往往依赖各种资源,如资金、导师和行业关系,来支持他们创业。研究发现,创业团队的社会网络是影响这些资源获取的一个关键因素。社会网络在大学生创业团队的创业历程中扮演着至关重要的角色,这些网络包括团队中的个人和职业领域中的其他人之间的关系和联系。社交网络对创业资源获取的影响主要体现在几个方面。首先,社交网络提供了获取宝贵资源和机会的途径,通过他们的关系,大学生创业团队可以获得潜在投资者、行业专家和经验丰富的导师的指导和支持，这些人脉关系可以为创业团队打开通往融资机会、战略合作伙伴关系和宝贵见解的大门，而这对创业团队的成功至关重要。其次，社交网络还能影响团队在创业生态系统中建立强大、可靠声誉的能力。大学生创业团队可以利用他们的人脉关系，在行业内建立自己的信誉和合法性，这可以增强他们吸引潜在投资者和合作伙伴的能力，并获得创业社区主要利益相关者的信任和支持。最后社交网络还能促进知识共享，为大学生创业团队提供学习机会，通过与网络中的个人接触，团队可以获得有价值的信息、最佳实践和行业趋势，为其决策和战略制定提供参考，这种持续的学习和知识交流有助于团队创业能力的成长和发展。不过，必须指出的是，社会网络对创业资源获取的影响并非没有挑战，社会网络中联系的质量和强度会在很大程度上影响资源获取工作的效果，与网络中的关键人物建立并维持牢固的关系需要时间、精力和有效的沟通技巧，网络的多样性和广度也会影响团队可获得的资源和机会的范围。

总之，大学生创业团队的社会网络在影响创业资源的获取方面发挥着重要作用，利用人脉，团队可以获得宝贵的资源，建立信誉，促进知识共享，从而推动创业成功。因此，团队必须积极培养和管理自己的社交网络，最大限度地利用社交网络带来的好处和机会，随着大学生创业的不断发展，社交网络对资源获取的影响仍将是创业企业成功的关键因素。

五、创业资源获取的途径与技能

创业资源可以通过多种途径获取，以下是一些常见的途径。①创业孵化器和加速器。创业孵化器和加速器通常提供创业者办公空间、导师指导、资金支持、市场资源等，帮助创业者快速成长。②投资者和风险投资。创业者可以通过向天使投资人、风险投资机构或私募基金等融资，获取资金支持。③创业竞赛和创业大赛。参加创业比赛可以获得奖金、导师指导、媒体曝光等资源支持。④创业贷款和银行信贷。创业者可以通过向银行申请创业贷款或信用贷款，获取启动资金。⑤众筹平台。通过众筹平台向公众募集资金，获取启动资金和市场验证。⑥创业合作伙伴。与具有相关资源和能力的合作伙伴合作，共同开展业务，共享资源。⑦政府支持和创业政策。政府部门常常会提供创业补贴、税收优惠、创业培训等支持，创业者可以通过政府渠道获取资源支持。⑧创业社区和网络。加入创业社区、行业协会等组织，通过社交网络获取资源和合作机会。⑨创业平台和资源整合服务。一些创业平台和资源整合服务提供商可以帮助创业者获取人才、技术、市场资源等。⑩自筹资金。创业者可以通过个人储蓄、家庭支持等途径筹集资金，启动创业项目。以上途径可以相互结合和灵活运用，帮助创业者获取所需的资源，推动创业项目的实施。

获取创业资源是一项复杂的任务，需要创业者具备一定能力，以下是一些在创业资源获取过程中非常重要的技能。①沟通能力。能够与潜在投资者、合作伙伴、导师等进行有效的沟通和协商，以获取资源支持。②谈判技巧。能够在与投资者、合作伙伴等进行谈判时争取到更多的资源支持，取得合理的合作条件。③人际关系管理。建立和维护良好的人际关系网络对于获取资源至关重要，创业者需要具备人际关系管理能力，扩大自己的社交圈子。④金融管理能力。能够有效地管理企业的财务状况，提高融资的成功率。⑤营销能力。能够有效地向潜在投资者、合作伙伴和客户展示自己的创业项目价值，吸引资源支持。⑥项目管理能力。可以提高创业项目的执行效率，增加投资者和合作伙伴的信任，进而获取更多资源支持。⑦创新能力。创新能力是获取资源的重要保障，创业者需要具备不断创新的能力，以吸引投资者和合作伙伴的关注。⑧毅力和坚韧性。能够面对挑战和困难，不轻言放弃，持续努力获取资源支持。以上技能对于创业者获取资源至关重要。

课堂活动

小组讨论

一项调查显示，95%的在校大学生认为，创业面临的最大难题是缺乏资金，90%有工作经验的MBA学生以及其他在职学习的学生则认为，创业面临的最大难题是缺乏好的商业创意。为什么这两类人群的看法如此不同？

第二节 创业融资

课前思考

（1）融资需求：思考自己创业项目的资金需求，包括启动资金、运营资金、扩张资金等方面的需求。要考虑需要多少资金以及用途是什么。

（2）融资方式：思考可以采用哪些融资方式，包括自有资金、个人借款、天使投资、风险投资、银行贷款、众筹等。要考虑每种融资方式的特点、优势和劣势。

（3）投资人需求：思考投资人对创业项目的需求和期望，包括投资回报率、风险偏好、对创始团队的要求等。要考虑如何吸引投资人，满足他们的需求。

（4）融资计划：思考如何制订一份详细的融资计划，包括资金用途、融资时间表、估值和股权结构等。要考虑如何向投资人展示创业项目的吸引力和潜在回报。

（5）风险管理：思考融资过程中可能面临的风险，包括资金链断裂、投资人退出、投资失败等。要考虑如何规避和化解这些风险。

（6）法律合规：思考融资过程中需要遵循的法律法规和合规要求，包括融资文件的准备、披露要求、股权结构调整等。要考虑如何确保融资过程的合法合规。

一、创业融资分析

（一）创业融资的概念

创业融资是指创业者为启动或扩大自己的创业项目，从外部融资渠道获得资金的过程。创业融资对于初创企业来说至关重要，因为它可以为企业提供所需的资金，帮助企业实现发展目标。创业融资通常用于购买设备、招聘人才、市场推广、研发产品等方面。

创业融资通常可以分为以下几种类型。①私募股权融资。即通过向私人投资者或风险投资基金出售公司股权来融资，这种方式通常适用于初创企业，风险投资者愿意为高风险的创业项目提供资金支持，以换取股权。②债务融资。通过向银行、债券市场或其他金融机构借款来融资，债务融资的方式包括商业贷款、信用贷款、债券发行等。③初创企业基金。一些专门为初创企业提供资金支持的基金，通过向这些基金申请融资来支持创业项目的发展。④众筹。通过互联网平台向大众募集资金，支持创业项目的发展，这种方式适用于一些小型的、社会化的创业项目。⑤创业孵化器和加速器。一些创业孵化器和加速器可以为初创企业提供资金支持、导师指导、资源整合等支持服务。创业融资的目的是帮助企业获得所需的资金，支持企业的发展和扩大规模。创业者需要根据自己的实际情况和发展需求，选择适合自己企业的融资方式，并在融资过程中注意合理规划和风险控制。

（二）创业融资的重要性

创业融资对于初创企业的发展至关重要，其重要性主要体现在以下几个方面。①启动资金。创业融资可以为初创企业提供必要的启动资金，帮助企业购买设备、租赁场地、招聘员工等，从而顺利启动业务。②持续经营资金。创业初期，企业通常会面临现金流紧张的情况，融资可以帮助企业度过发展初期的资金困难，确保业务的正常运转。③技术研发和产品创新。融资可以用于技术研发、产品创新和市场推广，帮助企业提升产品和服务的竞争力，满足市场需求。④扩大规模。通过融资，企业可以扩大生产规模、拓展市场，实现业务的快速增长，提高市场份额。⑤吸引人才。融资可以用于招聘和留住优秀的人才，组建团队，推动企业的发展。⑥提高企业价值。通过融资支持企业发展，提高企业的市场价值和竞争力，为未来的上市、并购等提供更多的机会。⑦应对风险。创业过程中面临各种风险，融资可以帮助企业规避风险，提高企业的生存能力和发展潜力。总的来说，创业融资可以为初创企业提供资金支持，帮助企业实现快速发展和长期持续经营，对于创业的成功至关重要。因此，创业者需要认真考虑融资的方式和时机，以确保企业获得足够的资金支持。

（三）创业融资难的原因

大学生创业团队通常面临的主要挑战之一是难以获得项目资金。本节旨在探讨这一问题背后的原因，并就潜在的解决方案提出见解。

首先，大学生创业团队融资难的主要原因之一是缺乏经验和业绩。大多数大学生处于创业初期，还可能没有成功的创业记录或强大的行业关系网，这使得他们很难说服潜在的投资者或金融机构投资他们的企业，难以获得投资者的信任。其次，缺乏抵押资产和资金也是大学生创业团队获得资金的一大障碍，成熟的企业或经验丰富的企业家可能会有有价值的资产作为抵押，而大学生则不同，他们可用于融资的个人资产往往有限，难以获得银行或金融机构的传统贷款或信用额度，使得他们在获得必要资金以资助创业努力方面的选择很少。再次，大学生创业团队融资困难的原因是初创企业的高风险。大多数初创企业，尤其是大学生创办的初创企业，由于其取得成功的不确定性和缺乏成熟的商业模式，被视为高风险投资，投资者往往不愿意将资金分配给失败可能性较高的企业，尤其是当市场上有更成熟、更稳定的投资机会时。这种风险规避使大学生创业团队难以吸引潜在投资者，也难以获得发展业务所需的资金。最后，大学生缺乏金融知识和商业头脑，这也会阻碍他们为创业项目争取资金。许多学生可能有创新的想法和创造性的解决方案，但他们缺乏必要的知识和技能，无法有效管理企业的财务问题，这包括制订全面的商业计划、进行财务预测以及了解筹资和投资战略的复杂性。这种情况下，大学生创业团队可能难以向潜在投资者提出令其信服的融资理由。

尽管存在这些挑战，大学生创业团队仍可探索一些潜在的解决方案，以克服创业项目融资难的问题。其中一种方法是寻找其他资金来源，如赠款、创业比赛和专门为支持学生创业而设计的孵化器计划，这些资源可以提供宝贵的资金支持、指导和交流机会，帮助大学生创业团队启动和发展业务。另一个策略，是重点建立一个强大的行业关系网和导师网络，可以在筹款过程中提供指导和支持，通过请教经验丰富的企业家和商业专业人士，大学生可以获得宝贵的见解和建议，了解如何与潜在投资者洽谈并为自己的企业获得资金。此外，通过较小的项目或计划建立成功纪录，可以帮助大学生创业团队展示自己的能力，并在投资者心目中建立信誉。

总之，大学生创业团队融资困难的原因是多方面的，包括缺乏经验、抵押资产和业绩记录，以及初创企业的高风险和缺乏金融知识。但是，通过探索其他资金来源、建立强大的行业关系网和积累宝贵的经验，大学生创业团队可以克服这些挑战，获得必要的资金，将他们的创新想法付诸实践。

二、创业所需资金的测算

（一）创业资金的分类

创业资金主要可以分为以下几类。①自有资金。创业者个人的积蓄或资产，包括个人储蓄、房产、股票等。自有资金是最常见的创业资金来源，也是创业者最容易获取的资金之一。②个人借款。创业者可以通过个人信用贷款、信用卡透支等方式进行个人借款，作为创业资金的一部分，这种方式相对灵活，但需要注意贷款利息和风险。③亲友支持。创业者可以向亲友募集资金支持创业，这种方式通常比较灵活，但也需要注意与亲友之间的关系和借款协议的明确性。④天使投资。天使投资人是愿意投资初创企业的个人或机构，他们通常会提供规模相对较小的资金，帮助企业启动和初期发展。⑤风险投资。风险投资是指专业的风险投资机构向高成长潜力的初创企业提供资金支持，通常会要求获得股权或股权投资回报。⑥创业孵化器和加速器。一些创业孵化器和加速器会向入选的创业团队提供资金支持、导师辅导、资源对接等支持，帮助创业团队快速成长。⑦银行贷款。创业者可以向银行申请商业贷款，用于企业的启动和经营，通常需要提供担保和还款保证。⑧众筹。通过互联网众筹平台，创业者可以向大众募集资金支持创业项目，这种方式可以扩大资金来源，也可以提升品牌知名度。以上获取创业资金的方式，创业者可以根据自身的情况选择合适的资金来源，以支持企业的发展。不同的资金来源有不同的特点和风险，创业者需要谨慎选择，并合理搭配不同的资金来源。

（二）投资资金的测算

投资资金的测算是指确定创业或项目所需的资金规模，以及资金的具体用途。以下是一般情况下投资资金测算的步骤。①资金需求分析。首先需要对创业或项目的资金需求进行分析和估算，包括启动资金、运营资金、市场推广资金、人力资源成本、设备采购成本、研发费用等方面的预算。②制订预算。根据资金需求分析的结果，制订详细的预算计划，明确各项支出的具体金额和时间节点，包括初期投入、中期运营、长期发展等阶段的预算。③资金用途分配。根据资金需求和预算计划，将资金进行具体的分配，明确资金投入的方向和比例，包括人员成本、市场推广、研发投入、固定资产投资等方面。④风险考量。在资金测算中要考虑项目的风险因素，并对这些因素进行评估和预留资金，以应对可能的风险和意外情况。⑤资金筹集计划。根据资金需求和用途分配，制订资金筹集计划，包括自有资金、外部融资（如银行贷款、投资、众筹等）的来源和筹集方式。⑥财务预测。进行财务预测，包括收入、支出、现金流量等方面的预测，以便评估资金需求的合理性和项目的可行性。⑦资金用途监控。一旦资金筹集到位，需要建立资金用途监管机制，确保资金使用符合预算计划，并及时调整预算计划以应对实际情况的变化。以上是投资资金测算的一般步骤，通过科学合理的资金测算，创业者可以更好地把握企业资金需求，合理利用资金，降低风险，提高项目的成功概率。

（三）营运资金的测算

营运资金是指企业日常经营所需的资金，用于支付员工薪资、原材料采购、运营成本等，是企业正常运营的资金基础。以下是营运资金测算的一般步骤。①确定营运周期。包括从原材料采购到生产制造、销售、收款等环节所需的时间，以此来确定企业的营运资金需求。②估算应收账款。根据销售预期和信用销售政策，估算应收账款的金额，以确定需要储备的资金用于弥补销售后的收款延迟所带来的影响。③估算应付账款。包括原材料采购、设备租赁、服务费用等，以确定需要支付的资金金额。④考虑库存成本。根据销售预期和生产周期，估算需要储备的库存成本，包括原材料库存、半成品库存、成品库存等。⑤考虑其他营运成本。包括人力成本、租金、水电费、税费等，以确定企业的日常运营所需的资金。⑥制订资金储备计划。根据以上估算结果，制订资金储备计划，确保企业有足够的资金用于日常经营，以应对可能的紧急情况和不确定性。⑦考虑资金周转率。根据企业的资金周转率，估算每个营运周期需要的资金量，以便合理安排资金的使用和储备。⑧财务预测。包括现金流量预测，以评估企业的营运资金需求和合理性。通过科学合理的营运资金测算，企业可以更好地把握日常经营所需的资金，并合理安排资金的使用，确保企业的正常运营和发展。

三、创业融资渠道

大学生创业，希望将自己的创新想法转化为可行的商业模式或企业，然而，这些崭露头角的创业者所面临的最大挑战之一，是如何获得必要的资金来实现他们的想法。在本节，我们将探讨大学生创业团队可利用的各种融资渠道，并就如何在复杂的初创企业融资世界中游刃有余地进行创业提供建议。

引导式融资是大学生创业团队最常用的一种融资方法，这种方法通过利用创业者自身的资源来启动创业项目，包括使用个人储蓄、信用贷款和其他任何可用资产，为企业的初始阶段提供资金。虽然自筹资金看似是一项艰巨的任务，但对于大学生来说，这是一种有效的方式，可以证明他们对创业的承诺和奉献精神，这对吸引潜在投资者有一定作用。对于大学生创业团队来说，众筹已成为一种流行的融资方式，这种方式允许他们通过在线平台从大量个人投资者那里筹集资金。这种方式不仅能获得资金，还能作为一种营销工具，让创业者向更多人展示自己的想法。有了正确的宣传和营销策略，大学生创业团队就能通过众筹成功筹集到启动创业所需的资金。天使投资人是为早期初创企业提供资金以换取股权的高净值人士，大学生创业团队可以寻找那些有兴趣支持创新理念，并愿意在投资的同时提供指导的天使投资人。对于大学生创业团队来说，与天使投资人建立联系既能获得资金，又能接触到宝贵的行业人脉和专业知识。风险投资是大学生创业团队可以探索的另一个融资渠道，风险投资公司提供资金以换取股权，通常投资于具有强大商业模式、明确盈利途径和引人注目的价值主张的初创企业。虽然获得风险投资具有挑战性，但它可以为大学生创业团队提供所需的资源，使他们的企业更上一层楼。大学生创业团队还可以通过专门为支持学生主导的初创企业而设计的补助金和竞赛来寻求资金。许多大学、政府机构和私人组织都提供赠款和组织竞赛，为大学生创业团队提供资金、指导和资源，帮助他们将想法转化为成功的企业。参与这些计划不仅能获得资金，还能为创业项目提供宝贵的交流机会和曝光度。

对于希望将创新想法付诸实践的大学生创业团队来说，可以综合利用自筹、众筹、天使投资人、风险资本、赠款和竞赛等方式，获得将创意转化为成功企业所需的资源。要驾驭复杂的创业融资世界，需要精心策划、建立战略网络和令人信服的价值主张，只要方法得当，大学生创业团队就能克服资金挑战，实现创业愿望。

头脑风暴

通过头脑风暴,老师和学生一起讨论:如果你现在打算创业,可以通过哪些渠道融资?

第三节 创业资源管理

课前思考

(1)资源识别和评估:思考如何识别和评估创业所需的各种资源,包括人力资源、资金资源、知识和技术资源、人际网络资源、物质资源等。要考虑如何确定资源的需求和重要性,以及如何进行有效的资源评估和选择。

(2)资源整合和配置:思考如何整合和配置各种资源,以支持创业项目的顺利进行。要考虑如何合理安排资源的分配和使用,以最大限度地提高资源利用效率。

(3)风险管理:思考如何管理和降低资源管理过程中的各种风险,包括人力风险、资金风险、市场风险等。要考虑如何制定有效的风险管理策略,确保资源的安全和稳定利用。

(4)创新和协同:思考如何通过创新和协同的方式获取和利用资源,以提升创业项目的竞争力。要考虑如何激发团队成员的创新意识,促进资源共享和协同合作。

(5)可持续发展:思考如何实现创业资源的可持续发展和利用,包括如何降低资源浪费、提高资源回收利用率等方面。要考虑如何建立可持续的资源管理机制,以支持创业项目的长期发展。

(6)法律合规:思考资源管理过程中需要遵循的法律法规和合规要求,包括劳动法、财务法规、环境保护法等。要考虑如何确保资源管理过程的合法合规。

一、不同类型资源的开发

不同类型资源的开发原则可以根据资源的特点和创业环境的实际情况来确定,一般来说,资源的开发原则包括以下几个方面。

(1)深入了解。了解各种资源的特点、获取途径、利用方式以及相互之间的关联,包括人力资源、财务资源、知识资源、物质资源、人际网络资源等。只有深入了解各种资源,才能更好地进行资源的开发和整合。

(2)多方渠道。从多方渠道获取资源,包括与潜在合作伙伴建立联系、参加行业活动、利用网络平台等。创业者需要通过多种途径获取资源,以降低资源获取的风险和成本。

(3)有效整合。资源整合是创业过程中非常重要的一环,创业者需要善于整合各种资源,使其相互协同、相互促进,最大限度地发挥资源的效益。

(4)风险控制。在资源开发过程中要注意风险控制,避免盲目投入过多资源而导致浪费,需要对资源开发过程中的各种风险进行评估和管理,确保资源的有效利用。

(5)持续更新。创业环境和市场竞争都在不断变化,因此资源的开发也需要持续更新,创业者需要不断关注市场动态和行业变化,及时更新和调整资源开发策略。

(6)合作共赢。资源开发过程中,需要努力实现与合作伙伴的合作共赢,建立长期稳定的合作关系。通过合作,可以共同开发和使用资源,实现互利共赢。

总的来说,资源的开发原则是深入了解、多方渠道、有效整合、风险控制、持续更新和合作共赢。创业者需要根据自身的情况和创业项目的特点,结合不同资源类型的开发原则,制定相应的资源开发策略。

在创业过程中,创业者可以利用各种资源来支持自己的创业活动,以下是一些常见的创业资源类型。

(1)人力资源。包括创业团队成员、合作伙伴、导师和顾问等。人力资源是创业过程中最重要的资源之一,一个优秀的团队可以为创业项目提供关键的支持和帮助。

(2)财务资源。包括自有资金、风险投资、天使投资、银行贷款等。创业者需要资金来启动和发展他们的业务,因此财务资源的获取对于创业至关重要。

(3)知识资源。包括专业知识、行业经验、市场信息等。创业者需要不断学习和积累知识,以便更好地理解市场和行业,做出明智的决策。

(4)物质资源。包括办公场地、设备、原材料等,这些资源可以直接支持创业者的业务运营,对于实体产品或服务的创业项目尤为重要。

(5)人际网络资源。包括社交网络、行业协会、创业孵化器等。创业者可以通过建立和拓展人脉关系,获取商业机会、合作伙伴和市场信息。

(6)政策资源。包括政府支持、税收优惠、创业补贴等。政府和相关机构提供的政策支持可以为创业者提供一定的便利和支持[①]。

以上各类型资源并不是孤立存在的,创业者通常需要综合利用多种资源来支持自己的创业活动。

二、有限创业资源的创造性利用

有限的创业资源是许多创业者在创业初期所面临的又一挑战。然而,通过创造性利用和有效管理资源,创业者可以最大限度地发挥有限资源的作用。以下是一些创造性利用有限创业资源的方法。

(1)重点投入。将有限的资源集中用于最关键的领域。创业者可以通过精心规划和优先考虑,将资源投入到最有利于实现业务目标的方面,确保资源的高效利用。

(2)合作共赢。与其他创业者或合作伙伴建立合作关系,共同利用资源,可以帮助创业者分享成本、共同开发市场、互相支持,从而使资源的利用效率最大化。

(3)创新思维。通过创新思维和创造性的方法,找到更有效地利用资源的途径。创业者可以考虑采用新的商业模式、技术手段或者管理方式,以更少的资源实现更大的价值。

(4)资源共享。在创业社区或者创业孵化器中,创业者可以分享和共享资源,不仅可以降低创业成本,获取更多的资源支持,还能够通过资源共享获得更多的创业灵感和合作机会。

(5)灵活运用。灵活运用各种资源,避免资源的浪费。创业者可以根据实际情况和需求,灵活地调整资源的使用方式,以适应不断变化的市场环境。

(6)利用数字化技术。借助数字化技术,例如云计算、大数据分析等,以较低的成本获取更多的信息和支持,提高资源利用效率。

(7)持续学习。创业者可以通过不断学习和积累经验,提高自身的能力和资源利用效率,更好地应对资源有限的挑战。

总的来说,创业者可以通过重点投入、合作共赢、创新思维、资源共享、灵活运用、利用数字化技术和持续学习等方式,创造性地利用有限的创业资源,实现更好的创业效果。

对于大学生创业团队来说,最主要的有限资源往往是资金。与成熟的企

---

① 宁鑫:《农民工返乡创业政策对创业绩效的影响机制研究:基于资源获取的中介作用》(硕士学位论文),阜阳师范大学,2022年。

业或经验丰富的企业家不同，大学生可能无法获得大量资金来资助他们的创业项目，这一限制可以通过创造性的财务管理和资源分配来克服。例如，大学生创业团队可以利用众筹平台为项目筹集资金，并有效传达自己的想法和价值主张。创业团队可以从支持其愿景的广泛人际网络中获取资金，以及探索其他资金来源，如赠款、竞赛以及与当地企业或组织合作。通过发散思维和积极寻找机会，大学生创业团队可以有效克服资金有限的挑战。对于大学生创业团队来说，另一项关键资源往往是稀缺的人力资源。与成熟的公司不同，大学生创业团队没有庞大的经验丰富的专业团队来支持他们的努力。通过培养一支多元化、多学科的团队，这一局限可以转化为优势。大学生创业团队可以招募拥有各种技能、背景和观点的人员，利用多元化的力量推动创新和创造。他们还可以利用大学或当地社区庞大的人才库，寻找有激情、有干劲、愿意为团队贡献时间和专业知识的人才。通过建立一个强大而有凝聚力的团队，大学生创业团队可以有效利用有限的人力资源来实现创业目标。除了资金和人力资源，大学生创业团队还面临着办公场所、设备和基础设施等物质资源的限制，随着远程工作和数字技术的出现，这些限制可以得到解决。例如，大学生创业团队可以利用联合办公空间、孵化器甚至大学的设施来开展业务，而不是投资传统的办公空间。他们还可以利用云端软件和协作工具来简化工作流程和沟通，从而减少对昂贵设备和基础设施的需求。大学生创业团队可以通过灵活的方式利用物质资源，有效克服有限的基础设施带来的限制。

总之，创造性地利用有限的创业资源是大学生创业团队的一项重要技能。通过利用积极主动的创新思维，创业团队可以克服有限的财力、人力和物力带来的挑战。通过战略性财务管理、培养多元化团队以及采用灵活的工作安排，大学生创业团队可以有效利用有限的资源，在创业过程中取得成功。归根结底，创新思维和适应约束的能力，可以让成功的大学生创业团队在激烈的商业竞争中脱颖而出。

三、创业资源开发的推进方法

创业资源开发是创业过程中至关重要的一环，有效的资源开发可以为创业项目提供所需的资金、人才、技术、信息和市场等方面的支持。以下是一些推进创业资源开发的方法。

（1）明确资源需求。明确创业项目所需的资源类型和数量，包括资金、人才、技术、市场信息等。创业者需要对项目的需求进行充分的分析和规划，以便有针对性地进行资源开发。

（2）多方渠道获取。包括银行贷款、天使投资、风险投资、政府支持、合作伙伴、供应商、客户等，多方渠道获取资源可以降低风险，并提高资源获取的成功率。

（3）有效整合资源。获取资源之后，需要对资源进行有效的整合和管理，创业者需要合理配置和利用各种资源，确保资源的有效利用和效益最大化[1]。

（4）制定资源开发策略。根据项目的实际情况和需求，制定资源开发的具体策略。资源开发策略需要考虑资源的来源、获取途径、整合方式以及风险控制等方面。

（5）寻求合作共赢。与其他企业、机构或个人建立合作关系，共同开发和共享资源。合作可以帮助创业者获取更多的资源支持，拓展市场和渠道，降低成本，提高效率。

（6）运用数字化技术。借助数字化技术，例如云计算、大数据分析等，以较低的成本获取更多的信息和支持，提高资源开发的效率和效果。

（7）持续更新。创业者需要不断关注市场动态和行业变化，及时更新和调整资源开发策略。持续更新可以帮助创业者适应市场变化，保持资源开发的有效性。

（8）建立良好的人际关系。积极参加各类创业活动、行业会议，扩大人脉关系，寻找潜在的合作伙伴和资源提供者。

总的来说，推进创业资源开发需要创业者明确资源需求，多方渠道获取，有效整合资源，制定资源开发策略，寻求合作共赢，运用数字化技术，持续更新和建立良好的人际关系。这些方法可以帮助创业者更好地开发和利用资源，提高创业项目的成功率和效益。

四、高校创业团队的资源整合方法

创业之路并非一帆风顺，它需要大量的资源和支持。在本节，我们将探讨大学生创业团队整合资源的各种方法。

大学生创业团队整合资源的第一步是确定他们可以利用的资源，包括资金支持、导师指导、交流机会、技术和设施使用权，以及其他各种形式的支持，并对目前可利用的资源以及实现目标所需的资源进行全面评估。然后，

---

[1] 尹苗苗、蔡莉：《创业能力研究现状探析与未来展望》，载《外国经济与管理》，2012年第12期，第1-11页。

可以与各种组织和个人建立战略合作伙伴关系，这些合作关系可以提供广泛的资源，包括资金、专业知识和行业关系。通过与其他创业团队、学术机构、行业专业人士和政府机构合作，大学生创业团队可以利用他们的资源来支持自己的创业项目。大学生创业团队还可以利用本校现有资源。许多大学都设有创业中心、企业孵化器和创新中心，为有抱负的创业者提供丰富的资源和支持，包括导师计划、资助机会、研究设施使用权和交流活动。通过积极利用这些大学资源，大学生创业团队可以为自己的企业获得宝贵的支持。资金是大学生创业团队的重要资源，可以帮助他们发展和扩大创业规模。大学生创业团队可以利用各种融资机会，包括赠款、奖学金、竞赛和投资机会。创业团队可以通过积极寻找这些资助机会，并精心制作有吸引力的商业方案，来获得所需的财政资源，将自己的想法付诸实践。大学生创业团队可以通过利用技术整合资源，简化运营、扩大受众范围并提升产品或服务。通过拥抱创新和紧跟最新的技术进步，创业团队可以有效整合资源，推动企业向前发展。

总之，大学生创业团队的资源整合是一个多方面的过程，需要战略规划、协作和主动参与。通过识别可用资源、建立战略合作伙伴关系、利用大学资源、寻求融资机会以及拥抱技术和创新，大学生创业团队可以有效整合资源，为其创业项目提供支持。通过这些方法，大学生创业团队可以提高成功概率，并在创业领域产生有意义的影响。

分组讨论

大学生创业如何进行资源开发？包括社会资源、人力资源、资金资源、信息资源、技术资源等。

本章小结

在本章中，我们探讨了创业资源的重要性以及如何有效获取和利用创业资源。创业资源是创业成功的重要保障，包括人力资源、资金资源、物质资源、信息资源和社会资源等多个方面。首先，人力资源是创业中最重要的资源之一，创业者需要拥有一支具有执行力和创新精神的团队，共同努力实现创业目标。其次，资金资源也是创业过程中必不可少的资源，创业者需要积极寻找投资机会，获取资金支持。最后，物质资源、信息资源和社会资源也对创业过程起着至关重要的作用。创业者需要善于整合各种资源，提高创业的成功率。在获取和利用创业资源的过程中，创业者需要具备灵活的战略眼光和创新思维，善于发现和把握获取资源的机会。同时，创业者还需要不断提升自己的资源整合能力，善于与各方建立合作伙伴关系，共同实现资源共享和互补。总的来说，创业资源是创业成功的重要保障，创业者需要充分利用各种资源，提高创业的成功率。因此，创业者应该不断提升自己的资源整合能力，善于发现和把握获取资源的机会，共同努力实现创业目标。

创业术语

创业资源　资源需求　商业资源　创业资源获取　创业融资　创业资金　创业融资渠道　融资方式　创业资源管理　资源开发　资源利用　资源整合

牛刀小试

（1）真格基金创始人、新东方联合创始人徐小平曾经说过这样一句话，"创业是你人生资源总和的爆发"。你如何理解这句话？

（2）某位创业者准备建立一个服务性企业，开展一些非常超前的、具有相当挑战性的业务。由于业务的特殊性，他感觉在未来的经营中可能会经常遇到一些法律上的问题。解决这一潜在问题的方式有两种：一是去找他的一个律师朋友，邀请该朋友加盟并给予一定的"技术股"，这样做会让他感觉更踏实，但如果将来没有太多的法律问题，别的创业伙伴可能就会感觉不平衡；另一个选择就是等出现问题之后再找律师帮助解决，一次性付费。假设你是这个创业者，你会如何进行决策？

（3）你和两个好友用你们的全部积蓄创建了一家企业，并且企业的发展也比较平稳，具有一定的发展前景。在经过了一年多的经营之后，由于销售货款积压以及一些没有预料到的后继投资的出现，企业在资金的周转上出现困难。在这种情况下，你将如何利用企业内外部的有效资源来解决这一问题？

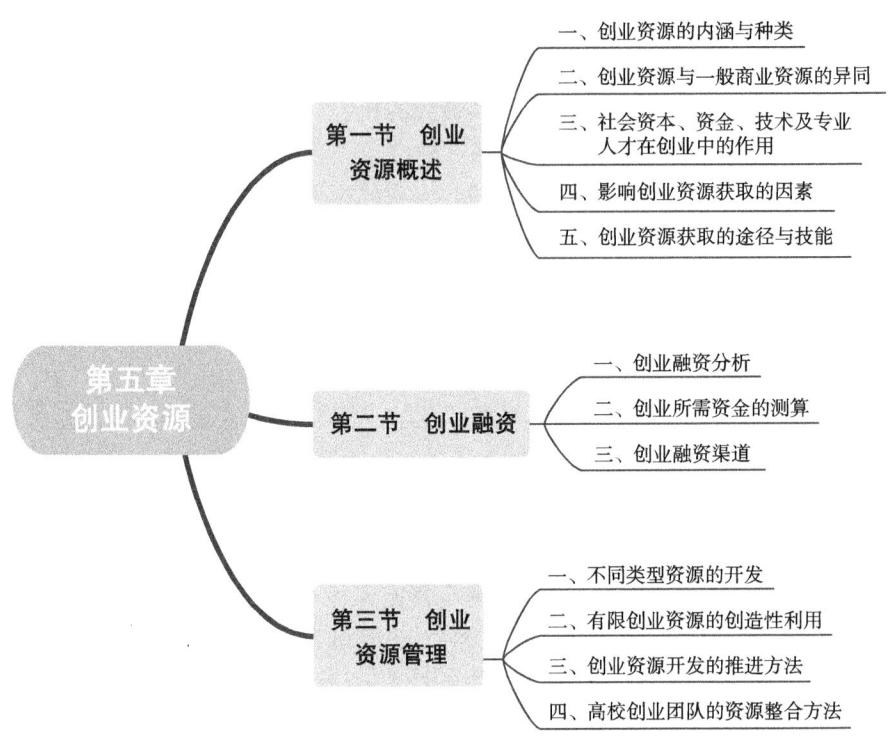

第六章　创业计划

> **本章提要**
>
> 通过本章的学习，认识创业计划的作用，了解创业计划的基本结构、编写过程和所需信息等，掌握制订创业计划的技巧。

第一节　创业计划的准备

> **课前思考**
>
> （1）市场分析：思考如何进行市场调研和分析，包括目标市场的规模、增长趋势、竞争格局、消费者需求等方面。要考虑如何获取市场数据，进行市场定位和确定目标客户群体。
>
> （2）产品或服务定位：思考如何确定创业项目的产品或服务定位，包括产品特点、价值主张、竞争优势等。要考虑如何满足市场需求，提供有吸引力的产品或服务。
>
> （3）商业模式：思考如何构建创业项目的商业模式，包括收入来源、成本结构、利润模式等方面。要考虑如何确保商业模式的可行性和盈利能力。
>
> （4）运营策略：思考如何制定创业项目的运营策略，包括供应链管理、营销推广、客户服务等方面。要考虑如何确保项目的高效实施和良好的用户体验。
>
> （5）资金需求和融资计划：思考创业项目所需的资金规模和融资计划，包括启动资金、运营资金、未来发展的资金需求等方面。要考虑如何制定详细的融资计划，吸引投资者的关注和支持。
>
> （6）风险管理：思考创业项目可能面临的各种风险，包括市场风险、技术风险、竞争风险等。要考虑如何识别、评估和应对这些风险，以确保创业计划的可行性和稳健性。

一、创业计划的作用

创业计划是创业者规划、组织和管理创业活动的重要工具，以下是创业计划的一些作用。

（一）确定创业目标和方向

创业计划帮助创业者明确创业的目标和方向，包括企业的使命、愿景、目标、战略定位等。通过制订创业计划，创业者可以明确其创业目标，为未来的发展提供指导。对一个踏上创业征程的大学生团队而言，为创业项目确立明确且可实现的目标至关重要。确定创业方向的第一步是全面评估市场，找出潜在机会。通过开展全面的市场调研，创业者可以获得有关消费者需求、市场趋势和潜在竞争对手的宝贵见解。这将使创业者能够在市场中确定一个利基市场，从而创造价值并从现有竞争者中脱颖而出。第二步是确定目标受众并了解他们的偏好和痛点。通过深入了解目标市场，创业者可以根据消费者的具体需求量身定制产品或服务，从而增加成功的机会。创业者还必须为初创企业设定具体且可衡量的目标，如收入目标、客户获取目标和产品开发里程碑，这些目标将成为创业团队的路线图，为创业者提供明确的方向和跟踪进展的手段。第三步是为初创企业制定长期愿景，勾勒出创业者对企业未来5—10年发展的设想，这将为创业者提供目标感和方向感，指导决策，确保其行动与最终目标保持一致。总之，通过开展全面的市场调研、确定目标受众、设定具体目标和建立长期愿景，创业者可以有效地确定初创企业的发展方向，并为在竞争激烈的创业世界中取得成功做好准备。

（二）评估商业机会

创业计划可以帮助创业者对商业机会进行全面的评估和分析，包括市场需求、竞争情况、盈利模式、风险分析等。通过对商业机会的评估，创业者可以更好地了解市场环境，为创业决策提供依据。随着商业世界格局的不断演变，创业对于促进创新的重要性日益凸显，这一点在大学环境中尤为明显。在大学环境中，雄心勃勃的年轻人都希望通过创业在世界上留下自己的印记。创业之前，应有效评估大学生领导的创业团队的成功潜力，评估创业者对市场的全面分析，包括对行业趋势、消费者需求和潜在竞争对手的研究。此外，还必须考虑创业团队的独特价值主张，以及他们有效执行商业计划的能力。通过对手头的商机进行全面评估，大学生创业者可以获得宝贵的见解，做出明智的决策，提高成功的可能性。

（三）规划资源需求

创业计划可以帮助创业者确定创业所需的资源，包括资金、人才、技术、市场等方面。通过对资源需求的规划，创业者可以更好地准备和获取必要的资源支持。对大学生来说，创业可能是一项令人兴奋、回报丰厚的事业，然而，重要的是要仔细规划和确定创业团队取得成功所需的资源。财务资源对于支付初期启动成本、购买必要设备以及维持企业直至盈利至关重要[①]。人力资源对团队的成功也至关重要,因为团队成员能带来不同的技能、专长和知识。此外,技术在当今的商业环境中起着至关重要的作用,掌握最新的工具和软件可以大大提高团队的生产力和效率。最后,交流机会对于与潜在投资者、客户和其他商业伙伴建立关系也至关重要。

(四)吸引投资者和合作伙伴

创业计划是向投资者和合作伙伴展示创业项目价值和潜力的重要工具,一个完善的创业计划可以吸引投资者和合作伙伴的关注,并对项目的融资和合作提供支持。大学生创业团队该如何吸引投资者和合作伙伴呢?首先,大学生创业团队必须明确阐述自己的价值主张和独特卖点。投资者和合作伙伴每天都要面对大量的提案,为了在众多竞争者中脱颖而出,初创企业团队必须有效地传达自己的与众不同之处,这可能包括突出他们的创新技术、对特定利基市场的深刻理解,或他们在行业内产生颠覆性影响的潜力。其次,大学生创业团队还必须展示出对目标市场和竞争格局的深刻理解。投资者和合作伙伴通常会支持那些已经进行过全面市场调研并对行业动态有深刻理解的团队。通过展示对市场趋势、客户需求和竞争定位的了解,初创企业团队可以增加潜在投资者和合作伙伴的信心,表明他们有能力应对商业环境中的挑战。最后,大学生创业团队应优先考虑建立一个强大而有凝聚力的团队,这往往是投资者和合作伙伴在评估潜在机会时考虑的一个关键因素。投资者投资的不仅仅是产品或服务,更是产品或服务背后的团队。因此,初创企业团队必须证明他们拥有多样化的互补技能、共同的愿景以及良好的合作记录。通过展示团队的实力,创业团队可以向潜在的投资者和合作伙伴传递信心,表明他们有能力实现自己的愿景,推动创业项目取得成功。

总之,大学生创业团队通过有效地阐明自己的价值主张,展示对目标市场的深刻理解,以及建立一个有凝聚力的团队,可以在竞争激烈的创业环境中取得成功,并吸引所需的投资和合作伙伴,以促进他们的成长。

(五)制订详细的行动计划

创业计划可以帮助创业者制订详细的行动计划,包括市场营销策略、运营计划、财务预测、人力资源管理等方面。通过事先制订具体的行动计划,创业者可以更好地组织和管理创业活动。制订行动计划的第一步是确定团队的长期和短期目标,这些目标应具体、可衡量、可实现、相关且有时限

---

① 李千里:《大学生创业压力、创业压力管理与新创企业绩效关系研究》(硕士学位论文),江苏大学,2018年。

（SMART）。第二，目标确定后，团队应进行全面的市场分析，以确定潜在的机遇和威胁，这包括了解目标市场、客户需求和竞争格局。第三，团队应有效分配资源，包括人力、财力和技术资源。第四，财务规划对任何初创企业的成功都至关重要，因此团队应制定详细的预算和财务预测。第五，风险管理也是行动计划不可或缺的一部分，因为团队应识别潜在风险并制定降低风险的策略。总之，一个全面的行动计划对于大学生成功创业至关重要。

（六）提高创业成功率

研究表明，制订完善的创业计划可以显著提高创业项目的成功率，创业计划可以帮助创业者避免盲目决策和风险，提高项目的可行性和稳定性。创业之路往往充满挑战和障碍，为了提高大学生创业团队的成功率，必须关注几个关键领域。第一，创业团队必须有一个清晰明确的商业计划，概述团队的目标、目标市场、竞争分析和财务预测。第二，团队还应对其所在行业和竞争格局有深刻的了解，这包括进行全面的市场调研，了解行业趋势和发展动态。第三，团队还必须拥有多样化的技能组合以及强大的导师和顾问网络，这可以帮助他们应对创业和经营的复杂性，并提供宝贵的见解和指导。第四，团队必须高度重视创新和创意，以帮助他们从竞争对手中脱颖而出，开发出能引起目标受众共鸣的独特产品或服务。通过专注于这些关键领域，大学生创业团队可以大大提高成功的概率，并在商业世界中产生有意义的影响。

总的来说，创业计划在创业过程中起着至关重要的作用，包括确定创业目标和方向、评估商业机会、规划资源需求、吸引投资者和合作伙伴、制订详细的行动计划以及提高创业成功率等方面。因此，创业者在创业之前应该认真制订和实施创业计划，以提高创业项目的成功率和可持续性。

二、创业计划的内容

对于有抱负的创业者来说，尤其是对于希望创业的大学生来说，撰写商业计划书是一项至关重要的任务。一份精心制作的商业计划书不仅是企业的路线图，也是与潜在投资者和利益相关者沟通的工具。在本节，我们将讨论商业计划书的关键组成部分。

（1）执行摘要：这是对整个商业计划的简要概述，它应包括对企业理念、目标市场、独特价值主张和财务预算的描述，应简明扼要，令人信服，因为它通常是潜在投资者阅读的第一部分内容。

（2）公司介绍：这一部分提供了企业的详细概述，包括其使命、愿景和目标，还应包括企业的法律结构、地点以及企业建立的任何重要合作伙伴关系或联盟等信息。

（3）市场分析：全面的市场分析对于了解行业和目标市场至关重要，这一部分应包括有关市场规模、目标客户规模统计、竞争格局以及可能影响企业的市场趋势等信息。

（4）营销和销售策略：创业者应概述其获取和留住客户的营销和销售策略，包括定价策略、促销策略、分销渠道和销售预测等。

（5）产品或服务项目：这一部分应详细描述企业提供的产品或服务，其中应包括有关产品的特点和优势，以及使企业有别于竞争对手的知识产权或专有技术。

（6）运营与管理：运营和管理部分应概述企业的日常运营，包括组织结构、关键人员和运营流程，还应包括相关的行业认证或监管要求。

（7）财务预测：财务预测是商业计划书的重要组成部分，因为财务预测显示了企业的潜在盈利能力和可持续性，这一部分应至少包括企业前三年的损益表、现金流预测和资产负债表。

（8）资金申请：如果大学生要为自己的企业寻求外部资金，则应提交一份详细的资金申请，概述所需资金数额、资金用途以及为投资者带来的潜在投资回报。

（9）附录：即补充部分，包括与商业计划相关的其他信息，如关键人员的简历、市场调研数据或法律文件。

总之，通过纳入以上关键组成部分，创业者可以制订一份全面且有说服力的商业计划，帮助自己获得资金并指导团队的创业过程。

三、创业计划中的信息搜集

在编写创业计划时，信息搜集是非常重要的一步，它直接影响创业者对市场、竞争对手、目标客户、行业趋势等方面的了解。以下是一些常见的信息搜集渠道和方法。

（1）网络研究。通过搜索引擎、行业网站、专业论坛等，收集相关行业、市场、竞争对手的信息。互联网的巨大优势在于信息含量大而广，输入一个关键词会连接出浩如烟海的信息。在我国，与创业、创业计划信息相关的网站主要有以下这些：

创业投资在线（http://www.vc26.com）；

中知网（http://www.chinakm.com）；

企业信息查询网（http://www.sogongsi.com）；
中国青年就业创业网（http://career.youth.cn）；
中国中小企业信息网（http://www.sme.gov.cn）；
国家工业和信息化部官网（http://www.miit.gov.cn/n11293472/index.html）；
中国民营科技网（http://www.ccmykj.cn）；
中国人力资源网（http://www.hr.com.cn）；
创业教育网（http://www.kab.org.cn）；
高校创业联盟网站（http://www.cyeedu.com）；
科技创业咨询网（http://www.kjcyzx.org）；
阳光巴士创业网（http://www.sunbus.cn）；
世界创业实验室（http://elab.icxo/top_view.html）；
中国大学生创业培训网（http://www.etchina.com.cn）；
全国大学生创业服务网（http://cy.ncss.org.cn）；
中国创业培训网（http://www.siyb.com.cn）；
南开创业网（http://www.ebg.org.cn）；
创业家网站（http://www.chuangyejia.com）；
《创业邦》杂志网站（http://www.cyzone.cn）；
中央电视台《财富故事会》网站（http://www.cctv.com/program/cfgsh/02/index.shtml）。

美国常用的信息网站有：
商业法（www.businesslaw.gov）；
国家制造协会（www.nam.org）；
福布斯（www.forbes.com）；
国际数据（www.census.gov/main/www/stat_int.html）；
世界银行（www.worldbank.org）；
国家工业市场调研（www.export.gov/cntryind.html）；
华尔街时报（www.wsj.com）；
国际数据库（www.census.gov/ipc/www/idbnew.html）；
商业周刊（www.businessweek.com）。

（2）数据库和报告。从商业数据库、市场调研机构发布的行业报告、统计数据等，获取有关市场规模、增长趋势、消费者行为等方面的数据。

（3）采访与调研。通过面对面或电话采访、问卷调查等方式，获取目标客户、潜在合作伙伴、行业专家等的意见和反馈。

（4）行业展会和会议。参加行业相关的展会、研讨会、会议等，与同行业人士交流，了解行业动态和趋势。

（5）参观考察。实地考察竞争对手的店铺、生产基地，了解其产品、服务、运营模式等情况。

（6）媒体报道。关注行业相关的新闻报道、分析文章，了解行业发展的最新动态。

（7）专业顾问和专家意见。咨询行业专家、顾问，获取专业意见和建议。

在信息搜集的过程中，需要注意信息的来源和真实性，尽量从多渠道、多角度获取信息，以确保创业计划的信息准确性和全面性。信息搜集是创业计划书编写过程中至关重要的一步，以下是一些常见的信息搜集步骤。

（1）明确信息需求。在开始信息搜集之前，首先要明确需要哪些信息，例如市场规模、目标客户群体、竞争对手情况等。明确信息需求有助于有针对性地进行信息搜集。

（2）确定信息来源。确保信息来源的可靠性和权威性是信息搜集的重要一步。

（3）收集信息。根据明确的信息需求收集相关信息，可以通过搜索引擎、行业网站、商业数据库等途径获取信息，也可以通过采访调研、参观考察等方式获取现场信息。

（4）整理和分析信息。收集到的信息可能是零散的数据和资料，需要将收集到的数据进行分类整理，并分析其对创业项目的影响和意义。

（5）验证信息的真实性。在信息搜集的过程中，要对收集到的信息进行验证，确保信息的真实性和准确性，尽量从多渠道获取信息，避免单一信息来源导致的偏颇。

（6）撰写报告或计划书。在信息搜集和分析的基础上，撰写创业计划或信息报告，清晰地呈现所收集到的信息和分析结果。

四、市场调查的内容和方法

市场调查是创业计划中非常重要的一部分，它可以帮助创业者了解目标市场的情况，包括市场规模、潜在客户、竞争对手、市场趋势等，以下是进行市场调查时的一些关键步骤。

（1）确定调查目的。在进行市场调查之前，首先要明确调查的目的和范围，包括了解市场规模、分析目标客户需求、评估竞争对手情况等。

（2）定义调查对象。确定要调查的目标群体，可以是潜在客户、行业专家、同行竞争对手等。

（3）选择调查方法。根据调查目的和对象，选择合适的调查方法，包括问卷调查、电话采访、面对面访谈、焦点小组讨论等。

（4）制定调查问卷或访谈大纲。如果选择问卷调查或访谈的方式，需要制定问卷或访谈大纲，确保问题明确、有针对性。

（5）进行调查。根据事先制订的调查计划，开展实地调查工作，收集相关数据和信息。

（6）数据整理和分析。对收集到的数据进行整理和分析，得出有关市场规模、客户需求、竞争对手情况等方面的结论。

（7）撰写调查报告。根据数据分析结果，撰写市场调查报告，即可清晰地呈现市场情况和分析结论。通过市场调查，创业者可以更全面地了解目标市场，为制订切实可行的创业计划提供重要的依据。

（一）市场调查的功能与作用

市场调查是企业了解目标受众、竞争对手和行业趋势的重要工具，它在帮助企业做出明智决策和制定有效营销战略方面发挥着重要作用。在本节，我们将探讨市场调查的功能和重要性。

市场调查有助于企业识别和了解目标受众，通过开展调查、访谈焦点小组，企业可以收集客户的偏好、行为和需求，这些信息对于企业调整产品、服务和营销活动以满足目标市场的特定需求至关重要。如果不能清楚地了解受众，企业就有可能投资于无效的营销策略，无法与客户建立联系。市场调查还能为企业提供有关竞争对手的宝贵信息，通过分析竞争对手的优势、劣势和战略，企业可以发现差异化的机会，发展竞争优势。如果对竞争格局没有透彻了解，企业可能难以在拥挤的市场中脱颖而出并吸引客户。市场调查还有助于企业随时了解行业趋势和消费者行为的变化。通过监测市场趋势，企业可以预测消费者偏好的变化、新兴技术和新的市场机遇。这样，企业就能调整战略，保持领先地位，确保长期成功和可持续发展。如果不紧跟行业趋势，企业就有可能落后，错失宝贵的增长和创新机会。市场调查在评估营销活动和计划的有效性方面至关重要。通过收集和分析有关消费者反应和参与度的数据，企业可以衡量其营销工作的影响，并确定需要改进的领域。这样，企业就能优化营销战略，更有效地分配资源，最大限度地提高投资回报。如果不对营销活动的绩效进行评估，企业可能会继续投资于无效的战略，错失提高品牌知名度和影响力的机会。

（二）市场调查的内容

市场调研是企业了解其运营环境的重要工具，它为企业了解消费者行为、市场趋势和竞争格局提供了宝贵的见解，使企业能够做出明智的决策并制定有效的战略。在本节，我们将探讨环境分析、竞争分析、消费者需求调查在市场研究中的重要性，并讨论应考虑的关键要素。

环境分析是市场研究的重要组成部分，因为它有助于企业了解可能影响其运营的外部因素，这些因素包括经济、社会、技术和监管力量，它们可以塑造市场动态并影响消费者行为。通过进行全面的环境分析，企业可以识别潜在的机遇和威胁，并制定战略来降低风险和利用新兴趋势。环境分析的关键要素之一是了解可能影响市场的经济指标，这包括GDP增长、通货膨胀率和消费者支出模式等。通过分析这些经济指标，企业可以深入了解市场的整体健康状况，并在定价、产品开发和市场拓展方面做出明智的决策。社会因素在影响消费者行为和市场趋势方面也发挥着重要作用，人口变化、文化规范和生活方式的改变都会影响对产品和服务的需求。通过进行社会分析，企业可以识别新的消费偏好，并制定能与目标受众产生共鸣的营销策略。技术进步是环境分析的另一个重要因素，技术的迅猛发展可以为企业创造新的机遇，同时也会扰乱现有的市场动态。通过紧跟技术趋势，企业可以发现创新机会，并制定战略使其在竞争中保持领先。监管因素在塑造市场环境方面也起着至关重要的作用，法律法规的变化会影响行业动态，为企业带来新的挑战。通过进行法规分析，企业可以预测法律环境的潜在变化，并制定战略以确保合规和最大限度地降低风险。

竞争分析对企业至关重要，因为它能为企业提供有关竞争对手的战略、产品和市场定位的宝贵见解。通过了解竞争对手的优势和劣势，企业可以确定自己可以在哪些领域具有竞争优势。竞争分析还有助于企业识别市场中的潜在威胁和挑战，从而制定有效的战略来降低这些风险。进行竞争分析的第一步是确定市场上的主要竞争对手，这包括研究和编制一份提供相似产品或服务并争夺相同目标受众的企业名单。一旦确定了竞争对手，下一步就是收集有关其产品、定价、分销渠道、营销策略和市场份额的信息。这可以通过在线研究、行业报告和客户反馈等各种方法来完成。收集完必要信息后，下一步就是分析每个竞争对手的优势和劣势，这包括评估其产品供应、定价策略、营销活动和客户服务。通过将这些因素与企业的因素进行比较，可以找出企业具有竞争优势的领域以及可能落后于竞争对手的领域。除了评估竞争对手的优势和劣势，评估每个竞争对手的市场定位和品牌形象也很重要，包括分析目标受众如何看待竞争对手，以及他们的市场份额和客户忠诚度。了解这些因素可以帮助企业找到差异化发展的机会，并在市场中占据独特的地位。跟踪竞争格局中的任何新发展或新变化也至关重要，这包括监测竞争对手的产品发布、营销活动及其市场战略的任何变化，通过了解这些发展的最新情况，企业可以调整自己的战略，在竞争中保持领先地位[①]。

消费者需求调查对于企业保持市场竞争力和相关性至关重要，通过了解消费者的偏好和需求，企业可以定制产品和服务以满足市场需求，这不仅有助于吸引新客户，也有助于留住现有客户。消费者需求调查还能提供有关不断变化的趋势和消费者行为的宝贵信息，使企业能够进行调整和创新，在竞争中保持领先地位。开展有效的消费者需求调查包括几个关键步骤。第一步是明确界定调查目标，包括确定目标人群、所需的具体信息以及调查的总体目标。第二步是设计调查问卷。问卷应精心设计，以便从受访者那里收集相关的、有针对性的见解。问卷应包括开放式问题和封闭式问题，以获取定量和定性数据。第三步是选择合适的调查方法，这可以是在线调查、电话访谈、面对面访谈或这些方法的组合，应根据目标人群和所需信息的性质选择调查方法。例如，在线调查可能更适合年轻受众，而面对面访谈能更有效地收集特定消费者群体的详细反馈。第四步是招募调查参与者，可以通过社交媒体、电子邮件或与相关组织合作等各种渠道来完成。重要的是要确保参与者在目标人群中具有代表性，以确保调查结果的有效性和可靠性。第五步是分析调查结果，包括组织和解释数据，以确定主要趋势、模式和见解，进行分析时应牢记调查目标，并利用分析结果做出明智的商业决策。

头脑风暴

通过头脑风暴，老师与学生一起讨论，分析创业计划的主要内容和作用。

第二节 创业计划书的撰写和展示技巧

（1）目标受众：思考创业计划书的目标受众是谁，包括潜在投资人、合作伙伴、客户等。要考虑如何根据不同受众的需求和关注点来撰写和展示创业计划书。

---

① 龚芬：《基于产品生命周期的战略成本管理研究》（硕士学位论文），湖南大学，2008年。

（2）结构和内容：思考如何安排创业计划书的结构和内容，包括市场分析、商业模式、运营策略、财务规划等部分。要考虑如何清晰地呈现每个部分的内容，突出关键信息。

（3）故事性表达：思考如何通过故事性的表达方式来吸引读者或听众的注意，让他们更容易理解和认同创业计划。要考虑如何通过生动的案例和有趣的故事来展示创业项目的潜力和吸引力。

（4）数据支撑：思考如何利用数据和事实来支撑创业计划书中的论点和假设，增强其可信度和说服力。要考虑如何收集和整理相关数据，以及如何有效地呈现数据和统计结果。

（5）创新亮点：思考如何突出创业计划中的创新亮点和竞争优势，吸引受众的关注和认可。要考虑如何突出项目的独特之处，以及如何展示创新的思维和解决方案。

（6）反思和改进：思考如何在完成创业计划书之后，进行反思和改进。要考虑如何从受众的角度出发，不断完善计划书的内容和表达方式。

一、研讨创业构想

为了培养大学生的创业精神，为青年创业者提供一个茁壮成长的平台，可以为大学生创业团队举办一次研讨会，以讨论和完善他们的创业想法。

研讨会将为大学生创业团队提供一个宝贵的机会，让他们聚集在一起，分享他们的创新商业理念。大学生不仅能展示他们的想法，还能从经验丰富的专业人士和导师那里获得建设性的反馈和指导，这种协作环境将使大学生们能够完善自己的商业理念，并获得对创业过程提出的宝贵意见。研讨会开始时，成功的企业家先发表主题演讲，分享他们的创业历程和对商业世界的见解，这将为研讨会定下基调，激发学生对自己的创业进行创造性和雄心勃勃的思考。主题演讲结束后，学生团队将有机会向评审团展示自己的商业理念，并获得对其理念的反馈意见。除演讲外，还可以组织研讨会和分组会议，重点讨论创业的各个方面，如业务规划、营销策略、财务管理和法律注意事项。这些会议将为学生提供创办和发展成功企业所必需的实用知识和技能。研讨会还将为学生提供与志同道合者、潜在合作者和业内专业人士建立联系的机会，建立强大的人际网络对企业的成功至关重要。研讨会将为学生提供拓展专业人脉的机会，并从行业专家处获得宝贵的见解。

总之，为大学生创业团队举办研讨会，讨论和完善他们的创业想法，是培养年轻人创业精神的关键一步。研讨会为学生提供了一个展示创意、接受反馈和获取实用知识的平台，可以增强学生追求创业理想的信心和决心，它还将促进大学校园内充满活力和创新精神的创业社区的发展，为年轻创业者的茁壮成长和成功创造有利环境。

二、分析创业可能遇到的问题和困难

本节将分析大学生创业团队可能面临的问题和障碍，并探讨克服这些问题和障碍的策略。

大学生创业团队面临的主要挑战之一是缺乏经营企业的经验，大多数大学生的商业经验有限，难以驾驭创办和管理公司的复杂性，也可能缺乏必要的技能和知识，无法有效地制订商业计划、获得资金或做出关键的商业决策。为了克服这一挑战，大学生创业团队可以向经验丰富的企业家和商业专业人士寻求指导，还可以利用大学提供的创业计划和资源，获得创业方面的实践经验和知识。

大学生创业团队面临的另一个普遍挑战是资金、设施和专业网络等资源有限。创业需要大量资金，大学生在创业初期可能难以获得创业所需的资金，在寻找合适的工作场所、利用专业人际网络和行业关系方面也可能面临挑战。为了应对这些挑战，大学生创业团队可以探索其他资金来源，如拨款、竞赛和众筹，还可以利用大学提供的资源和支持，如孵化器计划、网络活动以及行业导师和顾问。

对于大学生创业团队来说，如何在创业工作与学业责任之间取得平衡同样是一项重大挑战，他们需要努力分配时间和精力，在不影响学业的同时投入到创业中。要应对这一挑战，大学生创业团队要分清任务的轻重缓急，有效管理时间。他们还可以寻求学术顾问和教授的支持，制定一个灵活的时间表，在不影响学习成绩的情况下进行创业。

有效的团队合作对创业企业至关重要。而大学生创业团队在建立和维持一个有凝聚力、高效的团队方面可能面临挑战。例如，团队可能会遇到冲突、沟通问题以及工作方式和期望的差异，这些都会阻碍团队的进步。为了应对这一挑战，大学生创业团队需要投入时间和精力，建立强大的团队，营造积极协作的工作环境，建立明确的角色和职责，促进开放式沟通，并积极解决冲突或问题，以确保团队和谐、高效。

总之，大学生创业团队在追求创业理想的过程中，可能会遇到各种挑战和困难，需要有正确的心态、策略，克服挑战。通过寻求指导、充分利用资源、有效管理时间以及建立强大的团队，大学生创业团队可以克服面临的障碍，在创业事业中取得成功。

三、提炼创业计划的执行概要

为了成功实现创业愿景，大学生创业团队必须制定一份简明而全面的商业计划，概述他们的目标、战略和策略。

第一步是明确界定团队的愿景和使命，包括确定团队要解决的问题或机遇，以及阐明其产品或服务将提供的价值主张。通过明确定义愿景和使命，团队可以调整努力方向，确保所有成员都朝着共同的目标努力。第二步是对市场和竞争格局进行全面分析，包括确定目标市场、了解客户需求和偏好，以及评估潜在竞争对手的优势和劣势。通过深入了解市场，团队可以制定战略，从而有效定位产品或服务，赢得竞争优势。第三步是制定详细的营销和销售战略，包括确定接触目标客户的渠道，以及吸引和留住客户的策略，团队还必须制定定价策略，考虑他们为客户提供的价值以及竞争对手的定价策略。第四步是制订全面的运营计划，这包括概述提供产品或服务所需的关键活动和流程，以及确定支持这些活动所需的资源和合作伙伴。通过制订明确的运营计划，团队可以确保他们拥有必要的基础设施来有效地提供产品或服务。第五步，团队必须制订一份财务计划，概述与创业相关的成本和收入，包括预测开发和提供产品或服务所产生的费用，以及估计销售收入，还应制定一个财务模型，用于衡量创业成功与否的关键指标。

总之，要想成功实施创业项目，创业团队必须制订全面而周密的商业计划，包括明确界定创业愿景和使命、对市场和竞争格局进行透彻分析、制定详细的营销和销售战略、概述全面的运营计划以及制订财务计划。有了完善的计划，创业团队就能应对各种挑战，在全球经济中创造有意义的影响。

四、把创业构想变成书面计划

随着世界不断发展和支持创新，创业已成为许多大学生的热门职业选择。将独特的理念付诸实践的想法既令人兴奋，又充满挑战。从一个单纯的想法到一个成功的创业项目，其过程并非一帆风顺，需要精心策划以及有战略思维和强大的团队来有效执行计划。

对于创业的大学生来说，组建创业团队往往是将创业梦想变为现实的第一步，一个成功的创业团队需要由拥有不同技能、专业知识和共同愿景的个人组成，他们共同致力于开发一个不仅具有创新性，而且在市场上可行的商业理念。将商业理念转化为书面计划的过程对于任何创业团队都至关重要，一份精心制作的商业计划书是创业团队的路线图，它概述了企业的目标、战略和财务预测，还能让团队清楚地了解市场、目标受众和竞争对手，帮助团队做出明智的决策，应对未来的挑战。为了制订一份全面的商业计划，初创团队首先必须对其行业、目标市场和潜在竞争对手进行深入研究，包括收集数据、分析趋势、确定增长和差异化机会。通过了解市场动态和消费者行为，团队可以为企业制定独特的价值主张和定位战略。研究阶段完成后，初创团队要概述其商业计划的关键组成部分，包括定义公司的使命和愿景，确定产品或服务，以及建立商业模式和收入来源。团队还必须概述其营销和销售战略、运营计划和财务预测，清楚地了解启动和维持业务所需的资源和投资。在撰写商业计划书时，创业团队必须确保文件结构合理、简洁明了、引人注目，有效传达企业概念的独特性、市场机会以及团队执行计划的能力。所使用的语言应具有专业性和说服力，能够吸引潜在投资者、合作伙伴和利益相关者的注意。商业计划应具有适应性，并反映出团队愿意根据市场反馈和洞察不断改进和完善自己的想法，还应展示团队对道德和可持续商业实践的承诺，以及他们对潜在风险的认识和减轻风险的应急计划。

总之，对于大学生创业者来说，将创业想法转化为书面计划的过程需要创业团队通力合作，进行深入研究，制订全面的商业计划，并有效传达他们的愿景和战略。通过花时间精心制作一份经过深思熟虑的商业计划，创业团队可以增加获得资金、吸引合作伙伴的机会，并最终将他们的创业梦想转化为成功的企业。

五、创业计划书的撰写和展示技巧

大学生创业是一项既令人兴奋又充满挑战的事业，它需要有经过深思熟虑的商业计划，概述创业的目标、战略和财务预测。除了撰写全面的商业计划，学生创业团队还需要向潜在投资者、合作伙伴和利益相关者有效地介绍他们的计划。本节旨在为大学生创业团队提供撰写和展示商业计划的见解和技巧。

一份精心撰写的商业计划书是创业企业的路线图，它应包括以下关键部分。

（1）执行摘要。这一部分为企业概述，包括使命、愿景和主要目标，还应突出创业项目的独特价值主张及其成功潜力。

（2）公司介绍。这一部分提供企业的详细信息，包括法律结构、地点和历史,还应概述所提供的产品或服务以及目标市场。

(3)市场分析。指对行业、市场趋势和目标客户进行深入研究,还应包括对竞争格局以及增长和盈利潜力的分析。

(4)组织与管理。这一部分是企业的组织结构,包括团队成员的角色和职责。还应突出团队在推动企业成功方面的资历和专长。

(5)营销和销售策略。这一部分概述了企业的营销和销售方法,包括定价策略、促销活动和分销渠道,还应包括销售预测和客户获取计划。

(6)财务预测。这一部分包括财务报表,如损益表、现金流量表和资产负债表,还应包括未来三至五年的详细财务预测,包括收入预测、支出和收支平衡分析。

除了撰写全面的商业计划书,大学生创业团队还应该熟练掌握有效展示计划书的技巧,以下技巧有助于成功展示商业计划书。

(1)了解听众。必须了解受众,并根据他们的兴趣和需求进行演讲,对潜在投资者或合作伙伴进行研究,定制符合他们期望的演示文稿。

(2)引人入胜的故事讲述。引人入胜的叙述可以吸引听众,使商业计划书更令人难忘,使用讲故事的技巧来传达企业的使命、愿景和历程,与听众建立情感联系。

(3)视觉辅助工具。幻灯片、图表和图形等视觉辅助工具可以增强演示效果,使复杂的信息更易于理解,视觉效果有助于说明要点和数据,使演示更具吸引力和说服力。

(4)练习和排练。熟能生巧,多次排练有助于自信、清晰地进行演示,还能让团队完善他们的表达、时间安排和整体表现。

(5)回答问题。预测可能出现的问题,并准备经过深思熟虑和充分研究的答案,可以展示团队的专业知识和准备情况。对反馈持开放态度,并解决听众提出的问题。

总之,大学生创业团队撰写和展示商业计划书需要精心策划、全面研究和有效沟通。利用以上技巧,学生创业团队可以制订出令人信服的商业计划,并成功地进行演示,使潜在投资者和合作伙伴产生共鸣。有了精心制作的商业计划和有说服力的演示,大学生创业团队可以增加获得支持和创业资金的机会。

六、创业计划书常见问题及对策

本节将讨论大学生创业商业计划书中常见的一些问题,并提出解决这些问题的有效对策。

大学生创业者在制订创业计划时最常见的问题之一是缺乏企业管理经验和知识，许多大学生可能有很好的创业想法和激情，但缺乏必要的技能和专业知识，无法制订全面有效的创业计划。为了解决这个问题，大学生创业者应寻求该领域经验丰富的专业人士的指导和辅助，还可以利用大学或当地商业组织提供的创业计划和研讨会，获取制订成功商业计划所需的知识和技能。大学生制订商业计划的另一个常见问题是缺乏资金，创业需要大量资金，而大学生可能难以获得创业所需的资金。为了克服这一困难，大学生创业者可以探索其他筹资方式，如众筹资金、天使投资人或商业竞赛，他们还可以考虑与其他学生或创业者合作，集中资源，分担创业的经济负担。除了缺乏经验和资金，大学生制订创业计划书时，还可能面临市场调研和分析方面的挑战。深入了解目标市场、识别潜在客户是企业成功的关键，然而，大学生可能缺乏进行全面市场调研的资源和专业知识。要解决这个问题，大学生创业者可以利用大学现有的资源，如商学院的研究设施和数据库，收集有价值的市场见解，还可以寻求教授和行业专家的指导，帮助他们进行有效的市场调研和分析。许多大学生可能有雄心勃勃的创业目标和想法，但却无法制订一份同时具备实用性和现实性的商业计划，为解决这一难题，大学生创业者应专注于根据现实可行的目标制订商业计划，还可以寻求导师、教授和业内专业人士的反馈和意见，以确保他们的商业计划结构合理、切实可行。

总之，大学生创业者在制订商业计划时会面临各种挑战，但只要有正确的策略和支持，他们就能克服这些障碍，创建成功的企业。大学生创业者可以通过寻求导师指导、探索其他融资方案、利用大学资源和关注现实目标，制订有效的商业计划。只要有决心、毅力和正确的支持，大学生创业者就能将自己的创业想法变为现实，并在商界产生积极的影响。

案例分析

针对一份没有获奖的创业计划书，学生分组讨论，分析其存在的问题，提出完善意见和建议。

本章小结

在本章中，我们深入探讨了创业计划的重要性和制订方法。创业计划是创业过程中至关重要的一步,它是创业者对未来企业发展的全面规划和预测。通过制订创业计划,创业者可以对企业的目标、战略、运营模式、市场定位、财务预测等方面进行系统性的规划,为企业的发展奠定坚实的基础。在编制创业计划的过程中,创业者需要对市场进行深入的调研和分析,了解行业发展趋势、竞争格局和用户需求,找到最适合自己企业的市场定位和发展方向。同时,创业者还需要对企业的组织架构、人力资源、资金需求、财务预测等方面进行详细的规划,确保企业在未来的发展过程中能够健康、稳定地运营。创业计划的编制需要充分考虑市场环境的变化和企业发展的需要。创业者需要不断优化和调整创业计划,以适应市场的变化和企业发展的需要。同时,创业者还需要善于与各方建立合作伙伴关系,实现资源共享和互补,提高企业的竞争力。总的来说,创业计划是创业成功的重要保障,创业者需要通过系统性的规划和预测,为企业的发展奠定坚实的基础。

创业术语

创业计划　信息搜集　市场调查　创业构想　执行概要　利润表　资产负债表　现金流量表

牛刀小试

试想你即将在学校附近开一家奶茶店,请尝试按照本书的指导,梳理从创意到创业模式设计的一系列要点,并结合本章创业计划书撰写技巧,尝试编写一份创业计划书。

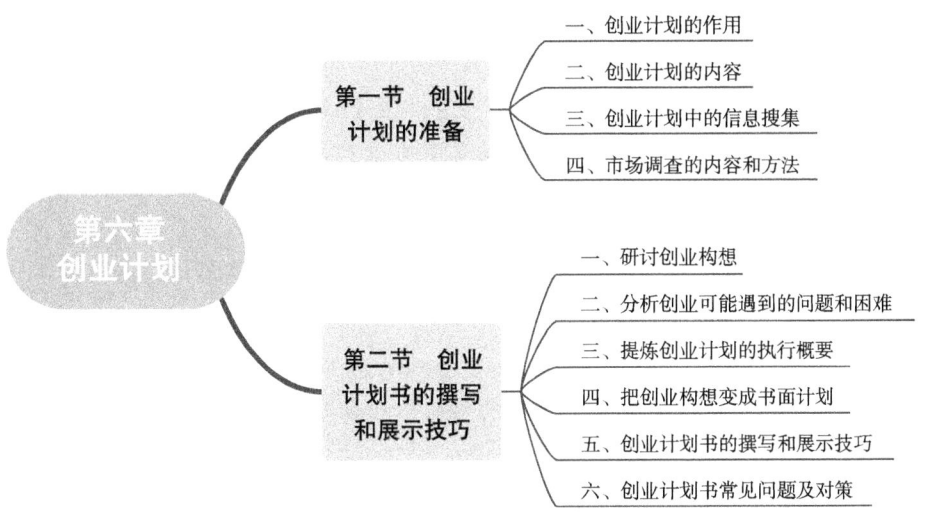

第七章 创办企业

本章提要

通过本章的学习,了解注册成立新企业的原因,新企业注册的程序与步骤,新企业选址的影响因素等;了解创办新企业后可能遇到的风险类型及其应对策略;了解新企业的管理重点与方向策略;认识新企业获得社会认同的必要性和基本方式;认识新企业管理的独特性。

第一节 成立新企业

课前思考

(1)创业动机:思考自己成立新企业的动机是什么,是因为看到了市场机会,还是因为对某个行业或领域有浓厚的兴趣。要考虑自己的动机是否与个人的兴趣、技能和价值观相符,以及是否有清晰的目标和期望。

(2)产品或服务定位:思考企业要提供的产品或服务是什么,定位是什么,是否有市场需求和竞争优势。要考虑如何明确自己的产品或服务定位,以及如何满足客户的需求并与竞争对手区分开来。

(3)目标市场:思考企业的目标市场是什么,包括目标客户群体、市场规模、增长趋势等方面。要考虑如何深入了解目标市场的特点和需求,以及如何制定针对性的营销和销售策略。

(4)商业模式:思考企业的商业模式是什么,包括盈利模式、成本结构、价值主张等方面。要考虑如何确保商业模式的可行性和盈利能力,以及如何不断优化和调整商业模式。

(5)团队建设:思考企业的团队建设计划,包括创始团队、合作伙伴、顾问等。要考虑如何找到合适的人才,组建一个具有执行力和创新能力的团队。

(6)资金和风险:思考企业的资金需求和风险管理计划,包括启动资金、运营资金、融资途径等。要考虑如何制定详细的财务规划,降低创业风险,确保企业的可持续发展。

一、企业法律形式选择

企业法律形式是指企业在法律上所采取的组织形式和法律地位，不同的法律形式对企业的责任、权利、税务、财务等方面都有不同的规定和要求。常见的企业法律形式包括个体经营、合伙企业、有限责任公司、股份有限公司、联营企业和合资企业等。企业在选择法律形式时需要考虑企业规模、所有权结构、责任承担、税务优惠等因素，以选择最适合自身情况的法律形式。企业法律形式的产生主要是由于不同的经济活动和组织形式需要由法律进行规范和约束，以保障企业的合法权益，规范企业的经营行为，保护投资者和消费者的利益。企业法律形式的产生也受到不同国家的法律体系和经济发展阶段的影响[1]。在不同的历史时期和不同的国家，随着经济和社会的发展，出现了不同的企业法律形式，这些法律形式的产生是为了满足不同的经济需求和组织形式，也是为了提供不同的所有权结构、责任承担、税务优惠等方面的选择，使企业能根据自身情况选择最适合的法律形式。

（一）个体经营

个体经营是指由个人独自经营的一种企业形式。在个体经营中，企业的所有权、经营权和风险承担权都由个体经营者独自拥有和承担。个体经营者通常自己是老板，负责企业的日常经营管理，决策权完全掌握在个体经营者手中，个体经营者从企业经营中获得的收益也归个人所有。个体经营通常适用于小型零售店、个体手工艺品制作、个体理发店、个体餐饮等小型经营场所，个体经营的特点包括灵活、简单、经营自主、决策迅速等。但个体经营需要个人承担全部责任，包括经营风险、债务责任等。在法律上，个体经营者通常需要遵守当地的个体工商户登记管理规定，缴纳相关税费，并承担个体经营所产生的债务和风险。

个体经营的优点：①灵活性。个体经营者可以自主决定企业的经营方针、业务范围和经营管理，不受其他合作伙伴或股东的限制。②决策迅速。个体经营者可以快速做出决策，不需要经过多方协商，提高了应对市场变化的能力。③利润归属。个体经营者从企业经营中获得的利润归个人所有，不需要与其他合作伙伴分享。

个体经营的缺点：①个人责任。个体经营者对企业的债务和风险承担全部责任，可能面临较大的经营风险。②资金有限。个体经营者的资金和资源有限，发展受到一定的限制，难以进行大规模扩张。③经营管理能力有限。

---

[1] 张红兵：《个人独资企业若干基本问题之法理研究》（硕士学位论文），华中师范大学，2006年。

个体经营通常是一人或少数人经营,可能缺乏专业的管理技能和经验,难以应对复杂的市场竞争和管理挑战。

综上所述,个体经营的优缺点需要根据具体情况进行权衡,对于一些小型经营场所来说,个体经营可能是一种较为适合的经营形式,但对于一些需要大规模投资和资源整合的企业来说,可能需要考虑其他的企业法律形式。

(二)合伙企业

合伙企业是指由两个或两个以上的个人或法人共同出资、共同经营、共享利润、共担风险的一种企业形式。合伙企业的合伙人之间通过合伙协议或契约约定各自的权利和义务,共同经营企业并分享企业的盈利①。合伙企业通常分为普通合伙企业和有限合伙企业两种形式。

1. **普通合伙企业**

所有合伙人对企业的债务和风险承担无限责任,即个人财产对企业债务负有连带责任。

2. **有限合伙企业**

有限合伙企业由至少一个有限合伙人和一个或多个普通合伙人组成,有限合伙人的责任通常限于其出资额,而普通合伙人承担无限责任。

合伙企业的优点包括共同出资、共同经营,可以整合各方资源,分担风险,共享利润,提高企业的经营能力和发展潜力。合伙企业的合伙人之间也可能存在利益冲突、管理权分配、合伙关系稳定性等方面的挑战,需要通过合伙协议等方式进行规范和约束②。在法律上,合伙企业的设立和经营通常需要遵守当地的合伙企业登记管理规定,明确各合伙人的权利和义务,缴纳相关税费,并承担合伙企业所产生的债务和风险。

合伙企业的优点:①共同出资。合伙企业可以整合多方资金,降低单个合伙人承担的经营风险,有利于企业的发展和扩张。②共同经营。合伙企业可以充分发挥各合伙人的专长和优势,共同经营企业,提高企业的经营管理水平。③分担风险。合伙企业的合伙人共同承担企业的风险和责任,降低了个人承担风险的压力。④共享利润。合伙企业的盈利可以根据合伙协议进行分配,合伙人可以共享企业的经营成果③。

---

① 董涛:《风险投资中的委托代理关系与我国私营中小企业制度创新》(硕士学位论文),中国海洋大学,2007年。

② 窦瀚洋:《上海读客图书有限公司的合伙人制度探究》(硕士学位论文),上海师范大学,2018年。

③ 杨明慧:《大学生创业企业组织形式选择初探》,载《财富时代》,2021年第5期,第68—69页。

合伙企业的缺点：①利益分配。合伙人之间可能存在利益冲突，特别是在利润分配、管理权力等方面可能产生纠纷。②无限责任。普通合伙企业的合伙人对企业的债务承担无限责任，个人财产可能受到影响。③管理不当。如果合伙企业缺乏有效的管理和约束，可能导致合伙人之间的管理混乱和冲突。④合伙关系不稳定。合伙企业的合伙关系可能会因为各种原因而不稳定，例如合伙人离职、死亡等情况，可能对企业经营产生不利影响。

综上所述，合伙企业的优缺点需要根据具体情况进行权衡，对于一些需要整合多方资源、共同经营的企业来说，合伙企业可能是一种较为适合的经营形式，但合伙人之间需要建立良好的合作关系，明确各自的权利和义务，规范企业的经营管理，以降低合伙企业经营风险。

（三）有限责任公司

有限责任公司（limited liability company，LLC）是一种企业组织形式，具有公司和合伙企业的特点。

有限责任公司的形式通常适用于小型企业和创业公司，因为它既具有公司的法律实体特征，又具有合伙企业的灵活性和简化的管理程序。在很多国家，有限责任公司是一种受欢迎的企业组织形式，因为它结合了公司和合伙企业的优点，同时又避免了它们各自的缺点。有限责任公司作为一种企业组织形式，具有一系列优点和缺点。

有限责任公司的优点：①有限责任。成员通常对公司的债务和义务承担有限责任，个人财产一般不会因公司的债务而受到影响。②税务灵活性。有限责任公司可以选择以合伙企业或公司税务的形式来纳税，这种灵活性使得有限责任公司在税务上具有一定的优势。③管理灵活性。有限责任公司的经营管理可以由成员自行决定，也可以委托给经理人来负责，这种管理灵活性使得有限责任公司适合于不同类型的业务组织。④所有权转让便利。有限责任公司成员之间的所有权转让相对比较灵活，可以通过协议等方式来规定所有权的转让条件。

有限责任公司的缺点：①有限市场流动性。相对于股份有限公司，有限责任公司的股权转让流动性较低，因为有限责任公司的股权转让受到较多限制。②管理复杂性。在一些国家，有限责任公司的管理可能相对复杂，需要遵守一定的法律程序和规定。③资本筹集限制。相对于股份有限公司，有限责任公司在进行股权融资和吸引外部投资时可能面临一定的限制。④成员关系不稳定。有限责任公司的成员关系可能会因为成员离职、死亡等原因而不稳定，对公司的经营产生一定的不利影响。

综上所述，有限责任公司作为一种企业组织形式，具有灵活性和有限责任的优势，但也存在一些管理和市场流动性上的限制。选择有限责任公司作为企业组织形式时，需要根据具体情况权衡其优缺点。

（四）股份有限公司

股份有限公司是一种由股东出资设立公司的形式，其股东对公司的债务承担有限责任。股份有限公司的基本特点包括以下几点。

（1）有限责任。股份有限公司的股东对公司债务承担有限责任，即其个人财产一般不会因公司的债务而受到影响。股东的责任通常限于其所持股份的金额。

（2）资本分割。股份有限公司的资本由股东出资认购股份而形成，公司的债权人只能依法向公司主张权利，不能直接向股东追偿。

（3）法人独立性。股份有限公司是一种法人实体，具有独立的法律地位，可以独立承担法律责任、享有法律权利，并独立进行民事活动。

（4）股份转让便利。股份有限公司的股份相对容易转让，股东可以通过证券市场或者公司内部协议等方式转让其持有的股份。

（5）公司治理结构。股份有限公司通常设立董事会、监事会和经理层等公司治理结构，以实现公司的有效管理和监督[①]。

股份有限公司通常适用于中小型企业和大型企业，是一种较受欢迎的企业组织形式，因为其具有有限责任、股份流动性高、法人独立等优点。但同时，它也存在着一定的管理复杂性和对资本市场的要求。在很多国家，股份有限公司是主要的企业组织形式之一，适用于各种类型的商业活动，以下是股份有限公司的优点和缺点。

股份有限公司的优点：①有限责任。这为投资者提供了较高的安全性。②资本筹集。股份有限公司可以通过公开发行股票等方式筹集资金，便于扩大规模和进行大型投资。③股东权益流动性。股份有限公司的股份可以相对容易地在证券市场上买卖，提高了股东的权益流动性。④治理结构。股份有限公司通常会设立董事会、监事会等治理结构，有利于公司的规范化管理和监督。⑤持续存在性。股份有限公司的存在不受股东变更的影响，公司可以持续存在，这有利于公司的长期发展。

股份有限公司的缺点：①管理复杂性。股份有限公司的治理结构相对复杂，需要遵守较多的法律法规，管理和运营成本较高。②股东权益分散。股份有限公司的股东相对较多，可能导致股东权益分散，难以形成统一意志，影响公司的决策效率。③股东权益受限。股份有限公司的股东权益可能受到

---

① 李景霞、贺凌燕：《浅谈现代企业制度的本质》，载《山西大学学报：哲学社会科学版》，2000年第23卷第1期，第66—69页。

一定的限制，例如在公司重大决策中，小股东的话语权相对较弱。④股东关系不稳定。股份有限公司的股东关系可能会因为股东的变更而不稳定，对公司的经营产生一定的不利影响。

综上所述，股份有限公司作为一种企业组织形式，具有有限责任、资本筹集便利等优点，但也存在着管理复杂性和股东权益分散等缺点。选择股份有限公司作为企业组织形式时，需要根据具体情况权衡其优缺点。

（五）联营企业

联营企业是指由两个或多个法人或其他组织共同出资、共同经营、共享风险、共同承担经营成果的企业。联营企业通常是由两家或多家公司共同投资组建的合资企业，这些公司在联营企业中拥有一定比例的股权或投资份额，并共同参与企业的经营管理。联营企业通常是在合资合作协议的基础上成立的，合资合作协议规定了各方在联营企业中的投资比例、经营管理方式、利润分配、风险承担等方面的内容。联营企业的经营活动通常由各方共同决定，并由各方共同参与。联营企业通常是为了实现合作共赢、资源整合、风险分担等目的而成立的，适用于跨国合作、产业整合、市场拓展等领域。在联营企业中，各方共同承担风险，共同分享经营成果，是一种灵活的合作形式，有利于各方共同利益的实现。在国际贸易和投资中，联营企业是一种常见的合作形式，可以帮助企业利用各自的资源和优势，共同开拓市场、降低风险、提高竞争力。在一些国家的法律体系中，联营企业可能具有特殊的法律地位和监管要求，需要遵守相关的法律法规和合资合作协议。联营企业作为一种合作形式，具有以下优点和缺点。

联营企业的优点：①资源整合。联营企业可以充分利用各方的资源和优势，实现资源整合，提高企业的生产效率和市场竞争力。②风险共担。各方在联营企业中共同承担风险，有利于降低单一企业面临的风险，增强企业的抗风险能力。③分工合作。各方可以根据各自的优势和专长进行分工合作，提高企业的专业化水平和经营效率。④市场拓展。联营企业可以通过各方的资源和网络，共同开拓新的市场，实现市场拓展和业务的多元化。

联营企业的缺点：①管理复杂。联营企业涉及多方合作，管理和决策过程相对复杂，需要协调各方利益，容易出现管理混乱和决策困难。②利益分配复杂。由于各方在联营企业中共同投资和经营，利益分配可能成为合作的矛盾，引发合作纠纷。③信息不对称。由于各方之间可能存在信息不对称，合作中可能出现信息沟通不畅、合作不透明等问题。④退出困难。一旦进入联营企业，各方的退出可能相对困难，特别是当合作期间出现分歧时，其中一方退出可能会面临一定的困难。

综上所述，联营企业作为一种合作形式，具有资源整合、风险共担等优点，但也存在着管理复杂、利益分配复杂等缺点。选择联营企业作为合作形式时，需要充分考虑其优缺点，制定合理的合作协议，加强沟通协调，以实现合作共赢的目标。

（六）合资企业

合资企业是指由两个或以上的法人或其他组织，按照合同的约定，共同投资、共同经营、共同管理的企业。合资企业通常是由国内外企业或者不同国家的企业合作成立的，是跨国合作的重要形式①。合资企业的成立通常需要签订合资合作协议，协议中约定了各方在合资企业中的投资比例、经营管理方式、利润分配、风险承担等方面的内容。合资企业的经营活动由各方共同决定，并由各方共同参与。合资企业通常是为了实现资源整合、市场拓展、风险分担等目的而成立的，适用于跨国合作、产业整合、技术合作等领域。在合资企业中，各方共同承担风险，共同分享经营成果，是一种灵活的合作形式，有利于实现各方共同利益。在国际贸易和投资中，合资企业是一种常见的合作形式，可以帮助企业利用各自的资源和优势，共同开拓市场、降低风险、提高竞争力。在一些国家的法律体系中，合资企业可能具有特殊的法律地位和监管要求，需要遵守相关的法律法规和合资合作协议，合资企业作为一种合作形式，具有以下优点和缺点。

合资企业的优点：①资源整合。合资企业可以整合各方的资源，包括资金、技术、人才等，实现资源共享，提高企业的生产效率和市场竞争力。②风险共担。各方在合资企业中共同承担风险，有利于降低单一企业面临的风险，增强企业的抗风险能力。③技术合作。合资企业通常涉及技术、管理等方面的合作，有助于技术创新和经验共享，提高企业的技术水平和竞争力。④市场拓展。合资企业可以通过各方的资源和网络，共同开拓新的市场，实现市场的拓展和业务的多元化。

合资企业的缺点：①管理复杂。合资企业涉及多方合作，管理和决策过程相对复杂，需要协调各方利益，容易出现管理混乱和决策困难。②利益分配复杂。由于各方在合资企业中共同投资和经营，利益分配可能成为合作的矛盾，容易引发合作纠纷。③文化差异。如果合资企业涉及跨国合作，可能存在不同国家、不同文化背景的合作方，文化差异可能会影响合作的顺利进行。④退出困难。一旦进入合资企业，各方的退出可能相对困难，特别是当

---

① 乔丽娟、魏亚平：《纺织企业对外股权投资模式浅析》，载《财会通讯：综合（中）》，2010年第32期，第9-10页。

合作期间出现分歧时，其中一方退出可能会面临一定的困难。

综上所述，合资企业作为一种合作形式，具有资源整合、风险共担等优点，但也存在着管理复杂、利益分配复杂等缺点。选择合资企业作为合作形式时，需要充分考虑其优缺点，制定合理的合作协议，加强沟通协调，以实现合作共赢的目标。

二、企业注册流程及相关法律文件

企业注册的流程通常包括以下几个主要步骤：

（1）选择企业类型。首先需要确定要注册的企业类型，如有限责任公司、合伙企业、个体工商户等。不同类型的企业在注册流程和要求上可能会有所不同。

（2）名称预先核准。选择并提交企业名称进行预先核准，确保企业名称符合相关法律法规的规定，并且与其他企业的名称不重复。

（3）准备注册材料。根据当地工商行政管理部门的要求，准备好注册所需的各项材料，包括身份证明、住所证明、股东信息、法定代表人信息等。

（4）提交注册申请。将准备好的注册材料提交给当地的工商行政管理部门，填写相关的注册申请表格，并缴纳注册费用。

（5）审核和批准。工商行政管理部门会对提交的注册材料进行审核，确认符合法定要求后，颁发《营业执照》等注册证件。

（6）刻章备案。注册完成后，需要向公安机关申请刻制企业公章，并进行备案登记。

（7）注册税务登记。注册完成后，需要向税务部门进行税务登记，领取税务登记证，并办理税务发票等相关手续。

（8）开立银行账户。根据企业名称和注册证件，向银行申请开立企业银行账户。

以上是一般企业注册的基本流程，具体的流程和要求可能会因地区、行业、企业类型等因素而有所不同。在进行企业注册时，建议咨询专业的注册机构或律师，以确保按照相关法律法规正确完成注册手续。

三、创办企业时必须考虑的法律问题

创办企业时，必须考虑并解决的法律问题包括但不限于以下几个方面。

（1）企业类型选择。根据不同的业务需求和经营模式，选择合适的企业类型，如有限责任公司、合伙企业、个体工商户等。不同类型的企业在法律地位、责任承担、税务安排等方面有所不同。

（2）注册程序和法律合规。确保企业的注册程序合法合规，包括企业名称的预先核准、注册资本的设立、股东信息的登记等，还需要了解并遵守相关的法律法规，如公司法、劳动法、税法等，以确保企业在经营过程中不会触犯法律。

（3）知识产权保护。如果企业拥有专利、商标、著作权等知识产权，需要考虑如何保护这些知识产权，并遵守相关的知识产权法律法规，防止侵权和知识产权纠纷。

（4）劳动法律问题。在雇佣员工时，需要遵守劳动法律法规，包括签订合同、支付工资、提供工作环境和福利等方面的规定，以保障员工的合法权益。

（5）税务法律问题。企业需要了解并遵守相关的税务法律法规，包括企业所得税、增值税、个人所得税等方面的规定，确保按时足额缴纳税款，避免税务风险。

（6）合同法律问题。在与客户、供应商、合作伙伴等进行合作时，需要签订合同，合同的起草和执行需要遵守相关的合同法律法规，以确保合同的有效性和合法性。

以上是创办企业时必须考虑的一些法律问题，具体情况可能会因不同的行业、地区和企业类型而有所不同。在创办企业之前，建议寻求专业的法律咨询，以确保企业在法律上合法合规地经营。

四、创办企业时应注意的伦理问题

在创办企业时，创业者应该重视伦理问题，以确保企业经营符合社会道德和价值观，建立良好的企业形象和社会责任感。以下是创办企业时应注意的一些伦理问题。

（1）诚信经营。在经营过程中，企业应该坚持诚信原则，遵守承诺，与员工、客户、供应商等各方建立起互信的关系。不得以欺诈、虚假宣传等手段获取利益。

（2）社会责任。企业应该关注社会责任，尊重人权，关心员工福祉，关注环境保护，积极履行企业的社会责任，回馈社会。

（3）尊重员工权益。创办企业时应尊重员工的权益，提供公平的薪酬待遇、良好的工作环境，保障员工的安全和健康。

（4）尊重消费者权益。企业应该提供安全、合格的产品和服务，尊重消费者权益，不得采用欺诈、虚假宣传等手段误导消费者。

（5）知识产权保护。企业应该尊重和保护知识产权，不得侵犯他人的专利、商标、著作权等知识产权。

（6）反腐倡廉。企业应该建立健全内部管理机制，反对腐败行为，坚持廉洁经营，不得出现行贿、受贿、挪用公款等违法行为。

（7）社会公益。企业应该积极参与社会公益事业，回馈社会，关注弱势群体，为社会做出积极贡献。

总之，创办企业时应该注重伦理问题，建立良好的企业道德风尚，以赢得员工、客户和社会的尊重和支持，企业的长期发展离不开良好的伦理道德和社会责任感。

五、新企业选址策略与技巧

为新企业选择合适的地点是一项关键决策，会对公司的成功和发展产生重大影响，经过深思熟虑的选址战略可以帮助企业充分考虑人流量、竞争、交通便利性和成本等各种因素，最大限度地提高成功潜力。在本节，我们将探讨企业选址战略的关键要素，并提供一些技巧供企业在选址时参考。

第一，是全面了解企业所处的市场，包括进行全面的市场调研，以确定目标客户群、他们的偏好和购买行为，还必须分析该地区的竞争情况，以确定饱和程度，并找出新企业可以填补的市场空白。通过对市场的了解，企业可以做出明智的决策，决定在哪里开展业务，从而最大限度地挖掘成功的潜力。第二，是考虑交通便利性和知名度。企业应将目标客户的交通便利作为目标，无论是位于主要高速公路、公共交通枢纽附近，还是位于人流量大的地区，知名度对于吸引人流和提高品牌知名度也很重要。因此，企业应优先选择能见度高、交通便利的地点，以确保其成功。第三，是考虑成本。企业应仔细评估租赁或购买物业的成本，以及水电、税收和维护等任何额外费用，在符合企业需求和预算限制之间取得平衡非常重要。第四，是考虑特定地点提供的潜在投资回报，并与相关成本进行权衡。通过仔细考虑新地点的财务影响，企业可以做出符合其长期目标的明智决定。在选择新的商业地点时，必须考虑未来增长和扩张的潜力，企业应评估特定地点是否能满足其长期计划的需要，是否能为企业的发展提供扩张空间。第五，是考虑该地区的经济和人口发展趋势，以确保该地点在未来仍有发展前景。通过考虑未来增长和扩张的潜力，企业可以避免因经营规模过大而不得不搬迁，因为搬迁可能会造成高昂的成本和运营中断。

为新企业选择合适的地点是一项复杂的决策，需要仔细考虑各种因素。通过制定全面的选址战略并考虑市场特征、交通便利性、成本和未来增长潜力等因素，企业可以做出明智的决定，为成功奠定基础。企业还可以与房地产经纪人和顾问等专业人士合作，以应对复杂的选址问题，找到最适合的运营地点。

六、新企业的社会认同

在当今瞬息万变、相互联系的世界中，新企业的社会认同至关重要。公司的社会认同包含其价值观、信仰和行为，在塑造与其利益相关者（包括员工、客户和更广泛的社区）的关系方面起着至关重要的作用。在本节，我们将探讨社会认同对新企业的重要意义，并讨论建立强大而积极的社会认同可以采取的措施。

首先，新企业必须认识到使其社会身份与其利益相关者的价值观和期望相一致的重要性，这就需要企业深刻理解所处的社会、文化和道德环境。通过支持多样性、包容性和可持续性，新企业可以表明其对社会责任和商业道德实践的承诺，反过来还有助于与利益相关者建立信任和信誉，这对长期成功至关重要。其次，新企业还可以与利益相关者和更广泛的社区积极接触，建立强大的社会认同感，包括透明的沟通、有意义的合作以及积极参与社会和环境倡议。通过倾听利益相关者的需求和关切，新企业可以表明它愿意成为一个负责任和积极响应社区呼声的成员，这有助于培养归属感和相互尊重，这对建立积极的社会认同至关重要。最后，新企业还可以利用技术和社交媒体的力量来扩大其社会认同。通过在数字平台分享其价值观、成就和影响，新企业可以接触到更广泛的受众，并激励其他人支持其事业，这有助于在员工、客户和更广泛的社区中建立归属感和共同目标，从而加强公司的社会认同感。值得注意的是，建立强有力的社会认同是一个持续的过程，需要不断的努力和承诺，新企业必须根据不断变化的社会和文化动态进行调整和发展，对利益相关者的反馈和建设性批评持开放态度，通过保持谦逊、有同理心以及学习和成长的意愿，新企业可以建立一种具有弹性、包容性和激励性的社会认同。

总之，新企业的社会认同是塑造其与利益相关者关系和达到长期成功的关键因素。新企业应使自己的价值观和行为与利益相关者的期望相一致，积极与社区互动，并借助技术和社交媒体的力量，建立一个强大而积极的社会身份，这有助于企业在员工、客户和更广泛的社区中建立信任和信誉。

> **课堂活动**
>
> **梳理总结**
>
> 运用SWOT分析法，讨论各种企业组织形式对于创业者的优劣分别是什么，并梳理成表格。

第二节　新企业生存管理

> **课前思考**
>
> （1）目标和战略：思考新企业的长期目标和发展战略的构成，包括市场定位、产品发展、扩张计划等。要考虑如何确立清晰的目标、制定可行的战略，以及如何不断调整和优化战略方向。
>
> （2）组织架构：思考企业的组织架构和管理体系是什么样的，包括团队设置、职责分工、决策机制等方面。要考虑如何建立高效的组织架构，激励团队成员提高积极性，提高组织的执行力和协同效率。
>
> （3）资金管理：思考企业的资金管理策略，包括资金来源、运营资金管理、投资决策等方面。要考虑如何确保企业的资金充足，如何降低资金风险、提高资金利用效率。
>
> （4）销售与营销：思考企业的销售和营销策略，包括客户获取、渠道建设、品牌推广等方面。要考虑如何制订有效的销售计划，建立良好的客户关系，提高品牌知名度和市场份额。
>
> （5）创新与优化：思考企业的创新和优化机制，包括产品创新、流程优化、技术升级等方面。要考虑如何持续推动创新，不断改进产品和服务，提高企业的竞争力和适应能力。
>
> （6）风险管理：思考企业的风险管理策略，包括市场风险、经营风险、法律风险等方面。要考虑如何识别和评估各类风险，采取有效的风险控制和规避措施，确保企业的稳健发展。

一、新企业管理的特殊性

在当今快节奏和不断变化的商业环境中，新企业的管理变得越来越复杂和具有挑战性。随着技术的崛起、全球化和消费者偏好的不断变化，新企业面临着一系列独特的挑战，需要创新和适应性的管理策略。在本节，我们将探讨新企业管理的特殊性，以及新企业成功的关键因素。

新企业管理的最显著特点之一，是开办新企业所固有的不确定性和风险。与老牌公司不同，新企业往往缺乏业绩记录、品牌知名度和成熟的客户群，因此很难预测市场需求和消费者行为。因此，创业者必须做好准备，在不确定的情况下，考量风险并做出战略决策，这就需要高度的灵活性、应变能力和适应能力，以便在不可预测的商业环境中游刃有余。新企业管理的另一个特点是能快速创新和敏捷性，在当今竞争激烈的市场中，新企业必须能够迅速适应不断变化的市场环境、技术进步和消费者偏好，才能在竞争中保持领先地位。这就需要形成乐于创新、创造以及愿意尝试新想法和新方法的文化。创业者必须对新的做事方式持开放态度，并愿意接受变革，以在市场中保持相关性和竞争力。新企业管理还需要高度重视建立和维护强有力的企业文化。与老牌公司不同，新企业可以从头开始塑造自己的企业文化，并创造一个能反映其价值观、使命和愿景的工作环境。这就需要有效的领导、沟通和明确的目标感，以建立一个有凝聚力和积极性的团队。强大的企业文化还有助于吸引和留住顶尖人才，营造积极高效的工作环境，促进创造力、协作和创新。新的企业管理还需要在资源分配和财务管理方面采取战略性方法。由于资源有限，而且需要确定投资的优先次序，新企业必须能够就资本分配做出战略性决策，最大限度地实现增长和盈利，这就需要对财务管理、风险评估有深刻的理解，并能就资源投向做出明智的决策，以取得长期的成功。

总之，新企业的管理是一项复杂而多面的工作，需要有独特的技能和战略，包括应对不确定性和风险、快速创新和灵活性、对公司文化的高度重视以及战略性资源分配。创业者必须做好准备，以应对创办和发展一家成功企业所面临的挑战。通过了解新企业管理的特殊性并培养必要的技能和战略，新企业可以在当今竞争激烈的商业环境中获得长期成功。

在创业初期，确保企业的生存是至关重要的，因为没有生存，就没有未来。然而，即使生存是首要目标，创业团队也应该在追求生存的同时，注重以下几点。

（1）产品或服务的质量和市场需求。确保产品或服务的质量，以满足客户的需求，获得市场的认可和口碑，从而实现生存和发展。

（2）资金管理。合理规划和管理资金，确保企业有足够的资金支持运营和发展，避免因资金问题而导致生存困难。

（3）团队建设。建立稳定、高效的团队，共同面对困难，共同努力实现企业的生存和发展目标。

（4）持续学习和改进。不断学习和改进，积累经验，提高团队的创业能力和应对风险的能力。

（5）合规经营。遵守法律法规，诚信经营，确保企业的合法合规，避免因法律问题而导致生存危机。

一旦企业的生存基础稳定了，创业团队就可以逐步转向更加宏大的发展目标，包括市场扩张、产品创新、品牌建设等方面。在创业过程中，逐步实现由生存到发展的转变是非常重要的。

二、企业生命周期及新企业成长的驱动因素

（一）企业生命周期

企业生命周期描述了一家公司从成立到最终衰落或倒闭所经历的各个阶段。了解企业生命周期的不同阶段对于创业者和企业主来说至关重要，可以让他们预测和规划每个阶段出现的挑战和机遇。在本节，我们将探讨企业生命周期的不同阶段，及其主要特征。

企业生命周期的第一个阶段是初创阶段，是企业刚刚起步的阶段，重点是开发可行的商业理念、获得资金和建立必要的基础设施来支持企业。初创企业往往面临巨大挑战，如吸引客户、建立品牌和管理现金流。这一阶段企业具有高度的创造力、创新和创业精神。随着企业的发展壮大，企业进入第二个阶段成长期，在这一阶段，重点转向扩大客户群、增加销售和收入，以及扩大运营规模，以满足不断增长的需求。这一阶段的特点往往是快速增长，因为企业获得了发展动力，并开始在市场上站稳脚跟。但增长也会带来一系列挑战，如管理日益增加的复杂性、保持质量和客户满意度以及管理现金流。企业生命周期的第三个阶段是成熟阶段，在这一阶段，企业已在市场上取得了稳定而稳固的地位，重点是保持市场份额、优化运营和实现利润最大化。成熟期的特点通常是增长放缓，因为企业在目标市场达到了饱和点。但处于成熟期的企业仍然可以通过创新、拓展新市场和战略合作找到增长机会。最后一个阶段是衰退期，标志着企业生命周期的结束，这一阶段的特点是销售额、盈利能力和市场份额下降，通常是消费者偏好改变、竞争加剧或技术过时等因素造成的。处于衰退期的企业可能会面临是否重组、缩小规模或完全退出市场的艰难抉择。要注意，衰退并不一定意味着企业的末路——有些企业能够在调整后重塑自我，找到新的增长机会。

总之，企业生命周期是一个有用的框架，有助于了解企业在发展壮大过程中经历的不同阶段。通过了解每个阶段的特点，企业家可以更好地预测每个阶段出现的挑战和机遇，并为此做好准备，最终增加长期成功的机会。了解企业生命周期还可以为资源分配、投资和风险管理等战略决策提供参考，企业生命

周期是企业家和企业领导者在复杂多变的商业世界中寻求导航的宝贵工具。

（二）爱迪思企业生命周期模型

在企业管理和战略规划领域，了解企业的生命周期对于取得长期成功至关重要。爱迪思企业生命周期模型以其创建者的名字命名，是一个全面的框架，划分了企业实体发展、演变和可能面临挑战的各个阶段。

爱迪思企业生命周期模型的前提是，企业实体在生存过程中会经历不同的阶段，这些阶段具有独特的挑战、机遇和战略必要性。该模型确定了四个主要阶段：初创期、成长期、成熟期和衰退期，每个阶段都有其特定的属性，如财务动态、市场定位和组织结构，因此必须对各阶段采取量身定制的管理方法。

初创期，企业的成立标志着初创期的开始。这一阶段的重点是建立企业、确定其价值主张和确保最初的市场牵引力，创业者和创始人要深入参与业务模式的设计、资源的获取和基础基础设施的建设。这一阶段的主要挑战在于企业如何在激烈的竞争和市场不确定性中实现可行性和可持续性。

成长期，成功度过初创期后，企业进入成长期，其特点是快速扩张和市场渗透率提高，收入和客户群呈现大幅增长，需要可扩展的运营流程和强大的管理系统。这一阶段的主要任务是利用发展势头，抓住新出现的机遇，强化企业的竞争定位。

成熟期，随着企业的成熟，它们会进入一个以稳定、市场饱和和注重运营效率为标志的阶段，重点从积极扩张转向优化流程、增强客户体验和维持盈利能力。这一阶段的挑战主要包括市场饱和、消费者偏好不断变化，以及需要不断创新以避免停滞不前。

衰退期，企业不可避免地要面对衰退期，在这一阶段，企业要努力应对市场相关性下降、收入减少和运营效率低下等问题。在这一阶段，主要任务是对衰退进行战略管理，可以通过多元化、重组或市场重新定位来实现。通过有效管理，可以减轻衰退带来的不利影响，并有可能为重振旗鼓或优雅退出战略铺平道路。

爱迪思的企业生命周期模型对企业领导者、战略家和投资者具有重要意义。通过了解企业演变的不同阶段，利益相关者可以主动预测挑战、抓住机遇并做出明智的战略决策。该模型还强调了企业实体的动态性质和适应性管理实践的必要性，以便有效地穿越生命周期的各个阶段。爱迪思企业生命周期模型为理解企业实体的演变轨迹提供了一个宝贵的框架。通过划分初创期、成长期、成熟期和衰退期等不同阶段，该模型为利益相关者提供了应对挑战、抓住机遇和保持长期活力的真知灼见。从本质上讲，爱迪思的企业生命周期模型是对企业管理领域的开创性贡献，为理解和驾驭复杂的企业演变提供了一个全面的视角。

（三）新企业成长驱动因素

在当今竞争激烈的环境中，企业家和企业领导者必须了解推动增长的关键因素，才能有效地驾驭复杂的市场，实现可持续的成功。

企业成长的最根本动力之一是创新。在瞬息万变的环境中，企业必须不断创新，才能保持领先地位，满足客户不断变化的需求。无论是通过开发新产品和服务、采用尖端技术，还是通过采用创新的商业模式，创新在推动新企业成长方面都发挥着举足轻重的作用。通过培养创造性文化和采用持续改进的思维方式，企业可以抓住新机遇并在竞争中保持领先地位。推动新企业成长的另一个关键因素是战略合作伙伴关系。在当今这个相互联系的世界里，企业再也不能孤立地发展，与其他企业、行业参与者甚至政府机构建立战略合作伙伴关系，可以为新企业提供宝贵的资源、专业知识和市场机会。通过建立战略联盟与合作，企业可以利用合作伙伴的优势，创造协同效应，推动增长和创造价值。强大而富有远见的领导层对于新企业的成长也至关重要，有效的领导可以为整个组织定下基调，在塑造组织文化、价值观和战略方向方面发挥着至关重要的作用。有远见的领导者能够鼓舞和激励团队，也能做出艰难的决定，并在不确定的情况下游刃有余，这对推动新企业的发展至关重要。通过提供明确的方向、培养负责任的文化和赋予员工权力，领导者可以创造一个蓬勃发展的环境，使组织能够在挑战面前适应和成长。获得资本和金融资源也是新企业成长的关键驱动力，无论是通过传统的银行贷款、风险资本、天使投资人还是众筹，资本都可以推动其增长和扩张。充足的资金使企业能够投资研发、扩大运营、进入新市场，并将业务扩展到新的高度，如果无法获得资金，企业可能难以实现其增长潜力并在市场上有效竞争。

总之，新企业的成长受到多种因素的驱动，包括创新、战略伙伴关系、有远见的领导和获得资本的机会，这些因素对新企业的成功和可持续发展起着至关重要的作用，也是驾驭复杂的现代商业环境的关键。通过了解和利用这些增长动力，企业家和企业领导者可以使其组织获得长期成功，并为利益相关者创造价值。随着全球经济的不断发展，新企业必须拥抱这些增长动力，适应不断变化的市场动态，才能茁壮成长并取得成功。

三、初创企业容易遇到的管理问题

初创企业在发展初期可能会面临各种管理问题，以下是一些常见的管理问题。

(一)资金管理

初创企业通常面临资金短缺的问题,需要合理规划和管理资金,确保企业的正常运营和发展。

财务管理对任何企业的成功都至关重要,它包括对组织的财务活动进行规划、组织、指导和控制。有效的财务管理有助于确保资金的有效使用、费用的控制和财务目标的实现。对于大学生创业团队来说,适当的财务管理有助于获得资金、做出明智的决策和长期维持业务。

有效财务管理的技巧包括:①编制预算。编制预算是有效管理资金的第一步,预算有助于估算收入、规划支出、确定可分配资金的领域,对于大学生创业团队来说,预算可以帮助确定支出的优先次序,如产品开发、市场营销和运营成本。②跟踪支出。跟踪所有开支,以了解钱花在了哪里,可以使用会计软件或简单的电子表格来完成。通过跟踪支出,大学生创业团队可以找出能降低成本的领域,并更有效地利用资源。③寻求筹资机会。大学生创业团队往往需要外部资金来支持他们的创业项目,重要的是要探索各种筹资机会,如赠款、贷款和投资者资金。通过寻求多样化的资金来源,团队可以降低财务不稳定的风险,确保企业的可持续发展。④监控现金流。现金流管理对企业的财务健康至关重要,大学生创业团队应定期监控现金流,确保有足够的流动资金来履行短期义务。通过有效管理现金流,团队可以避免财务危机,保持稳定的财务状况。⑤明智投资。在资金管理方面,大学生创业团队必须做出明智的投资决策,无论是投资于产品开发、营销活动还是运营基础设施,团队都应仔细评估每项投资的潜在回报和风险。

遵循本节中提到的技巧,企业团队可以有效地管理资金、获得资金并确保创业的长期成功。大学生必须了解财务管理的意义,并掌握必要的技能,以解决创业中的财务问题,有了正确的财务管理,大学生创业团队才能将他们的创新想法转化为蓬勃发展的企业。

(二)人才招聘和团队建设

新创企业需要吸引和留住优秀的人才,建立稳定、高效的团队,共同推动企业的发展。为大学生创业团队招募合适的人才是创业成功的关键,这一过程的第一步是确定团队所需的具体技能和素质,包括技术专长、创造力、解决问题的能力、领导技能和强烈的职业道德。一旦确定了所需的特质,就可以开始招聘工作,可以通过高校网络、社交媒体和特定行业平台发布招聘信息,以及进行面试和评估,以确定最合适的候选人。在招募人员时,要寻找那些不仅具备必要技能和知识,而且对创业有共同愿景和热情的人,这种价值观和目标的一致性对于创建一个具有凝聚力和积极性的团队至关重要。背景、经验和观点的多样性能为团队带来丰富的想法和见解,支持整个创业过程。

一旦招募到合适的人才,下一步就是建设和发展团队,这就需要营造一个支持和协作的环境,让团队成员能够茁壮成长,为创业企业的成功做出贡献。有效的沟通、明确的角色和责任以及共同的目标感,对于培养强大的团队至关重要,定期举行团队会议、集思广益会议和目标设定练习,可以帮助团队集中精力,积极实现目标。除了培养团队活力,为团队成员提供持续的支持和发展机会也很重要,包括导师计划、培训讲习班,以及获取资源和网络的机会,从而帮助团队成员进一步提高技能和获得专业知识。

总之,招募和组建大学生创业团队是创业成功的关键要素。通过发掘和招募合适的人才、营造支持性的协作环境、提供持续的支持和发展机会,大学生创业团队可以茁壮成长,并在创业领域产生重大影响。有了合适的团队,大学生创业者就能将他们的创新想法转化为成功的企业,为商业领域的增长和发展做出贡献。

(三)市场定位和营销策略

确定清晰的市场定位,制定有效的营销策略,有利于提升品牌知名度,吸引客户和用户。市场定位的关键因素之一是确定目标市场,大学生创业团队需要进行全面的市场调研,以确定目标客户的具体数量、心理和行为特征,使他们能够定制自己的产品或服务,以满足目标市场的特定需求和偏好。例如,如果团队正在开发一款新的移动应用程序,他们就需要了解目标受众在功能、设计和可用性方面的偏好。

确定目标市场后,下一步是制定独特的价值主张,使产品或服务在竞争中脱颖而出,包括确定产品或服务的主要好处和优势,并将其有效地传达给目标客户。大学生创业团队需要在广告、社交媒体和公共关系等市场宣传中明确阐述其产品或服务的价值主张。

除了市场定位,有效的营销策略也是大学生创业团队在市场上取得成功的关键。市场营销战略包括产品开发、定价、分销和促销等一系列活动,大学生创业团队必须制订一个全面的营销计划,概述他们将采用的具体战略和战术,以打入目标市场,实现业务目标。产品开发是营销战略的一个重要方面,因为它涉及创造一种能满足目标市场需求和偏好的产品或服务。大学生创业团队需要不断创新和改进产品或服务,以便在竞争中保持领先地位。可以通过市场调研,收集客户反馈,不断改进产品或服务。定价是营销战略的另一个重要因素,直接影响到产品或服务的感知价值。大学生创业团队需要仔细考虑他们的定价策略,以确保其产品和服务具有竞争力和对目标市场有吸引力。可以通过定价研究,分析竞争对手的定价策略,测试不同的定价模式,找到最佳价位。

分销也是营销战略的一个重要方面，因为它涉及将产品或服务送到目标客户手中。大学生创业团队需要仔细考虑他们的分销渠道，以确保有效地进入目标市场，可以通过与零售商合作、开发网上销售渠道或使用其他分销方法来接触目标客户。最后，促销也是营销战略的一个关键要素，因为它可以提高人们对产品或服务的认识和兴趣。大学生创业团队需要制订全面的推广计划，包括广告、公共关系、社交媒体和其他推广活动的组合，通过创建一个强大的品牌形象，制定引人注目的营销信息，以及使用各种促销策略来接触目标市场。

总之，市场定位和有效的营销策略对大学生创业团队在市场上取得成功至关重要。通过了解目标市场的需求和偏好，制定独特的价值主张，实施全面的营销策略，大学生创业团队可以有效地定位其产品或服务，实现其商业目标。

（四）产品或服务质量管理

确保产品或服务的质量，有利于满足客户需求，提升用户体验，树立良好的口碑。企业必须了解质量管理的内涵，质量管理是指用于确保产品或服务符合既定标准和客户期望的一种系统的方法，用于识别和解决质量问题，以及不断提高产品或服务的质量。对于大学生创业团队来说，质量管理直接影响到他们吸引和留住客户、建立强大品牌以及最终在市场上取得成功的能力。

大学生创业团队质量管理的一个重要方面，是为其产品或服务建立明确的质量标准和规范，优质产品或服务必须满足的具体特征、特性和性能要求。通过明确界定这些标准，团队可以确保参与产品或服务开发和交付的每个人都了解预期目标，并能努力达到这些预期目标。除了制定明确的质量标准，大学生创业团队还必须实施有效的质量控制流程，以监控和评估其产品或服务的性能，包括进行定期检查、测试和审查，以发现缺陷、错误或偏离既定标准的情况。通过及早发现和解决质量问题，团队可以防止向客户提供不合格的产品或服务，从而保护企业声誉并确保客户满意。持续改进也是大学生创业团队质量管理的重要组成部分，包括定期征求客户的反馈意见，分析绩效数据，找出提高产品或服务质量的机会。通过持续改进，团队可以在竞争中保持领先，适应不断变化的市场需求，提供创新和高质量的产品或服务，满足甚至超越客户的期望。大学生创业团队质量管理的另一个关键方面，是建立强大的质量管理体系，该体系应包括明确的质量管理角色和责任，以及团队成员之间的有效沟通和协作。通过建立一个定义明确的质量管理体系，团队可以确保每个人的努力方向都与质量目标保持一致。

总之，质量管理是大学生创业团队成功的一个重要方面。通过制定明确的质量标准、实施有效的质量控制流程、持续改进以及建立强大的质量管理系统，创业团队可以确保提供高质量的产品或服务，满足甚至超越客户的期望。通过优先考虑质量管理，大学生创业团队可以建立良好的声誉，吸引并留住客户，最终在市场上取得成功。

（五）经营风险管理

识别和评估各种经营风险，采取有效措施降低风险，能保障企业的稳健发展。大学生创业团队必须了解他们可能面临的各类风险，这些风险包括财务风险，如投资或收入损失的可能性，以及运营风险，如产品失败或供应链中断的风险，还有法律和监管风险，如不遵守法律法规的风险，以及声誉风险，如负面宣传或损害团队品牌的风险。一旦确定了这些风险，团队就必须制订全面的风险管理计划。该计划应概述团队识别、评估和降低风险的方法，以及团队成员在管理风险方面的作用和责任，还应包括一个持续监测和审查风险的程序，以及一个应对任何可能出现的风险并从中恢复的战略。管理风险的一个关键策略是分散团队的活动和投资，通过将工作分散到多个项目或收入流中，团队可以减少任何单一失败或挫折的影响。团队还应考虑购买保险或其他风险转移机制，防范潜在的财务损失。此外，团队应与法律和财务顾问建立稳固的关系，由他们提供法律和财务风险管理方面的指导。大学生创业团队风险管理还应优先考虑团队成员的安全和福利，包括实施安全协议和程序，保护团队成员免受人身伤害，以及提供精神和情感方面的支持和资源。团队还应考虑其活动对环境的潜在影响，并采取措施尽量减少任何负面影响。

总之，通过了解可能面临的各类风险并制定全面的风险管理计划，创业团队可以有效地管理和降低潜在风险。通过分散活动和投资、与法律和财务顾问建立牢固的关系以及优先考虑团队成员的安全和福利，大学生创业团队可以在不确定的情况下取得成功。

（六）合规经营

遵守法律法规，诚信经营，确保企业合法合规，避免因法律问题而导致经营风险。首先，遵守法律法规对于为企业奠定坚实的基础至关重要。确保创业团队在法律范围内运作，可以在潜在投资者、合作伙伴和客户中建立信任和信誉，这对于可能缺乏商业经验的大学生来说尤为重要，表明他们对道德和负责任的商业行为的承诺。其次，遵守法律有助于保护创业团队及其利益相关者的利益。通过遵守与知识产权、合同和税收相关的法规，团队可以保护他们的创新资产和财务资源，这不仅能最大限度地降低法律纠纷和经济损失的风险，还能为可持续增长和发展创造有利环境。最后，法律合规对于保持良好声誉和避免潜在法律纠纷也至关重要。在当今这个高度互联和透明的世界里，任何违反法律规定的行为都会迅速损害初创团队的形象，破坏其成功的前景。大学生创业团队把遵守法律法规放在首位，可以表明他们对诚信和责任的承诺，从而增强对潜在合作伙伴、客户和员工的吸引力。不遵守法律规定会给创业团队带来严重后果，包括巨额罚款、承担法律责任，甚至解散企业。对于刚刚开始创业历程的大学生来说，这些后果尤其具有毁灭性，可能会阻碍他们未来在商界的发展前景，因此，创业团队必须积极主动地了解与其业务相关的法律要求，并寻求专业指导以确保合规。

要实现并保持合法合规，大学生创业团队应注意以下几个方面。①企业注册和结构。了解注册企业实体的法律要求，选择适当的结构（如独资、合伙），并履行持续报告和合规义务。②知识产权保护。为自己的创新和创意作品申请专利、商标和版权，并尊重他人的知识产权。③合同协议。起草和审查与供应商、客户和合作伙伴的合同，确保法律的明确性、公平性和可执行性。④税务与财务合规。遵守税法、会计准则和财务报告要求，保持财务事项的透明度和问责制。⑤监管合规。遵守特定行业的法规、环境标准、数据隐私法以及与业务性质相关的其他法律要求。

总之，通过优先考虑法律合规，年轻的创业者可以为他们的初创企业打下坚实的基础，保护他们的利益，保持良好的声誉，并避免潜在的法律风险和后果。因此，大学生创业团队必须积极主动地进行法律法规学习，并寻求专业指导，以确保企业运营合规。通过这样做，他们可以最大限度地增加成功的机会，为建立一个繁荣、道德的创业生态系统做出贡献。

（七）创新和竞争

不断进行产品创新和技术创新，提高企业的竞争力，应对市场竞争和变化。大学生创业团队成功的关键因素之一是他们的创新能力，创新是创造有价值且与市场相关的新想法、新产品或新服务的过程，它涉及发散思维、承担风险和对新的可能性持开放态度。对于大学生来说，创新是在商业世界中创造竞争优势的有力工具。通过为现有问题开发创新解决方案，大学生创业者可以从竞争对手中脱颖而出，吸引客户和投资者。通过不断寻求新机遇，适应市场变化，大学生可以在竞争中保持领先，并为自己的长期成功做好准备，这需要有不断学习、不断进步的心态，并敢于承担风险、尝试新创意。除了创新，竞争也是大学生创业的另一个重要方面，在当今的全球经济中，竞争十分激烈，大学生创业者必须做好直面竞争的准备。这意味着要了解竞争格局，找出主要竞争对手，并制定战略使自己在市场中脱颖而出。竞争也可以成为大学生创业者的动力和灵感来源。通过研究竞争对手，从他们的成功和失败中汲取经验，大学生可以获得宝贵的见解，帮助自己改进商业战略。良性竞争还能促使大学生创业者不断追求卓越，突破行业极限。不过，大学生创业团队必须以战略性和道德性的方式对待竞争，了解竞争对手并努力超越他们固然重要，但坚持道德标准、尊重公平竞争规则同样重要,这意味着要避免不道德的商业行为,如竞价、串通或散布关于竞争对手的虚假信息。

总之,创新和竞争是大学生创业团队取得成功的基本要素。通过培养创新文化,大学生可以开发出独特而有价值的解决方案,从而在竞争中脱颖而出。同时,理解和接受竞争可以帮助大学生保持锐气和动力,最终推动他们实现创业目标。通过将创新与竞争相结合,大学生创业团队可以在瞬息万变的商业环境中取得成功。

(八)经营数据分析

建立有效的数据分析体系,及时了解市场动态和客户需求,指导企业的经营决策。首先,数据分析能为创业团队的绩效提供宝贵的见解,通过跟踪销售、客户获取和运营效率等关键指标,团队可以清楚地了解自身的优势和劣势。这些信息可用于确定需要改进的领域,并指导战略决策。例如,如果数据显示客户获取成本较高,团队可以集中精力改进营销策略,吸引更多具有成本效益的潜在客户。其次,数据分析还能让创业团队在资源分配方面做出明智的决策。通过分析财务数据,团队可以确定在哪些方面分配资金能产生最大影响。例如,如果数据显示某个营销渠道的销售额最高,团队就可以为该渠道分配更多资源,进一步利用其成功。最后,数据分析还能帮助创业团队识别市场趋势和机遇。通过分析行业数据和消费者行为,创业团队可以保持领先地位,调整业务战略,抓住新出现的趋势。例如,如果数据显示对某一产品或服务的需求不断增长,团队就可以调整产品以满足这一需求,从而在市场中获得竞争优势。为了有效利用数据分析,创业团队必须实施一套强大的数据收集和管理系统。这可能涉及使用软件工具跟踪和分析关键指标,以及建立清晰的数据收集和解释流程。此外,团队应优先考虑数据扫盲,确保所有团队成员都掌握有效分析和解释数据的技能和知识。

总之,通过利用数据洞察业绩、做出明智决策、分配资源和识别市场趋势,团队可以推动业务增长并取得成功。然而,有效的数据分析需要一种战略方法,及强大的数据收集和管理系统。有了正确的工具和流程,大学生创业团队就能利用数据的力量来实现他们的商业目标。

以上只是一些常见的新创企业管理问题,实际情况会因行业、市场、团队等因素而有所不同。解决这些问题需要创业团队具备良好的管理能力和创新能力,同时需要不断学习和改进,以适应不断变化的市场环境。

四、新企业成长管理的技巧与策略

管理新企业是一项具有挑战性的任务,对于大学生创业团队来说尤其如此，年轻的创业者往往缺乏成熟企业领导者的经验和资源，因此新企业的成长和发展前景令人生畏。然而，只要掌握正确的技能和策略，大学生创业团队就能有效地应对管理新企业的挑战，实现可持续增长。

大学生创业团队必须掌握的关键技能之一是有效沟通，团队内部清晰、开放的沟通对于确保每个人都站在同一起跑线上，朝着同一目标努力至关重要。此外，与外部利益相关者（如投资者、客户和供应商）的有效沟通对于建立稳固的关系和获得发展所需的资源也至关重要，因此，大学生创业团队应优先发展自身的沟通技能，并建立明确的渠道，以便在团队内部以及与外部各方共享信息和得到反馈。除了沟通，大学生创业团队还必须具备较强的领导和决策能力。作为新企业的领导者，大学生必须能够鼓舞和激励团队成员，并做出影响企业未来的艰难决定。培养领导和决策技能需要自我意识、情商和承担风险的意愿，大学生创业团队应注重通过导师指导、培训和实际经验来磨炼这些技能。大学生创业团队还必须善于进行战略规划和执行，这包括为企业设定明确的目标，制订实现这些目标的计划，并精确地执行该计划。战略规划和执行需要深入了解市场、竞争格局以及新企业的独特价值主张。大学生创业团队应在市场调研、竞争分析和战略规划方面投入时间和资源，确保企业具备良好的发展条件。大学生创业团队还有一项关键技能是财务管理。大学生创业团队应注重培养自己的财务知识、预算编制技能以及对关键财务指标的理解，还应寻求财务和会计领域经验丰富的专业人士的指导。最后，大学生创业团队还必须具有应变能力和适应能力。应变能力和适应能力不是课堂上可以传授的技能，而是通过经验和从错误中学习的意愿培养出来的。大学生创业团队应将失败视为学习的机会，并愿意根据新的信息和市场动态调整自己的商业模式或战略。

总之，管理新企业是一项复杂而多面的任务，对于大学生创业团队来说尤其如此，不过，只要掌握正确的技能和战略，大学生创业团队就能有效地应对管理新企业的挑战，实现可持续增长。通过优先培养沟通、领导、战略规划、财务管理和应变的能力，大学生创业团队可以在竞争激烈的创业世界中取得成功。

五、新企业的风险控制与化解

大学生创业团队面临的主要风险之一是缺乏经营企业的经验和专业知识。许多大学生可能有出色的想法和创新的理念，但他们往往缺乏在复杂的商业世界中摸爬滚打所需的实践知识和技能。因此，创业团队可以寻求经验丰富的企业家和行业专业人士的辅导和指导。通过请教经验丰富的专业人士，大学生创业团队可以获得宝贵的见解和建议，了解如何有效管理和降低新企业的相关风险。大学生创业团队必须面对的另一个重大风险是创办和维持新企业所面临的财务挑战。获得资金和管理财务资源是创业的关键环节，许多大学生团队可能难以获得必要的资金来实现他们的想法，为应对这一风险，创业团队必须制定全面的财务计划，并探索各种融资方案，如赠款、贷款和投资机会，而实施合理的财务管理方法和密切监控现金流对于降低新企业的财务风险也至关重要。大学生创业团队还必须注意伴随新企业启动的市场和竞争风险。在当今竞争激烈的商业环境中，创业团队必须进行全面的市场调研和分析，以了解对其产品或服务的需求，以及他们将要进入的竞争环境。通过深入了解市场和竞争对手，大学生创业团队可以制定有效的战略，使自己脱颖而出，降低市场饱和和激烈竞争带来的风险。除了这些风险，大学生创业团队还必须做好应对法律和监管风险以及运营和技术风险的准备，从知识产权保护到数据安全和运营效率，新创企业在许多领域都容易面临风险。因此，创业团队必须寻求法律顾问，并建立稳健的运营和技术系统，以降低这些风险，确保遵守相关法律法规。

总之，虽然创业过程中充满了风险和不确定性，但大学生创业团队可以通过寻求指导、制定全面的财务计划、进行彻底的市场调研以及解决法律和运营方面的问题来主动管理和降低这些风险。通过了解与新企业相关的各种风险，并实施有效的风险控制和缓解策略，大学生创业团队可以在竞争激烈的商业环境中增加成功和可持续发展的机会。最终，通过采取积极主动的战略方法进行风险管理，大学生创业团队可以最大限度地发挥他们在创业世界中的发展和创新潜力。

案例讨论

针对肯德基的店面选址问题，通过上网查找资料，了解肯德基选址的考虑因素及策略技巧，课上让同学们进行分享讨论。

本章小结

在本章中，我们深入探讨了管理新创企业的重要性和关键策略。管理新创企业是一个充满挑战和机遇的过程，它需要创业者具备灵活的战略眼光和创新思维，善于应对各种复杂的管理情况。在管理新创企业的过程中，创业者需要注重以下几个方面：建立良好的企业文化和价值观，树立正确的领导理念，激发团队的创新活力和执行力；注重团队建设，吸引和留住优秀的人才，共同努力实现企业的发展目标；注重市场营销和品牌建设，根据市场需求和竞争情况，制定合理的营销策略，提升企业的知名度和竞争力；不断进行产品创新和服务优化，满足用户需求，提高用户满意度；注重财务管理和风险控制，建立健全财务体系，合理规划资金使用，降低企业经营风险；善于把握市场机会，灵活应对市场变化，降低市场风险，确保企业的稳定发展。总的来说，管理初创企业是一个复杂而又充满挑战的过程，创业者需要具备灵活的战略眼光和创新思维，注重团队建设，市场营销，财务管理和风险控制，共同努力实现企业的长期发展目标。因此，创业者应该不断提升自己的管理能力，善于应对各种复杂的管理情况，为企业的长期发展奠定坚实的基础。

创业术语

公司制企业　企业伦理　创业选址　企业社会责任　创业期　成长期　环境的不确定性和复杂性　风险控制

牛刀小试

请静下来想一想，最近有没有特别想做的事情，且其至少符合两个基本条件：一是对自己管理新创企业有挑战性，也能给别人甚至社会带来好处；二是重要但又不是很紧迫的，因为如果很紧迫就做不了或者做不好，如果有，请写下来。

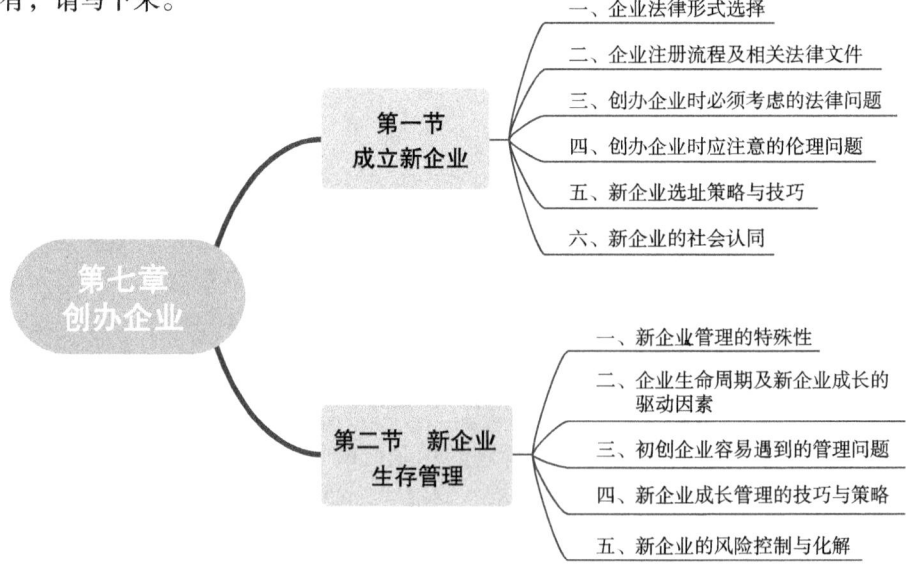

第八章 管理企业成长

本章提要

通过本章的学习,创业者可以对企业市场创新做好充分的准备,深入了解市场需求和竞争环境,找到创新的机会和方向,提高企业的市场竞争力和创新能力。

第一节 企业市场创新

课前思考

(1)目标市场:思考企业的目标市场是什么,包括受众群体、地理位置、消费习惯等方面。要考虑如何深入了解目标市场的需求和特点,找到市场的定位和切入点。

(2)竞争分析:思考企业所处行业的竞争格局,包括主要竞争对手、市场份额、竞争优势等方面。要考虑如何分析竞争对手的优势和劣势,找到自身的差异化竞争优势。

(3)产品创新:思考企业的产品或服务创新方向,包括功能特性、用户体验、设计风格等方面。要考虑如何结合市场需求和技术趋势,推出具有创新性和吸引力的产品或服务。

(4)市场营销:思考企业的市场营销策略,包括品牌宣传、促销活动、渠道拓展等方面。要考虑如何制订有针对性的营销计划,提升品牌知名度和市场份额。

(5)渠道拓展:思考企业的销售渠道和合作伙伴关系,包括线上渠道、线下渠道、合作伙伴选择等方面。要考虑如何建立稳定的销售渠道,拓展合作伙伴网络,提高产品的覆盖范围和销售效率。

(6)用户反馈:思考企业如何获取用户反馈和市场需求,包括调研方法、反馈渠道、数据分析等方面。要考虑如何建立有效的用户反馈机制,及时了解市场动态,调整和优化产品或服务。

一、市场创新概述

市场创新是指企业在市场营销策略、产品设计、定价策略、渠道管理等方面进行创新，以满足消费者需求、提高市场竞争力和创造更大的商业价值。市场创新包括推出新产品或服务、开拓新市场、采用新的营销手段、改进销售渠道等。通过市场创新，企业可以不断提高自身的市场占有率，创造更多的商业机会，同时也能更好地适应市场的变化和挑战。

市场创新可以分为以下几种类型。

（1）产品创新。开发新的产品或服务，或对现有产品进行改进和升级，以满足市场需求。

（2）渠道创新。通过创新的渠道管理策略，开拓新的销售渠道，提高产品的流通效率，拓展市场覆盖范围。

（3）营销创新。采用新的营销手段和策略，如数字营销、社交媒体营销、内容营销等，以提升品牌知名度和销售业绩。

（4）定价创新。通过创新的定价策略，如差异化定价、套餐定价、按需定价等，以满足不同消费者群体的需求。

（5）品牌创新。通过创新的品牌定位、形象设计、传播策略等，提升品牌价值和影响力，从而获得市场竞争优势。

（6）服务创新。通过创新的服务理念、服务流程、客户体验等，提供更加个性化、差异化的服务，以提高客户满意度和忠诚度。

这些不同类型的市场创新可以帮助企业提升竞争力，满足不断变化的市场需求，创造更多的商业机会。

市场创新对企业的重要性体现在以下几个方面。

（1）提升竞争力。市场创新可以帮助企业开发出更具竞争力的产品或服务，提升品牌知名度和市场占有率，从而增强在市场上的竞争力。

（2）满足消费者需求。随着市场和消费者需求的不断变化，市场创新可以使企业更好地了解消费者需求，并及时调整产品、服务和营销策略，以满足消费者的需求。

（3）创造商业机会。市场创新可以帮助企业发现新的商业机会，开拓新的市场领域，创造更多的商业价值。

（4）适应市场变化。市场创新可以使企业更加灵活地适应市场的变化，降低市场风险，提高企业的生存和发展能力。

（5）提高盈利能力。通过市场创新，企业可以提高产品附加值，提升销售额和市场占有率，从而提高企业的盈利能力。

综上所述，市场创新可以帮助企业保持竞争优势，适应市场变化，满足消费者需求，创造更多的商业机会，提高盈利能力。因此，企业应该高度重视市场创新，并将其纳入企业发展战略中[①]。

二、市场创新的策略与方法

（一）产品创新

产品创新是指企业通过研发新产品、改进现有产品或者开发新的产品特性，满足市场需求、提升竞争力的过程。产品创新可以包括技术、设计、功能、性能、材料等方面的改进和创新。产品创新的重要性体现在以下几个方面。

（1）满足市场需求。随着市场和消费者需求的不断变化，产品创新可以帮助企业推出更符合市场需求的产品，提高产品与市场的契合度。

（2）提升竞争力。通过不断创新，企业可以推出更具竞争力的产品，与竞争对手形成差异化竞争优势，从而提升市场份额。

（3）提高产品附加值。产品创新可以提升产品的附加值，使产品更具吸引力，提高产品的售价和利润率。

（4）创造商业机会。通过产品创新，企业可以发现新的商业机会，拓展新的市场领域，创造更多的商业价值。

（5）增强品牌形象。不断推出新产品或者改进现有产品，有助于提升企业的品牌形象，增强品牌的市场影响力。

在进行产品创新时，企业需要充分了解市场需求，把握技术趋势，注重用户体验，同时进行有效的研发和测试，以确保新产品的质量和市场适应性。

（二）营销创新

营销创新是指企业在营销策略、渠道、推广方式、品牌定位等方面进行创新，以提升市场竞争力、满足消费者需求和创造商业价值。营销创新的重要性体现在以下几个方面。

（1）满足消费者需求。随着消费者需求的变化，营销创新可以帮助企业更好地了解消费者需求，调整营销策略，提供更符合市场需求的产品和服务。

（2）提升品牌价值。通过创新的营销策略和宣传手段，企业可以提升品

---

① 王美：《四川餐饮产业竞争力研究》（硕士学位论文），西南财经大学，2012年；刘宇清：《知识经济时代的中国企业创新问题》，载《中南财经大学学报》，1999年第3期，第108-118页。

牌形象，增强品牌价值，提高品牌的认知度和忠诚度。

（3）拓展市场份额。通过创新的营销策略，企业可以开拓新的市场领域，吸引新的消费群体，提高市场占有率。

（4）提高市场竞争力。通过创新的营销策略，企业可以与竞争对手形成差异化竞争优势，提高市场竞争力。

（5）创造商业机会。创新的营销策略可以帮助企业发现新的商业机会，拓展新的营销渠道，创造更多的商业价值。

营销创新可以包括数字营销、社交媒体营销、内容营销、体验营销、创意广告等多种形式，企业可以根据自身的特点和市场需求，选择合适的营销创新方式。同时，企业需要不断关注市场趋势，了解消费者需求，灵活调整营销策略，持续进行营销创新，以保持竞争力并获得长期发展。

（三）渠道创新

渠道创新是指企业在产品销售渠道的选择、管理和优化方面进行创新，以提升销售效率、扩大市场份额、满足消费者需求和创造商业价值。渠道创新的重要性体现在以下几个方面。

（1）满足消费者需求。随着消费者购物习惯和行为的变化，渠道创新可以帮助企业更好地了解消费者需求，选择合适的销售渠道，提供更便捷、个性化的购物体验。

（2）提升销售效率。通过创新的销售渠道和方式，企业可以提高销售效率，降低销售成本，提升盈利能力。

（3）拓展市场覆盖。通过创新的销售渠道，企业可以拓展新的市场覆盖范围，吸引新的消费群体，提高市场占有率。

（4）优化供应链管理。创新的销售渠道可以帮助企业优化供应链管理，提高库存周转率，降低库存成本，提高资金利用效率。

（5）提高市场竞争力。通过创新的销售渠道，企业可以与竞争对手形成差异化竞争优势，提高市场竞争力。

渠道创新包括线上线下融合、社交电商、直播带货、智能零售等多种形式，企业可以根据自身的特点和市场需求，选择合适的渠道创新方式。同时，企业需要不断关注市场趋势，了解消费者需求，灵活调整销售渠道策略，持续进行渠道创新，以保持竞争力并获得长期发展。

（四）品牌创新

品牌创新是指企业在品牌战略、品牌形象、品牌传播等方面进行创新，以提升品牌价值、增强品牌竞争力、满足消费者需求和创造商业价值。品牌创新的重要性体现在以下几个方面。

（1）增强品牌价值。通过创新的品牌战略和品牌形象设计，企业可以提升品牌的认知度、美誉度和忠诚度，增强品牌的市场价值。

（2）满足消费者需求。随着消费者对品牌的要求不断提高，品牌创新可以帮助企业更好地了解消费者需求，提供更符合市场需求的产品和服务。

（3）提高市场竞争力。通过创新的品牌战略和品牌传播方式，企业可以与竞争对手形成差异化竞争优势，提高市场竞争力。

（4）建立品牌认知度。通过创新的品牌传播方式，企业可以提高品牌的曝光度和认知度，吸引更多消费者关注和选择。

（5）创造商业机会。创新的品牌战略可以帮助企业发现新的商业机会，拓展新的市场领域，创造更多的商业价值。

品牌创新包括品牌定位的重新定义、品牌形象的更新、品牌故事的讲述、品牌体验的提升等多种形式，企业可以根据自身的特点和市场需求，选择合适的品牌创新方式。同时，企业需要不断关注市场趋势，了解消费者需求，灵活调整品牌战略，持续进行品牌创新，以保持竞争力并获得长期发展。

三、市场创新的实施与管理

（一）市场创新流程

市场创新是指企业为了满足不断变化的市场需求，通过创新产品、服务、营销策略等方式，获取竞争优势和市场份额的过程。市场创新的流程可以概括为以下几个步骤。

（1）市场调研。企业需要进行市场调研，了解市场的需求、竞争对手的情况、消费者的偏好等信息。通过市场调研，企业可以深入了解市场状况，为后续的创新提供数据支持。

（2）创新策略制定。在市场调研的基础上，企业需要制定创新策略，确定创新的方向和目标，包括确定创新的产品、服务、营销策略等内容，以及创新的时间表和预算。

（3）创新设计与开发。在确定了创新方向后，企业需要进行创新设计与开发工作，涉及产品研发、服务设计、营销活动策划等工作，确保创新的内容能够满足市场需求。

（4）测试与验证。在创新设计与开发完成后，企业需要进行测试与验证，确保创新的产品、服务或营销策略能够达到预期的效果，包括市场测试、用户反馈收集等环节。

（5）推广与营销。一旦创新内容通过测试与验证，企业需要进行推广与营销工作,将创新的产品、服务或营销策略推向市场,包括广告宣传、促销活动、渠道拓展等工作。

(6)监测与反馈。创新推向市场后,企业需要进行市场监测与反馈收集,了解创新的市场表现和消费者反馈,根据市场反馈,企业可以调整创新策略,不断优化创新内容。

以上流程是市场创新的一般性流程,实际操作中可能会因行业、企业规模、市场特点等因素而有所差异。企业在进行市场创新时,需要结合自身情况,合理调整创新流程,确保创新能够顺利推进并取得预期效果。

(二)市场创新团队建设

市场创新团队的建设对于企业的市场创新工作至关重要,一个高效的市场创新团队能够在创新过程中发挥协同作用,提高创新效率。以下是建立市场创新团队的一些建议。

(1)多元化的团队成员。市场创新需要不同背景和专业知识的人员协同工作,团队成员应包括市场营销专家、产品设计师、技术人员、市场研究人员等,以确保团队在创新过程中能够全面考虑市场需求、产品设计和技术实施等方面。

(2)鼓励创新思维。建设市场创新团队时,应鼓励团队成员提出创新想法,激励他们进行创新思维的训练和培养,可以通过组织创意工作坊、举办创新比赛等方式,激发团队成员的创新潜力。

(3)团队协同合作。市场创新团队需要建立良好的协作机制,鼓励团队成员之间的合作与沟通,可以通过团队建设培训、团队活动等方式,增强团队的凝聚力和协作能力。

(4)激励机制。建设市场创新团队时,应建立激励机制,鼓励团队成员在市场创新中取得成绩,可以通过奖金、晋升、荣誉等方式,激励团队成员的积极性和创新动力。

(5)持续学习与培训。市场创新团队的成员应具备不断学习和提升自身能力的意识。企业可以通过组织内外部培训、提供学习资源等方式,帮助团队成员不断提升专业知识和创新能力。

(6)领导支持与引导。企业领导需要给予市场创新团队充分的支持与引导,为团队提供资源和支持,同时为团队提供明确的创新目标和方向。

建设一个高效的市场创新团队需要企业在人员配置、文化氛围、激励机制等方面进行全面考量和规划,以确保团队能够有效地推动市场创新工作。

(三)市场创新绩效评估

市场创新绩效评估是企业在市场创新过程中非常重要的一环,可以帮助企业了解市场创新活动的效果,评估创新活动对企业业绩的影响,并为未来的市场创新提供指导。以下是一些常见的市场创新绩效评估方法。

(1)销售数据分析。通过分析市场创新后的产品销售数据,包括销售额、销售量、市场占有率等指标,来评估市场创新对销售业绩的影响。

(2)市场份额变化。比较市场创新前后企业的市场份额变化,了解市场创新对企业在市场竞争中的地位变化。

(3)消费者反馈。通过市场调研、消费者反馈等方式,了解消费者对市场创新产品或服务的满意度、偏好等信息,从而评估市场创新的市场接受度和市场表现。

(4)品牌价值评估。通过品牌价值评估模型,评估市场创新对企业品牌价值的影响,包括品牌知名度、品牌忠诚度等指标[1]。

(5)成本效益分析。评估市场创新活动的成本与效益,包括市场创新的投入成本和创新带来的收益,从而判断市场创新活动的经济效益。

(6)竞争对手比较。与竞争对手进行比较,了解竞争对手的市场创新活动对市场的影响,从而评估自身市场创新活动的优劣势。

(7)绩效指标体系。建立完善的市场创新绩效指标体系,包括市场份额增长率、新产品销售占比、市场创新投资回报率等指标,用于定期评估市场创新绩效。

绩效评估不仅可以帮助企业了解市场创新活动的效果,还可以为企业提供改进市场创新策略、调整市场创新方向的依据。因此,企业在进行市场创新时,应当重视绩效评估工作,建立科学的评估体系,不断改进和优化市场创新活动。

四、市场创新的风险与挑战

在当今竞争激烈的商业环境中,市场创新对任何创业企业的成功都至关重要。对于正在创业的大学生来说,市场创新既带来了风险,也带来了挑战,需要认真考虑和应对。本节将讨论大学生创业团队在市场创新方面面临的各种风险和挑战,并就如何克服这些障碍提出见解。

大学生创业团队市场创新的主要风险之一是缺乏经验和资源。与成熟的企业不同,大学生创业团队往往财力有限,缺乏在市场上成功创新所需的行

---

[1] 刘佳静:《房地产品牌价值评估方法及其应用研究》,载《中国市场》,2021年第34期,第145-146页。

业知识和经验，这可能使他们难以发现和利用新的市场机会，并可能导致他们的想法被规模更大、发展更成熟的竞争对手所掩盖。

另一个重大风险是失败。市场创新本身就存在风险，无法保证新产品或新服务在市场上获得成功。对于大学生创业团队来说，失败尤其令人生畏，因为这可能会影响他们的学术和专业声誉，以及财务稳定性，这种对失败的恐惧可能会成为承担必要风险和做出大胆决策的主要障碍。

除了这些风险，大学生创业团队在市场创新方面还面临着许多挑战，其中一个主要挑战是需要平衡学业与创业追求。大学生往往要应付繁重的课程、考试和作业，很难抽出时间和精力投入创业努力，这可能会妨碍他们全身心投入研究、开发和在市场上实施创新想法。大学生创业团队还可能难以获得市场的信誉和信任。作为缺乏经验的年轻创业者，他们可能会面临潜在客户、投资者和行业合作伙伴的怀疑，他们可能会质疑自己是否有能力兑现承诺，是否有能力与更成熟的企业竞争。对于大学生创业团队来说，克服缺乏信誉的问题并在市场上建立良好的声誉是一项重大挑战。

尽管存在这些风险和挑战，大学生创业团队也可以采取一些策略来减少这些障碍，并在市场上成功创新。方法之一是寻求经验丰富的企业家和行业专业人士的指导。通过利用他人的知识和专长，大学生创业团队可以获得宝贵的见解和建议，帮助他们驾驭复杂的市场创新。大学生创业团队还可以从与其他学生、教师和行业利益相关者建立牢固的伙伴关系和合作关系中获益。通过与其他同样热爱创新的人合作，可以获得更广泛的资源、专业知识和支持，克服自身经验和资源的局限性。大学生创业团队还可以从市场创新的战略和方法中获益，通过开展全面的市场调研、确定尚未满足的需求和机遇、精心策划和测试他们的想法，最大限度地降低市场创新的相关风险，增加成功的机会。

总之，市场创新给大学生创业团队带来了风险和挑战。但是，有了正确的策略和支持，这些障碍都是可以克服的。通过寻求指导、建立伙伴关系和采取战略方法，大学生创业团队可以进行复杂的市场创新，并在商业世界中产生有意义的影响。

五、市场创新的未来趋势

近年来，创业的格局在迅速变化，尤其是在高校环境中，随着科技的兴起和对创新解决方案需求的不断增加，大学生们越来越积极参与创建自己的初创企业和创业项目。随着这些年轻创业者不断塑造商业世界的未来，了解大学生创业团队未来的市场创新趋势就显得尤为重要。

影响大学生创业团队未来市场创新的关键趋势之一是技术的整合。随着科技的飞速发展，大学生已经具备了创造创新解决方案的工具和资源，可以颠覆传统行业。从人工智能到区块链技术，大学生创业团队有望利用这些技术进步创造新的商业模式，彻底改变现有市场。大学生创业团队市场创新的未来还将受到对可持续发展和社会影响日益重视的影响。随着全球社会继续努力解决紧迫的环境和社会问题，大学生越来越注重创建不仅能创造利润，而且能对社会产生积极影响的企业。预计这一趋势将推动创新产品和服务的开发，以应对紧迫的社会和环境挑战，从而重塑市场格局。未来大学生创业团队的市场创新还将呈现出合作与伙伴关系日益重要的特点。随着商业世界的相互联系日益紧密，大学生创业团队将需要与其他初创企业、成熟公司和行业专家合作，以推动创新和发展。这一趋势将导致战略联盟和伙伴关系的形成，从而使大学生创业团队能够进入新的市场、获得新的资源和专业知识。未来大学生创业团队的市场创新还将受到消费者行为和偏好的影响。随着数字经济的兴起，大学生现在能够收集有关消费者行为和偏好的实时数据，使他们能够根据目标受众的需求和愿望创造产品和服务，开展个性化和定制化产品的开发，从而引起消费者的共鸣，推动市场创新。

总之，预计未来大学生创业团队的市场创新将以技术整合、强调可持续性和社会影响、重视合作与伙伴关系以及消费者行为和偏好的影响为特征。因此，大学生必须走在这些趋势的前列，并利用这些趋势创建具有影响力的创新型企业。通过了解和拥抱这些未来趋势，大学生创业团队将能为塑造未来商业世界和推动市场创新做好充分准备。

课程分享

通过分享内化所学内容，让学生对市场创新的理解和发展进行重点讨论。

第二节　企业知识产权的问题

课前思考

（1）知识产权类型：思考企业所涉及的知识产权类型，包括专利、商标、版权、商业秘密等方面。要考虑企业在不同领域的知识产权情况，以及如何保护和管理这些知识产权。

（2）知识产权保护：思考企业的知识产权保护方法，包括申请流程、保护范围、维权手段等方面。要考虑如何确保企业的创新成果和商业机密不受侵犯，保护企业的核心竞争力。

（3）知识产权管理：思考企业的知识产权管理体系，包括内部管理制度、外部合作约束等方面。要考虑如何建立完善的知识产权管理机制，规范员工的行为，防范知识产权风险。

（4）知识产权价值：思考企业知识产权对价值创造的贡献，包括市场竞争力、商业合作、资产增值等方面。要考虑如何充分挖掘和利用知识产权的商业价值，促进企业的可持续发展。

（5）知识产权战略：思考企业的知识产权战略，包括保护策略、运营策略、合作策略等方面。要考虑如何与企业整体战略相结合，制定有针对性的知识产权战略，提高企业的竞争力和创新能力。

一、知识产权概述

知识产权（Intellectual Property, IP）是指人们在各种创造性活动中产生的智力成果所享有的权利，这些智力成果包括发明、文学和艺术作品、商标、专利、工业设计、商业秘密等。知识产权的目的是保护知识和创意的产权人的利益，鼓励创新和创造，并促进社会经济的发展[1]。知识产权通常分为以下几类。

（1）专利权。专利是对发明的一种保护，它赋予发明人在一定期限内对其发明进行独占性使用的权利，以鼓励科学技术的创新[2]。

（2）商标权。商标是用以区分商品或服务来源的标志，商标权赋予商标所有者对其商标的独占使用权，以保护消费者的权益，防止混淆和误导。

（3）著作权。著作权是对文学、艺术作品的保护，包括文字作品、音乐、戏剧、美术作品、影视作品等，它赋予著作权人对其作品的独占使用权[3]。

（4）工业设计权。工业设计权是对产品外观设计的保护，它赋予设计者对其设计的独占使用权，以保护设计者的创意成果。

---

[1] 邓廿庆：《安徽省医药卫生领域知识产权保护与管理问题及对策研究》（硕士学位论文），安徽医科大学，2003年。

[2] 彭立静：《知识产权伦理研究》（博士学位论文），中南大学，2009年。

[3] 于春梅：《论知识产权保护的哲学依据及其方法论措施》（硕士学位论文），大连理工大学人文学院，2002年。

（5）商业秘密。商业秘密是指商业活动中的技术信息、经营信息等不公开的信息，持有者可以通过保密措施来保护其商业秘密，以维护其商业利益。

知识产权的保护对于创新和创造的激励至关重要，它为创新者提供了保障和回报，鼓励他们进行更多的创新活动。同时，知识产权的保护也有助于促进技术转移，促进经济发展，保护消费者的权益，维护市场秩序。

知识产权在现代社会中发挥着重要的作用，主要包括以下几个方面。

（1）促进创新和发明。知识产权制度为创新者提供了保护和回报，激励人们进行科学研究、技术创新和发明活动。通过专利制度，创新者可以获得对其发明的独占权，从而鼓励他们投入更多的时间和资源进行创新活动。

（2）保护创意成果。著作权和版权制度保护了文学、艺术作品和音像制品的创作者，使他们能够享有其创意成果的独占权利，从而鼓励创作者进行更多的创作活动，促进文化艺术事业的繁荣发展。

（3）促进经济发展。知识产权制度有助于促进技术创新、科技进步和产业升级，推动经济的发展。通过知识产权的保护，企业可以更好地保护其技术和商业秘密，愿意投入更多的研发资金，推动技术的不断进步，提高企业的竞争力。

（4）维护市场秩序。商标制度和不正当竞争法等知识产权制度有助于维护市场秩序，保护商业活动中的公平竞争环境，防止不正当竞争行为，维护市场秩序和消费者权益。

（5）促进技术转移和合作。知识产权制度为技术转移和技术合作提供了保护，鼓励企业进行技术合作和技术交流，促进技术的传播和应用。

总之，知识产权的作用在于激励创新、保护创意成果、促进经济发展、维护市场秩序和促进技术转移与合作，这些作用对于社会的繁荣和进步具有重要意义。

二、如何保护企业知识产权

保护知识产权对任何企业都至关重要，对初创企业尤其如此，对于正在创业的大学生来说，保护公司的知识产权至关重要。在本节，我们将讨论大学生创业者保护企业知识产权的各种方法。

首先，大学生创业者必须了解什么是知识产权。知识产权是指头脑中的创造，如发明、文学和艺术作品、设计、符号、名称和商业中使用的图像。对于初创企业来说，知识产权可以包括公司名称、徽标、产品或服务，以及团队开发的任何原创作品或创新。保护知识产权最常见的方式之一是申请专利,专利授予发明者对其发明的专有权,防止他人未经许可制造、使用或销售专利产品。大学生创业者应考虑为其创业团队开发的独特产品或工艺申请专利,这将有助于防止竞争对手复制他们的创新,并为团队带来市场竞争优势。另一种重要的知识产权保护形式是商标,商标是将公司产品或服务与其他产品或服务区分开来的独特名称、符号或设计。大学生创业者应进行全面调查,确保自己选择的公司名称或徽标没有被其他实体注册为商标,为公司的品牌元素注册商标将有助于保护其品牌形象,防止他人使用类似的名称或徽标。除了专利和商标,大学生创业者还可以考虑通过版权保护自己的知识产权,版权适用于原创作品,如著作、音乐和艺术品。初创企业通常会为其营销材料、网站和产品创作原创内容,因此,必须确保这些作品的版权,以防止他人未经授权使用。大学生创业者还应注意保护自己的商业机密,包括任何可能提供竞争优势的商业机密信息,如客户名单、生产流程或营销策略。创业团队必须执行严格保密措施和签订保密协议,以保护商业机密不被泄露或窃取。

总之,保护知识产权对大学生创业公司的成功和长久发展至关重要。通过了解各种形式的知识产权,并采取积极措施保护专利、商标、版权和商业机密,初创企业团队可以保护自己的创新和品牌形象。这不仅能为他们带来市场竞争优势,还能确保企业的长期生存能力。随着大学生创业者不断创新和创造,他们必须优先保护自己的知识产权,才能在不断变化的商业环境中茁壮成长。

三、知识产权保护的法律法规

公司的知识产权受到各种法律法规的保护,以确保创作者和所有者对其作品享有专有权,并能从中获得经济利益。

企业涉及的每种知识产权都受到不同法律法规的保护,个人和企业了解这些法律对保护自己的知识产权至关重要。专利是授予发明者新的和有用的工艺、机器、制成品或物质组合物,以及对现有发明的改进。专利为发明人提供了在有限期内使用、制造、销售和进口特定发明的专有权,通常为自专利申请日起20年。要获得专利,发明必须新颖、非显而易见且有用,发明人必须向相关专利局提交专利申请。商标用于保护文字、名称、符号或装置,这些文字、名称、符号或装置用于识别一个销售商的商品或服务,并将其与其他销售商的商品或服务区分开来,商标保护可以防止他人使用可能会在消费者中造成混淆的类似商标。商标可以在相关商标局注册,注册后所有者就拥有了在其注册的商品或服务上使用该商标的专有权。版权保护原创作品，如文学、戏剧、音乐和艺术作品以及计算机软件，并赋予所有者复制、发行、表演和展示作品的专有权，版权保护在作品创作完成后自动生效，无须注册，但可以提供额外的好处，如在侵权情况下可以起诉，要求法定损害赔偿和律师费。商业秘密是为企业提供竞争优势的宝贵信息，如配方、工艺、设计或客户名单，商业秘密的保护并不取决于注册，而是取决于所有者对信息保密的努力。只要努力保密，商业秘密保护就可以无限期地维持下去。除了这些主要类型的知识产权外，还有其他形式的保护，如工业品外观设计、地理标志和植物品种权。每种类型的知识产权都受到特定法律法规的保护，因此个人和企业必须了解获得和实施知识产权保护的要求和程序。在美国，知识产权主要受联邦法律保护，如《专利法》《商标法》《版权法》和《经济间谍法》，这些法律为获得和实施知识产权提供了法律框架，还为侵权行为提供了补救措施，如禁令、损害赔偿和律师费。在国际上，知识产权受到各种条约和协议的保护，如《保护工业产权巴黎公约》《保护文学和艺术作品伯尔尼公约》以及《与贸易有关的知识产权协议》，这些国际协定为跨国界保护知识产权提供了一个框架，同时也提供了执行和解决争端的机制。

总之，保护知识产权有利于促进创新、创造力和经济增长。了解有关知识产权保护的法律框架，对于个人和企业有效保护自己的创造并从知识产权中获益至关重要。通过获得和实施知识产权，创作者和所有者可以确保他们的作品受到保护，并从他们的创新和创造中获得回报。

四、企业知识产权管理策略

在当今竞争激烈的商业环境中，知识产权的有效管理对于企业的成功和可持续发展越来越重要，因此，制定和实施全面的知识产权管理战略对于企业保护其创新、发明和创意作品至关重要。本节旨在概述企业有效管理知识产权战略的关键组成部分，并深入探讨保护和利用企业知识资产的最佳做法。

制定明确的知识产权管理战略应从全面评估公司现有的知识产权组合开始，包括对企业拥有或已申请的所有专利、商标、版权和商业秘密进行识别和编目。通过对知识产权资产进行全面审计，公司可以清楚地了解与知识产权相关的价值和潜在风险，并就如何更好地保护和利用这些资产做出明智的决策。在对知识产权组合进行评估后，企业应为知识产权的创造、保护和实施制定明确而有力的政策和程序，包括采取措施确保所有员工都了解自己在保护公司知识产权方面的责任，并遵守创造和管理知识资产的最佳做法。公司还应制定一套监督和实施知识产权的制度，包括定期审计、监督和对侵权者采取法律行动。除了保护知识产权，企业还应设法利用其知识资产推动创新，提高竞争地位，并创造新的收入来源，例如将其专利和商标许可给第三方，与其他公司建立战略合作伙伴关系，或将其知识产权用作融资或投资的抵押品。通过积极管理知识产权资产并寻找机会使其货币化，企业可以最大限度地发挥创新的价值，创造可持续的竞争优势。有效的知识产权管理战略还应考虑与知识产权侵权和诉讼相关的风险和挑战，这可能涉及制订应对知识产权纠纷的应急计划，以及购买保险以减轻潜在法律诉讼的财务影响。通过积极主动地管理与知识产权相关的风险，企业可以最大限度地减少可能出现的代价高昂的诉讼，并保护自己的声誉和市场地位。

总之，在当今竞争激烈的商业环境中，制定和实施全面的知识产权管理战略对于企业保护和利用其知识产权资产至关重要。通过对知识产权组合进行全面评估，为知识产权创造和保护制定明确的政策和程序，并积极寻求知识产权货币化的机会，企业可以提高竞争地位，推动创新，并为利益相关者创造可持续的价值。通过应对与知识产权侵权和诉讼相关的风险和挑战，企业可以维护自己的声誉，最大限度地减少可能出现的代价高昂的法律诉讼，这样，才能使企业在全球市场上取得长期的成功和发展。

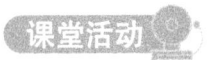

课程分享

通过学习，可以为企业的知识产权保护和管理做好充分的准备，确保企业的创新成果和商业机密得到有效保护，提高企业的知识产权运营效率和价值创造能力。

第三节　评估企业成长挑战

（1）市场竞争：思考企业所处行业的市场竞争情况，包括竞争对手、市场份额、市场增长率等方面。要考虑企业在市场中的定位和竞争优势，以及如何应对激烈的市场竞争。

（2）经营管理：思考企业的内部管理情况，包括组织架构、人才队伍、运营效率等方面。要考虑企业的管理体系是否适应快速成长，以及如何提升管理效率和组织协同能力。

（3）资金需求：思考企业成长所需的资金支持，包括资金来源、资金运用、融资渠道等方面。要考虑企业如何解决资金瓶颈，确保资金供给与企业成长需求相匹配。

（4）创新能力：思考企业的创新能力和技术积累，包括研发投入、技术壁垒、产品差异化等方面。要考虑企业如何不断创新，保持竞争优势，应对市场变化和技术挑战。

（5）国际化发展：思考企业拓展国际市场的挑战，包括市场准入、国际竞争、跨境运营等方面。要考虑企业如何应对国际化带来的挑战和机遇，提升国际竞争力。

一、企业成长挑战概述

企业成长面临着诸多挑战，包括市场竞争激烈、技术变革迅速、管理团队能力不足、资金压力等。在市场竞争激烈的环境下，企业需要不断提升产品和服务的质量，创新营销策略，提高品牌知名度。技术变革迅速，企业需要及时跟进新技术，提升生产效率和产品质量。管理团队能力不足会影响企业的决策和执行能力，需要不断培训和引进人才。资金压力是企业成长的常见问题，需要合理规划资金运作，寻求融资渠道，确保企业稳健发展。应对和克服这些挑战需要企业领导者和团队共同努力，制定有效的发展战略，加强内部管理，不断提升核心竞争力。企业成长对企业的长期成功和可持续发展至关重要，它使企业能够增加市场份额，扩大客户群，创造更高的收入和利润。还能使企业保持市场竞争力，吸引顶尖人才，为员工和利益相关者创造更多机会。企业成长还能增加股东价值，这也是许多公司的主要目标。

推动企业成长的因素包括创新、市场需求和战略合作伙伴关系。首先，创新在推动企业成长方面发挥着关键作用，因为通过开发新产品、服务或技术，公司可以获得竞争优势，吸引更多客户。其次，顺应市场需求和发现新机遇也能促进成长，因为满足目标受众需求和偏好的企业可以实现更高的销售额和利润。最后，与其他公司或组织建立战略伙伴关系也能推动成长，因为它们可以提供进入新市场、获得新资源和新能力的机会。企业实现成长的方法多种多样，包括有机增长、并购和战略联盟。有机成长是指通过内部举措扩大业务，如开发新产品、进入新市场或提高运营效率。并购是指通过与其他公司合并或收购其他公司来实现成长，从而获得新的客户、技术或地理位置。战略联盟则涉及与其他企业合作，以实现共同的成长目标，如共享资源、知识或市场准入。

总之，企业成长能使企业扩大经营、提高盈利能力并为利益相关者创造更多价值。通过了解推动企业成长的重要性、关键驱动因素和常用方法，企业可以制定有效的战略，推动自身发展，在市场上取得成功。

二、市场竞争分析

市场竞争日趋激烈，大学生创业团队要想取得成功，必须进行全面的市场竞争分析。

市场竞争分析的一个重要方面是了解竞争格局，包括识别和分析市场中的主要竞争者，主要竞争者分为直接和间接竞争者。直接竞争者是指那些与创业团队提供类似产品或服务的竞争者，而间接竞争者是指那些提供替代产品或服务的竞争者。通过了解竞争对手，大学生创业团队可以获得有价值的市场洞察，发现差异化和竞争优势的机会。市场竞争分析的另一个重要方面是了解目标市场，包括确定目标客户的特征和偏好，即分析目标客户的购买行为和决策过程。通过了解目标市场的需求和偏好，大学生创业团队可以为客户量身定制产品或服务，更好地满足客户的需求，从而在市场竞争中获得优势。市场竞争分析还需要分析创业团队自身的优势和劣势，这包括评估团队的能力、资源和专业知识，以及找出与竞争对手潜在的差距或需要改进的地方。通过了解自身的优势和劣势，大学生创业团队可以更好地进行市场定位，并制定战略来利用自身优势，减轻自身劣势。分析市场趋势和动态也是市场竞争分析的一个重要环节，包括监测消费者行为的变化、技术进步、监管变化以及其他可能影响市场的外部因素。通过掌握市场趋势和动态，大学生创业团队可以更好地预测市场变化，主动调整战略，在竞争中保持领先。

总之，通过了解竞争格局、目标市场、优势和劣势以及市场趋势和动态，创业团队可以制定明智的战略，使自己的企业脱颖而出，赢得竞争优势。随着大学生创业精神的不断蓬勃发展，大学生创业团队必须将市场竞争分析作为创业历程中的一个重要组成部分。

三、经济环境和行业趋势分析

经济环境和行业趋势对创业企业，尤其是大学生创业企业的成功和可持续发展起着至关重要的作用。青年创业者必须了解可能影响其商业努力的经济动态和行业趋势。

首先，大学生创业者所处的经济环境由众多因素构成，包括但不限于经济增长、通货膨胀、利率以及财政和货币政策。这些宏观经济指标对整个商业环境有直接影响，影响消费者的消费模式、投资决策和市场动态。一方面，在经济扩张时期，消费者信心往往很高，从而导致对商品和服务的需求增加。另一方面，在经济衰退时期，消费者支出可能会减少，从而导致企业销售额和利润率下降。其次，监管环境也对大学生创业者的经济格局有着重要影响。政府的政策和法规，如税收、劳动法和特定行业的法规，既可以促进创业活动，也可以阻碍创业活动。例如，对初创企业有利的税收优惠和法规支持可以鼓励更多大学生进行创业，而过多的形式障碍和繁文缛节则会扼杀创新和业务增长。再次，大学生创业者还必须紧跟可能影响其创业的行业趋势。行业趋势包含广泛的因素，包括技术进步、消费者偏好、竞争态势和市场混乱。例如，技术创新的迅猛发展为人工智能、区块链和可再生能源等领域带来了新的商机，大学生创业者必须主动识别和利用这些趋势，才能在各自的行业中获得竞争优势。另外，了解消费者偏好和市场动态对大学生创业者开发能引起目标受众共鸣的产品和服务也至关重要。例如，人们越来越重视可持续发展和道德消费，导致对环保产品和服务的需求增加。大学生创业者如果能根据消费者的这种偏好调整自己的业务产品，就有可能在市场上获得牵引力，并建立起忠实的客户群。最后，把握竞争态势对大学生创业者来说也至关重要，因为这样才能使自己的产品与众不同，保持领先地位。分析行业现有企业和新兴企业的战略和商业模式，可以为战略定位和市场进入提供有价值的见解，对市场混乱和模式转变的监控也有助于大学生创业者预测和适应竞争格局的变化。

总之，经济环境和行业趋势是大学生创业者踏上创业之路时必须考虑的关键因素。通过了解宏观经济指标、监管动态、技术进步、消费者偏好和竞争态势，大学生创业者可以做出明智的决策，并在不断变化的商业环境中为自己的企业成功定位。因此，大学生创业者必须进行全面的经济和行业趋势分析，为其战略规划和决策过程提供依据。

四、内部资源和能力评估

大学生创业团队在促进创新和推动经济增长方面发挥着至关重要的作用，然而，创业团队要想取得成功，就必须拥有必要的内部资源和能力。本节将探讨评估大学生创业团队内部资源和能力的重要性，并提供一个评估框架。

内部资源是指大学生创业团队拥有、控制和可利用的资产和能力，包括金融资本、人力资本、物质资本和智力资本。评估大学生创业团队的内部资源对于确定其优势和劣势以及制定有效利用资源的战略至关重要。金融资本是大学生创业团队的重要内部资源，它使团队能够为其运营提供资金、投资研发并扩大业务规模。评估大学生创业团队的金融资本包括评估其当前的资金来源、现金流和进行财务预测，还必须评估团队通过风险资本、天使投资人或其他融资渠道吸引外部资金的能力。人力资本是大学生创业团队的另一项重要内部资源，它包括团队成员的技能、知识和经验。评估大学生创业团队的人力资本，包括评估团队成员的专业知识和资质，以及他们有效合作的能力，还有团队的学习和适应能力，以及吸引和留住顶尖人才的能力。物质资本是指大学生创业团队拥有和使用的有形资产，如设备、设施和技术。评估大学生创业团队的有形资本包括评估团队获取必要资源和基础设施的能力，有效管理和维护有形资产的能力，以及团队的创新和技术进步能力。智力资本包括大学生创业团队所拥有和利用的知识、流程和知识产权。评估大学生创业团队的知识资本包括评估其知识产权组合、研发能力和知识管理流程，团队的创新能力及其有效保护和利用知识产权的能力。除了评估内部资源，评估大学生创业团队的能力也很重要。能力是指团队执行特定任务和活动的能力，如产品开发、市场营销和销售。评估大学生创业团队的能力包括评估其核心竞争力，以及协作、创新和适应能力，评估团队执行业务战略和实现目标的能力也很重要。

总之，对大学生创业团队的内部资源和能力进行评估，对于明确其优缺点、制定有效利用资源的战略至关重要。通过对内部资源和能力进行全面评估，大学生创业团队可以为自己成功定位，实现创业目标。

五、技术和创新能力评估

近年来，大学生参与创业活动和组建创业团队以及追求创新想法的趋势日益明显，这一趋势得益于高校为大学生创业提供了越来越多的资源和支持，以及就业市场格局的不断变化。在创业过程中，必须对这些大学生创业团队的技术和创新能力进行评估，以了解他们的成功潜力和对经济的影响。

在评估大学生创业团队的技术能力时，必须考虑团队成员所掌握的技术技能和知识，包括他们对编程语言、软件开发、硬件设计和其他相关技术领域的熟练程度。团队利用人工智能、区块链和物联网（LOT）等新兴技术的能力也能说明其技术能力，对前沿工具、平台和资源的获取和利用，也能让人了解他们开发创新解决方案和产品的潜力。除技术能力外，大学生创业团队的创新能力也是其成功潜力的关键因素，包括识别和解决未满足需求和市场缺口的能力，以及开发新的解决方案和商业模式的创造力。团队的持续学习能力、适应能力和面对挑战的应变能力也表明了他们的创新思维。团队在开发和实施创新理念方面的业绩纪录，以及吸引和留住人才的能力，也可以作为其创新能力的指标。要有效评估大学生创业团队的技术和创新能力，必须采用一个综合评估框架，将各种因素考虑在内，包括进行技术评估，以衡量团队在相关技术领域的熟练程度，以及通过案例研究和项目组合来评估他们的创新和创造纪录，与团队成员进行访谈和讨论，也能对他们的技术和创新方法以及未来愿景提供有价值的见解。考虑影响大学生创业团队技术和创新能力的外部因素也很重要，包括资金和资源的可用性、获得辅导和指导的机会，以及学院或大学内部更广泛的生态系统和创业支持网络，监管和政策环境以及市场动态和竞争。

总之，对大学生创业团队的技术和创新能力进行评估是一项复杂而多方面的工作，需要有一个全面的评估框架。通过考虑技术熟练程度、资源获取、创新思维和外部影响等因素，可以更深入地了解这些团队推动技术创新和促进经济增长的潜力。通过识别和支持高潜力团队，高校可以有效培养下一代创新者和企业家。

六、财务状况和资金需求评估

许多年轻人都渴望创办自己的企业，并大展拳脚，这些有抱负的创业者面临的最大挑战之一就是创业和经营企业的财务问题。在本节，我们将评估大学生创业团队的财务状况和资金需求，并就如何获得必要的资金支持创业项目提出建议。

大学生创业团队的财务状况因其业务性质和可用资源的不同而有很大差异。一般来说，大多数学生创业者的经济资源有限，只能依靠个人储蓄、家庭支持或小额赠款来为创业项目提供资金。因此，他们往往难以支付与创业和经营企业相关的成本，如产品开发、市场营销和运营费用。大学生创业团队在有效管理财务方面也可能面临挑战。许多年轻创业者缺乏做出合理财务决策所需的财务知识和经验，可能在预算编制、现金流管理和财务报告方面举步维艰。因此，他们可能会发现自己的财务状况岌岌可危，阻碍了他们在创业过程中的成长和成功。

鉴于面临的财务挑战，大学生创业团队必须准确评估自己的资金需求，并寻求必要的资源来支持自己的企业。一般来说，大学生创业者的资金用途包括产品开发、营销和广告、运营开支和招聘人才，还需要支付意外费用，支持其发展和扩张计划。为准确评估资金需求，大学生创业团队应对其业务运营进行全面分析，并确定需要资金的具体领域。这可能需要制定详细的预算和财务预测，以估算支持创业所需的资金数额。他们还应考虑与业务相关的潜在风险和不确定性，并将这些因素纳入资金需求评估。为了获得支持创业所需的资金，大学生创业团队可以探索各种资金来源，常用方法是寻求专门为学生创业者设计的助学金和奖学金，这可以为他们提供非扩张性资金，支持他们的创业；还可以考虑申请参加商业竞赛和演讲活动，不仅可以增加曝光机会，还可以为企业赢得资金。大学生创业团队的另一个潜在资金来源是天使投资人和风险资本家，这些投资者可能有兴趣支持有前途的年轻创业者，大学生创业者只要提出自己的创业想法，并展示其发展和成功的潜力，就有可能获得股权融资，实施自己的创业项目。创业团队还可以探索众筹平台和在线筹款活动，向更广泛的潜在投资者和支持者筹集资金。

总之，大学生创业团队的财务状况和资金需求是影响他们在创业领域取得成功的关键因素。通过准确评估他们的资金需求，并寻找必要的资源来支持他们的创业项目，大学生创业者可以克服财务挑战，建立成功的企业。有了正确的资金支持和指导，大学生创业团队就能将他们的创新想法转化为蓬勃发展的企业，并在创业领域产生积极影响。

七、风险管理和可持续发展评估

近年来，参与创业活动的大学生人数大幅增加，这些年轻的创业者渴望创造创新的解决方案，颠覆传统行业，并对社会产生积极影响。但是，创业的成功之路充满风险和挑战。因此，大学生创业团队必须有效管理风险，确保可持续发展。

风险管理是创业项目的关键组成部分，它包括识别潜在风险、评估其影响，以及实施减轻或避免风险的策略。对于大学生创业团队来说，风险可能是多样化和多方面的，包括财务风险，如缺乏资金或现金流问题；运营风险，如生产或交付问题；市场风险，如消费者偏好变化或竞争压力；监管风险，如遵守法律法规问题。为了有效管理这些风险，大学生创业团队需要采取积极主动的系统方法，包括进行全面的风险评估，以确定潜在的威胁和薄弱环节，还需要制订风险管理计划，概述风险缓解、应急计划和危机管理战略。团队必须持续监测和评估风险，并随着业务环境的变化调整其风险管理策略。除风险管理外，可持续发展也是大学生创业团队的另一个重要考虑因素。可持续发展是指在满足当代人需求的同时,不损害后代人满足自身需求的能力。就创业而言,可持续发展包括环境、社会和经济方面的考虑①。环境可持续发展涉及最大限度地减少商业活动对环境的影响,如减少碳排放、保护自然资源和推广生态友好型实践。社会可持续发展包括促进社会公平、多样性和包容性,以及为当地社区的福祉做出贡献。经济可持续发展包括确保企业的长期生存能力和盈利能力,同时为利益相关者创造价值。对于大学生创业团队来说,将可持续发展融入其商业实践,可以取得长期的成功并产生积极的社会影响,这可能包括采用可持续的设计和生产流程、实施社会责任倡议,以及培养有道德和负责任的商业行为文化。

总之,大学生创业团队在创业过程中面临着无数的风险和挑战,有效的风险管理对于降低这些风险和确保企业的可持续发展至关重要。将可持续发展融入商业实践可带来长期的成功和积极的社会影响。通过采取积极主动、系统化的风险管理和可持续发展方法,大学生创业团队可以增加成功的机会,并为社会做出有意义的贡献。

课程分享

通过学习,评估企业成长面临的挑战,找到关键问题和瓶颈,制定有针对性的应对策略,提高企业的应变能力和成长潜力。

第四节　企业成长战略

课前思考

(1)市场定位:思考企业目标市场的特点和需求,包括市场规模、增长趋势、消费者行为等方面。要考虑企业如何准确定位目标市场,找到切实可行的增长机会。

(2)竞争优势:思考企业的核心竞争力和差异化优势,包括产品技术、品牌影响力、成本控制等方面。要考虑如何在激烈的市场竞争中保持竞争优势,实现可持续发展。

(3)创新驱动:思考企业的创新能力和创新战略,包括技术创新、商业模式创新、产品创新等方面。要考虑如何通过持续创新,不断提升企业的市场竞争力和增长潜力。

---

① 陈明光:《企业社会责任概述》,载《质量与认证》,2014年第8期,第41—42页。

（4）资源配置：思考企业资源的有效配置和管理，包括人力资源、财务资源、物流资源等方面。要考虑如何合理配置资源，提高资源利用效率，支撑企业的成长战略实施。

（5）风险管理：思考企业成长过程中可能面临的风险和挑战，包括市场风险、政策风险、经营风险等方面。要考虑如何制定有效的风险管理策略，降低不确定性对企业成长的影响。

一、行业和市场分析

进行行业和市场分析的第一步是确定创业团队计划经营的行业，这包括研究该行业的现状，包括其规模、增长率和主要趋势。同样重要的是，要了解该行业的主要参与者，以及可能存在的潜在进入壁垒[①]。通过对行业的全面了解，创业团队可以更好地为自己的成功进行定位。确定行业后，下一步是进行市场分析，包括研究团队产品或服务的目标市场，即规模、人口统计和购买行为。同样重要的是了解目标市场的需求和偏好，以及可能存在的潜在竞争对手。通过对市场的全面了解，创业团队可以更好地定制产品和服务，以满足客户的需求。除了了解行业和市场，创业团队还必须进行竞争分析，这包括研究竞争对手的优势和劣势，以及可能存在的任何潜在机会或威胁。通过了解竞争格局，创业团队可以更好地定位自己在市场中的位置，并确定自己可以在哪些方面与竞争对手区别开来。在进行行业和市场分析时，创业团队还必须考虑可能影响其业务的任何监管或法律因素，包括了解可能影响其行业的任何相关法律或法规，以及可能产生的任何潜在风险或责任。通过全面了解监管环境，创业团队可以更好地确保在法律允许的范围内开展业务。

总之，进行全面的行业和市场分析对大学生创业团队至关重要，通过对行业、市场和竞争格局的全面了解，创业团队可以更好地为自己的成功定位，并确定自己可以在哪些方面与竞争对手区别开来。通过了解可能影响其业务的监管或法律因素，创业团队可以更好地确保在法律允许的范围内运作。

二、目标客户群体分析

在当今竞争激烈的商业环境中，大学生创业团队必须清楚地了解目标客户群，才能有效地推销自己的产品或服务。识别和分析目标客户群的特征和

---

① 林军：《美国中小企业创业的服务环境（二）》，载《中国中小企业》，2011年第1期，第37-42页。

偏好对于创业的成功至关重要。

大学生创业团队的目标客户群多种多样，这取决于企业的性质和所提供的产品或服务。不过，不同的目标客户群有一些共同的特征和偏好，这些特征和偏好可为创业团队建立理想客户的档案，并定制营销策略和产品，以满足这一群体的需求和愿望。大学生和年轻人通常是大学生创业企业的主要目标客户群，这一群体通常精通技术，具有社会意识，乐于接受新的体验和想法，但他们的可支配收入有限，这可能会影响他们的购买决策和偏好。目标客户群的一个共同点是生活方式和价值观。大学生和年轻人通常对符合他们价值观和信仰的产品和服务感兴趣，他们也可能是新技术和新趋势的早期采用者，更愿意承担风险和尝试新事物。了解目标客户群的生活方式和价值观，有助于创业团队创造能与这一群体产生共鸣的产品和进行营销活动。大学生创业团队的目标客户群还可能有与所提供产品或服务相关的特定需求和偏好。例如，如果创业团队建立的是一家科技初创公司，他们的目标客户群可能会对能提高生产力和连接性的创新尖端产品感兴趣。又如，如果创业团队推出的是一家社会企业，他们的目标客户群可能会对具有积极社会影响、能为更大利益做出贡献的产品或服务感兴趣。为了有效分析创业项目的目标客户群，大学生团队可以利用各种研究方法，包括调查、焦点小组和市场分析，这些方法可以帮助团队收集有关目标客户群的偏好、需求和行为的宝贵见解，并确定产品开发和营销的潜在机会。

总之，通过对目标客户群进行全面分析，创业团队可以获得宝贵的见解，为其产品开发、营销策略和整体业务运营提供参考。

三、产品和服务开发策略

近年来，大学生创办自己的企业的热情越来越高涨。随着技术和创新的兴起，越来越多年轻人寻求将自己的想法转化为成功产品和服务的途径。为了有效地制定产品和服务开发战略，大学生创业者必须了解这一过程的关键组成部分和注意事项。

制定成功的产品和服务开发战略的第一步是进行全面的市场调研，包括确定目标受众，了解他们的需求和偏好，分析竞争格局。通过深入了解市场，大学生创业者可以更好地定位自己的产品和服务，以满足潜在客户的需求。市场调研还应包括对行业趋势、监管要求和潜在进入壁垒的分析。第二步是确定产品或服务的独特价值主张，清楚地阐明产品或服务能为客户带来的好处和优势，以及如何与市场上现有的解决方案区分开来。大学生创业者应仔细考虑目标受众的痛点，以及他们的产品或服务如何有效解决这些挑战，通过明确定义价值主张，创业者可以有效地向潜在客户和投资者传达其产品的优势。第三步是专注于开发最小可行产品或原型，包括创建产品或服务的简化版本，以便与潜在客户进行测试和验证。通过获取早期反馈和见解，创业者可以在向市场全面推出产品之前，对其产品进行必要的调整和改进。这种迭代式的产品开发方法可以帮助大学生创业者最大限度地降低风险，增加成功的机会。第四步是考虑开发可提升整体价值主张的补充服务，包括创建用户友好型界面、客户支持系统或可改善客户体验的附加功能。通过提供能满足目标受众需求的综合解决方案，创业者可以创造出更有吸引力的产品，使自己在竞争中脱颖而出。第五步是制定全面的市场战略，概述推出和推广产品与服务的步骤和策略，涉及确定分销渠道、定价策略、营销活动和销售策略，以便有效地接触和吸引潜在客户。通过精心策划进入市场的战略，创业者可以最大限度地扩大产品和服务推出的影响，并尽早在市场上产生牵引力。

总之，要制定成功的产品和服务开发战略，大学生创业者就必须进行全面的市场调研，确定有吸引力的价值主张，创造最小可行产品，开发配套服务，并规划全面的市场推广战略。通过仔细考虑这些关键要素，创业者可以增加成功的机会，并有效地将他们的创新想法推向市场。

四、技术创新和数字化转型策略

近年来，创业领域迅速发展，重点强调技术创新和数字化转型。这种转变在大学生创业领域表现得尤为明显，年轻而有抱负的人正在利用他们的技术技能和创新理念，创建令人兴奋的新企业。因此，大学生创业团队必须制定全面的技术创新和数字化转型战略，才能在当今快节奏的商业环境中保持竞争力。

大学生创业团队成功的技术创新和数字化转型战略的关键组成部分之一，就是在尖端技术方面打下坚实的基础，包括紧跟人工智能、机器学习、区块链和物联网等领域的最新进展。通过将这些技术融入创业项目，学生创业团队可以获得显著的竞争优势，创造出创新的产品和服务，满足当今精通数字技术的消费者的需求。除了拥抱尖端技术，大学生创业团队还必须优先发展强大的数字基础设施，包括实施基于云的解决方案、网络安全措施和数据分析工具，以简化运营和增强决策流程。利用数字平台进行营销、销售和客户参与，可以大大扩大大学生创业企业的覆盖面和影响力，使其能够与全球受众建立联系，推动可持续增长。注重用户体验和界面设计对于大学生创业团队在当今数字时代取得成功也至关重要。通过优先为产品和服务开发直观、用户友好的界面，大学生创业团队可以提高客户满意度和忠诚度，最终推动企业成功。融入设计思维原则还能在学生创业团队中培养创造力和创新文化，从而开发出真正具有突破性的解决方案。大学生创业团队必须优先发展数据驱动思维，利用洞察力和分析来推动知情决策和持续改进。通过数据的力量，大学生创业团队可以获得对消费者行为、市场趋势和运营效率的宝贵见解，从而做出推动业务成功的战略决策。实施敏捷方法和快速原型设计可以使学生创业团队快速迭代他们的想法，并及时将创新解决方案推向市场。

总之，大学生创业的格局正日益由技术创新和数字化转型所改变，为了在这个充满活力的环境中茁壮成长，大学生创业团队必须制定全面的战略，包括尖端技术、数字基础设施、用户体验设计和数据驱动决策。通过遵循这些原则，大学生创业团队可以在当今的数字时代取得成功，创建创新型企业，推动有意义的影响和可持续发展。

五、成长战略的绩效评估和监测

对大学生创业团队的成长战略进行绩效评估和监控，是确保创业团队成功和可持续发展的关键环节。随着创业环境的不断变化，创业团队必须清楚地了解自己的发展进展和影响，以做出明智的决策和战略调整。

首先，必须制定与创业团队发展战略相一致的、明确的、可衡量的绩效指标，这些指标应涵盖财务业绩、市场渗透、客户获取、产品开发和团队活力等各个方面。通过在这些方面设定具体且可实现的目标，创业团队可以为企业发展制定清晰的路线图，并能轻松跟踪其在一段时间内的进展情况。其次，除了设定绩效指标外，还需要建立一个可以定期评估团队绩效的监控系统，这可以通过定期会议、进度报告和数据分析来实现。通过持续监控团队的绩效，可以更容易地发现需要改进的地方或可能阻碍团队发展的潜在障碍。再次，团队还必须定期评估其发展战略，以评估其在当前市场环境中的有效性和相关性，这可以通过SWOT分析、市场调研和客户反馈来完成。通过不断评估其战略，团队可以确保他们能够适应不断变化的市场环境，并能够抓住新的机遇。最后，团队还必须寻求导师、行业专家和潜在投资者等外部利益相关者的反馈，外部视角可以为团队的发展战略提供有价值的见解和建议，并有助于发现团队可能忽视的盲点或需要改进的地方。

总之，大学生创业团队成长战略的绩效评估和监控是其成功的关键组成部分。通过设定明确的绩效指标、建立监控系统、进行定期评估和寻求外部反馈，团队可以确保自己在实现目标的正确轨道上前进。这种积极主动的绩效评估和监测方法使团队能够做出明智的决策和战略调整，有助于团队的长期成功和可持续发展。

六、战略调整和灵活性

近年来，创业环境瞬息万变，越来越多的大学生开始涉足创业。当这些年轻的创业者踏上创造和创新的征程时，往往会遇到各种挑战和障碍，需要不断进行战略调整和适应变化才能取得成功。本节将深入探讨战略调整和灵活性对大学生创业团队的重要性，探讨他们如何才能有效地驾驭充满活力和竞争的商业环境。

大学生创业团队必须了解战略调整在创业过程中的重要意义。团队最初制订的商业计划和战略可能是经过深入研究和深思熟虑的，但商业环境是不断变化的，因此，适应和调整战略的能力对于初创企业的成功至关重要。这可能涉及重新评估目标市场、完善产品或服务，或根据不断变化的市场条件调整商业模式。通过对战略调整持开放态度，大学生创业团队可以把握新机遇，克服可能出现的潜在挑战。灵活性也是大学生创业团队取得成功不可或缺的因素，灵活性使团队能够应对不可预见的情况，适应不断变化的市场动态，能够根据客户反馈、行业趋势和竞争压力迅速做出调整。灵活性还能在团队中培养创新和实验文化，因为团队成员被鼓励进行创造性思考和探索新想法。这种灵活性对大学生创业团队尤为重要，他们往往要在高度动态和不确定的环境中运作，拥抱灵活性可以帮助这些团队保持敏捷的反应能力，最终增加他们在竞争激烈的创业生态系统中取得成功的机会。为了有效实施战略调整并培养灵活性，大学生创业团队必须培养不断学习和改进的心态，包括随时了解行业趋势、市场发展和新兴技术，以及寻求客户和导师的反馈意见。通过持续关注外部环境并善于接受反馈，团队可以确定战略调整的领域，并就业务方向做出明智的决策。在团队内部培养开放的沟通和协作文化，可以促进思想交流，并能针对不断变化的情况迅速做出决策。大学生创业团队还可以寻求经验丰富的企业家和行业专家的指导和帮助，这些导师可以提供有价值的见解和建议，并充当战略决策和潜在支点的传声筒。通过利用导师的知识和经验，团队可以从更广阔的视角看待自己的业务，并发现最初可能并不明显的战略调整机会，导师还能在应对创业挑战方面提供支持和指导，为团队提供宝贵的鼓励和动力。

总之，大学生创业团队要想取得成功，就必须具备战略调整和灵活应变的能力。通过保持开放求变的态度、不断学习和寻求指导，创业团队可以在充满活力和竞争的商业环境中茁壮成长。归根结底，培养战略性和灵活性的思维方式，可以让大学生创业团队有能力应对创业挑战，实现创新和成功的愿景。

课程分享

通过学习，分享如何为企业成长战略的制定提供全面的思考和准备，找到适合企业实际情况的战略路径，提高企业的竞争力和可持续发展能力。

本章小结

在本章中，我们深入探讨了管理企业成长的重要性以及推动企业成长的关键策略。管理企业成长是一个充满挑战和机遇的过程，它需要企业管理者具备战略眼光、创新思维和卓越的领导力。在管理企业成长的过程中，企业管理者需要注重以下几个方面。第一，建立清晰的愿景和战略规划，明确企业的发展方向和目标。同时，他们需要激发组织内部的创新活力，鼓励团队成员提出新想法，推动产品和服务的不断创新，以应对市场的变化和满足客户需求。第二，企业管理者需要注重人才培养和团队建设，吸引和留住优秀的人才，建立高效的组织团队。通过培训和激励措施，激发员工的工作热情和创造力，使他们在企业成长的过程中发挥出最大的潜力。第三，企业管理者还需要注重市场营销和品牌建设，制定合理的营销策略，提升企业的知名度和竞争力。同时，他们需要不断优化产品和服务，满足客户需求，提高客户满意度，从而赢得市场份额，实现企业的持续成长。总的来说，管理企业成长是一个复杂而又充满挑战的过程，企业管理者需要具备战略眼光、创新思维和卓越的领导力，注重战略规划、人才培养、团队建设、市场营销和品牌建设，共同推动企业持续成长。因此，创业者应该不断提升自己的管理能力，善于应对各种复杂的管理情况，为企业的长期发展奠定坚实的基础。

创业术语

产品创新　渠道创新　营销创新　定价创新　盈利能力　区块链　物联网　风险管理　可持续发展评估　数字化转型

牛刀小试

结合本章所学内容，设计一份访谈提纲，采访一位身边的创业者，要求如下。

（1）访谈时间设定在1小时左右。

（2）认真准备和设计访谈提纲，问题可以是创业者对创业、创业活动、创业机会、初创企业管理、企业成长管理的理解，还可以是你不清楚的问题和疑问，在访谈提纲里可以预想可能的答案。

（3）访谈时要做好记录，如果对方允许，最好录音。

（4）访谈时一定要注意创业者的表情、思考、停顿等细节。

（5）访谈结束后要仔细整理，对照访谈前预想的答案，看发现了什么。

（6）你从访谈的创业者身上学到了什么？对你未来创业有什么启迪和帮助？

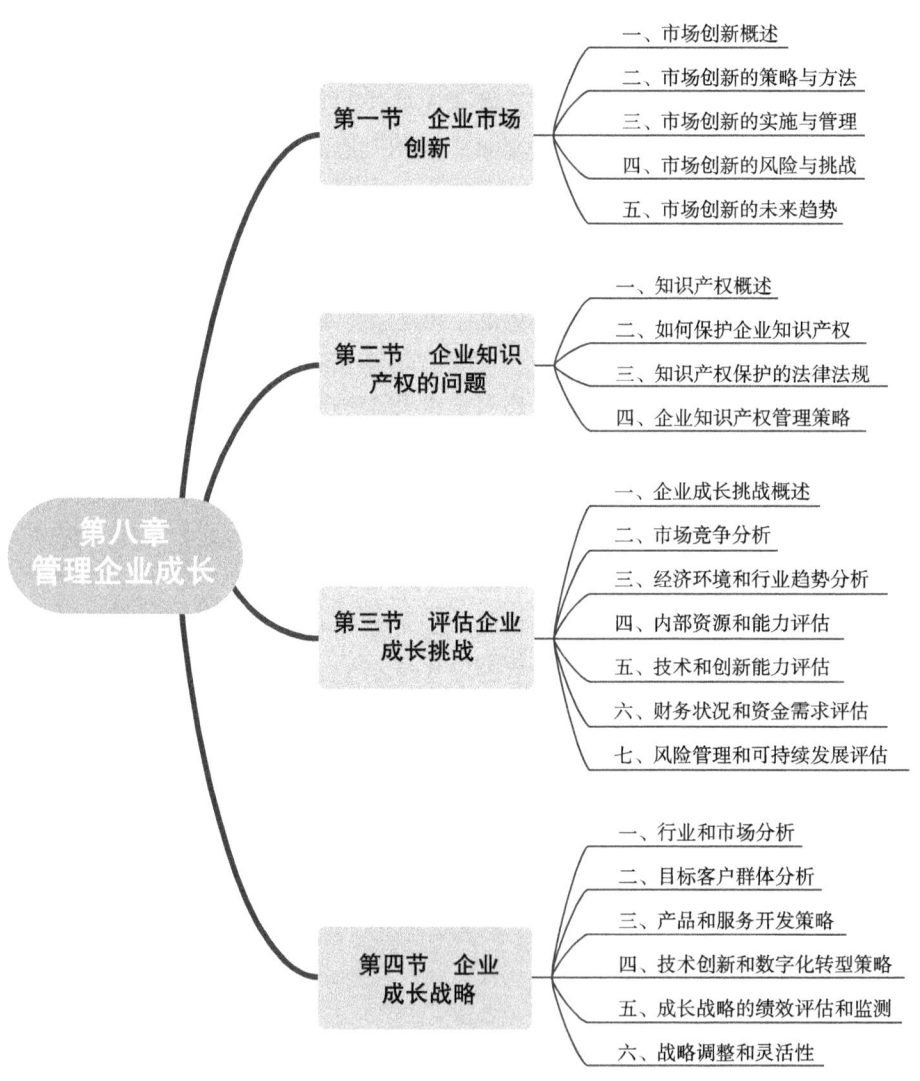

参考文献

[1] 白艳霞. 商标形象设计在品牌传播中的作用[J]. 美与时代（上），2012（4）：43-47.

[2] 陈蕾洁. 基于用户生成内容的视觉营销策略设计与实践[J]. 营销界，2023（15）：5-7.

[3] 陈明光. 企业社会责任概述[J]. 质量与认证，2014（8）：41-42.

[4] 林军. 美国中小企业创业的服务环境（二）[J]. 中国中小企业，2011（1）：37-42.

[5] 陈俊宇. 药明康德VIC商业模式对企业价值创造的影响研究[D]. 呼和浩特：内蒙古财经大学，2022.

[6] 陈晓宁. 山东CY环境工程有限公司商业模式创新研究[D]. 济南：山东大学，2022.

[7] 陈艺. 上海政府创业扶持政策对青年创业的影响研究[D]. 上海：上海交通大学，2016.

[8] 陈云. 主导企业知识基础对平台生态系统健康性的影响研究[D]. 长沙：湖南大学，2021.

[9] 邓甘庆. 安徽省医药卫生领域知识产权保护与管理问题及对策研究[D]. 合肥：安徽医科大学，2003.

[10] 董涛. 风险投资中的委托代理关系与我国私营中小企业制度创新[D]. 青岛：中国海洋大学，2007.

[11] 窦瀚洋. 上海读客图书有限公司的合伙人制度探究[D]. 上海：上海师范大学，2018.

[12] 方晓晖，耿伟栋，袁野. 知识产权保护、人力资本与企业创新[J]. 产业经济评论，2023（5）：126-141.

[13] 邰夏泉. 新时代国有企业工商管理职能的创新思路[J]. 河北企业，2020（8）：11-12.

[14] 龚芬. 基于产品生命周期的战略成本管理研究[D]. 长沙：湖南大学，2008.

[15] 高文君. YN移动公司客户忠诚度提升策略研究[D]. 昆明：云南大学，2021.

［16］禾文龙．LK咖啡国内商业模式研究［D］．天津：天津大学，2019．

［17］何秀芳．微时代新闻单位思想政治工作的创新［J］．女报，2023（7）：181-183．

［18］洪振宇．移动互联网时代零售业商业模式变革研究［D］．南京：南京财经大学，2014．

［19］黄绮婷，孔增强，陈文丽．数字经济背景下东莞大学生轻创业的现状及对策研究［J］．中文科技期刊数据库（全文版）社会科学，2023（3）：102-104．

［20］贾蕊．电视新闻节目策划的难点优化对策［J］．新闻文化建设，2023（18）：154-156．

［21］金爽．"10258"目标下X供电局绩效评价体系优化研究［D］．昆明：昆明理工大学，2022．

［22］江波，刘景芝．社会支持与农民工随迁子女生活满意度：自我认知的中介作用［J］．南京农业大学学报（社会科学版），2016，16（4）：71-80，157．

［23］郎滔．创业团队中的领导模式研究［D］．重庆：重庆大学，2006．

［24］李景霞，贺凌燕．浅谈现代企业制度的本质［J］．山西大学学报（哲学社会科学版），2000（1）：66-69．

［25］李千里，梅强，徐占东，等．大学生创业压力、创业压力管理与新创企业绩效关系实证研究［J］．技术与创新管理，2018，39（6）：732-737，778．

［26］李天杰．重庆TJM汽车零部件公司发展战略研究［D］．重庆：重庆大学，2008．

［27］李遥杰．企业战略管理的重要性与精准化探究［J］．企业改革与管理，2023（12）：28-30．

［28］李曜轩．品牌管理战略的市场营销及创新策略探究［J］．商业观察，2023，9（22）：45-48．

［29］梁益琳．基于价值链的移动商务模式研究［D］．济南：山东大学，2009．

［30］刘桂玲．论工作中团队凝聚力的重要性［J］．大众文摘，2023（34）：105-107．

［31］刘佳静．房地产品牌价值评估方法及其应用研究［J］．中国市场，2021（34）：145-146．

［32］刘广启．平台企业商业模式创新研究［D］．上海：东华大学，2014．

［33］刘文召．物联网背景下HIK公司商业模式创新研究［D］．石家庄：河

北科技大学，2020.

［34］刘宇清. 知识经济时代的中国企业创新问题［J］. 中南财经大学学报，1999（3）：110-111.

［35］卢金燕. 发挥知名品牌优势打造照明产业强军［J］. 中国品牌与防伪，2023（8）：38-41.

［36］罗敏，唐孝文. 免费商业模式的1P理论解释和设计［J］. 现代管理科学，2017（7）：103-105.

［37］彭立静. 知识产权伦理研究［D］. 长沙：中南大学，2009.

［38］毛永贤. 大学生创业心理资本提升的策略研究［J］. 芜湖职业技术学院学报，2018，20（2）：48-51.

［39］宁鑫，韦向阳，刘淼淼. 农民工返乡创业政策对创业绩效的影响机制研究［J］. 阜阳师范大学学报（自然科学版），2021，38（4）：109-115.

［40］乔玥. 高校主导型产业技术研究院商业模式研究［D］. 天津：天津大学，2020.

［41］谭紫馨. 基于价值创造的城际高铁客运CRM模型及CRM系统规划［D］. 成都：成都理工大学，2013.

［42］唐玉芳. A公司农业智能化装置市场营销策略研究［D］. 西安：西安科技大学，2018.

［43］徐丽玮. 联美控股同业技术并购对企业可持续商业模式创新的影响研究［D］. 济南：山东大学，2022.

［44］涂双龙. 失地农民聚居地区域创业研究［D］. 成都：西南财经大学，2014.

［45］万马健. 我国跨境电商的商业模式创新研究［D］. 杭州：浙江工商大学，2016.

［46］万正强. 工业电器行业品牌战略的实施要点分析［J］. 中国品牌与防伪，2023（9）：24-26.

［47］王美. 四川餐饮产业竞争力研究［D］. 成都：西南财经大学，2012.

［48］王美华. 化工企业财务风险控制和管理对策探讨［J］. 中国中小企业，2023（9）：219-221.

［49］王茜. 认知商务的商业模式分析［D］. 广州：华南理工大学，2019.

［50］吴隆增，刘军，梁淑美，等. 辱虐管理与团队绩效：团队沟通与集体效能的中介效应［J］. 管理评论，2013，25（8）.

［51］吴晓利. 谈新时代背景下的电力企业资金管理与控制［J］. 财讯，2023（13）：102-104.

［52］夏荣贵. 品牌定位在市场营销战略管理中的重要性研究［J］. 商展经济，2023（19）：113-116.

[53] 向永胜. 传统大学向应用技术大学的转型与建设研究：基于商业模式创新视角［J］. 现代教育管理，2016（7）：40-45.

[54] 邢成. 服务信托展业模式与业务边界［J］. 中国金融，2021（20）：41-43.

[55] 徐谦. 基于资源基础理论的建筑企业发展战略研究与应用［D］. 重庆：重庆大学，2013.

[56] 杨春白雪. 臻饰珠宝租售网络平台项目商业计划书［D］. 厦门：厦门大学，2018.

[57] 杨明慧. 大学生创业企业组织形式选择初探［J］. 财富时代，2021（5）：68-69.

[58] 杨红根. 增强风险管理意识 提高公安工作能力［J］. 上海公安高等专科学校学报，2007（3）：15-20.

[59] 余洋. 移动数据集市及基于CRM系统的数据挖掘分析与设计［D］. 成都：电子科技大学，2014.

[60] 于春梅. 论知识产权保护的哲学依据及其方法论措施［D］. 大连：大连理工大学，2002.

[61] 张力. 中国新能源汽车商业模式创新以及路径演化研究［D］. 北京：北京交通大学，2020.

[62] 张立肖. 基于社会网络分析的电信市场网络复杂性分析及客户细分研究［D］. 天津：河北工业大学，2014.

[63] 张红兵. 个人独资企业若干基本问题之法理研究［D］. 武汉：华中师范大学，2006.

[64] 张亦筑. 新闻媒体的品牌建设与市场竞争策略研究［J］. 科学咨询（科技·管理），2023（9）：23-25.

[65] 张永，王晓辉. CRM在城市商业银行中的应用研究［J］. 山西财经大学学报，2009（S1）：214-215.

[66] 赵晏瑜，李雯晴. 基于成本与收益的皮革企业数字化转型研究［J］. 西部皮革，2023，45（20）：9-11.

[67] 周效和. A消防公司在"职业化"背景下的战略转型研究［D］. 济南：山东大学，2019.

[68] 周培岩. 企业战略导向与绩效关系实证研究［D］. 长春：吉林大学，2008.

[69] 朱晓琴，张奥迪，罗兰. 基于品牌传播理论的制造企业品牌传播研究［J］. 文化创新比较研究，2023，7（18）：62-66.

[70] 朱幸燕. 基于消费行为认知的电信企业客户细分方法研究［D］. 广州：华南理工大学，2011.